"博学而笃志,切问而近思。"
（《论语》）

博晓古今,可立一家之说；
学贯中西,或成经国之才。

主编简介

付亚和，中国人民大学劳动人事学院教授，曾任中国人民大学劳动人事学院副院长、人力资源开发与评价中心主任，是我国人力资源管理咨询领域的创始学者之一。曾主持国家211工程和国家教育部人力资源管理学科体系建设等重大科研项目，曾出版《企业管理咨询》《工商人事管理》《企业人力资源管理》《管理技能评价与开发》《中小企业人力资源管理》《绩效考核与绩效管理》等著作，同时发表论文数十部（篇）。自1988年至今，亲自主持、参与和指导专家组为四通集团等数十家企业提供从组织设计、薪酬设计、绩效考核与绩效管理、人力资源战略与规划到企业人力资源管理系统平台建设、企业文化建设等专业咨询，并担任山东绿叶制药集团、江门大长江摩托、东莞三正集团、深圳三和国际、深圳瑞德丰农药、深圳芭田复合肥等公司的高级管理顾问。

许玉林，1983年毕业于北京大学心理学系。1987—1989年接受联合国（UNDP）奖学金在美国加州伯克利大学人力资源研究所、商学院研究学习。现任中国人民大学劳动人事学院教授、中国人民大学人力资源开发与咨询中心高级咨询顾问，是我国人力资源管理咨询领域的创始学者之一。自1990年起，曾先后为北京四通集团等数十家企业提供不同形式的组织设计、人力资源管理、人才评价等管理咨询、培训和顾问工作。同时出版和发表涉及人力资源管理、组织行为学、管理技能培训与开发等方面的专著、工具书和论文数十部（篇）。

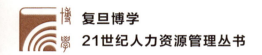

复旦博学
21世纪人力资源管理丛书

绩效管理

（第四版）

付亚和　许玉林　主　编
宋洪峰　副主编

本丛书荣获
第六届高等教育
国家级教学成果奖

复旦大学出版社

内容提要

本书是大学人力资源管理、劳动经济与劳动关系、社会保障等专业的基础课教材。本书试图追求绩效管理的完整性和系统性，紧扣中国企业运行的实际特点，由作者在多年的讲课积累和企业管理咨询实践的基础上编写而成。

本书以绩效管理的理论、体系设计和技术方法为主线，为读者呈现绩效管理的全貌。本书从绩效计划与指标体系构建、绩效管理的过程控制、绩效考核与评价、绩效反馈和绩效考核结果的应用五个方面讲述了绩效管理的基本流程。同时，从实际操作的角度介绍绩效考核的技术支撑，其中包括基于目标管理的绩效考核、基于KPI的绩效考核、基于OKR的绩效考核、基于平衡计分卡的绩效考核、基于标杆管理的绩效考核、基于素质的绩效考核。

此次出版的第四版与第三版相比，根据新的现实情况，特别是一些新的理论研究成果对主要章节的内容进行了适当的调整和改写；更新了统计数据和一些案例，以求做到与时俱进。

作为"复旦博学·21世纪人力资源管理丛书"之一，本书适合大学人力资源管理专业及相关经济管理专业师生作为教材使用，也可作为企业人力资源主管的参考书。

丛书编辑委员会

主　任　曾湘泉

委　员（按姓氏笔画排序）

文跃然　孙健敏　刘子馨　刘尔铎　萧鸣政
苏荣刚　郑功成　徐惠平　彭剑锋

总策划

文跃然　苏荣刚

第四版前言

自20世纪80年代以来，无论是理论还是实践，绩效管理一直都是人力资源管理领域最热门的主题之一。就本人而言，从1988年开始在中国人民大学讲授人力资源管理起，30多年来我对组织绩效的热情始终未改变。特别是在伴随中国企业和企业家成长的过程中，我深深体会到绩效管理在中国情境下扎根发展的任重与道远。本书是《绩效管理》的第四版，其编写的初衷就是打破我们以往的感性与直觉思维，系统地构建绩效管理的知识体系，及时响应管理实践中的新方法，使我们对绩效及其改善能有更深入、更系统的认识。

绩效管理是面向发展的持续改善，是关于目标达成的科学和艺术。绩效管理通过将企业战略目标逐级分解并层层传递绩效压力，管理绩效形成过程，落实绩效考核结果，持续地改进绩效问题，使得组织、部门与个人的目标对齐、行为聚焦、利出一孔，共同支撑企业战略达成。企业实施绩效考核、关注绩效改进是不断自我提升并达成战略目标的重要保证。借助目标研讨、绩效面谈等多种表现形式，绩效管理已成为管理者向其下属传递组织期望并就其目标达成情况和能力表现等提供反馈的主要工具。

需要注意的是，一方面，近十年来信息技术正以前所未有的速度改变着人们的工作和生活方式，创新和变化的速度需要用指数级来衡量。移动互联、云计算、社交媒体等已经被视为驱动创新和赋能发展的关键力量。另一方面，新冠疫情倒逼管理变革，要求我们以全新的视角理解人的组织化特征和绩效的系统性特征。这在一定程度上推进了科技创新与工作世界的融合。远程办公、居家工作、零工时代等新变化、新趋势使得人力资源管理的数字化转型得到空前的重视，对绩效过程和绩效行为的管理成为竞争优势的新源泉。在技术之外，新冠疫情的冲击使得职业安全、职场健康、居家工作、心理压力等问题凸显出来，如何增强职场积极体验、促进和谐雇佣关系、提升员工敬业和忠诚，成为绩效提升面临的新挑战。

劳动力群体特征的变化，也在很大程度上决定了人力资管理特别是绩效管理的演进特征。新生代劳动力在游戏的世界中长大，他们更加个性化、数字化、全球化。他们不仅有良好的自我学习能力，也更加精通以社交媒体为载体的人际交互与协同。对于新生代员工而言，成长和发展已经成为最重要的激励因素，他们拥有更多的选择自主权，能够获得高频的及时反馈，其绩优行为也能够及时获得认可。相较而言，以"组织管理非人格化"为典型特征的传统组织既不友好，也很无趣。我们无法用农耕时代的作业方式来应对信息时代的管理瓶颈，绩效管理需要新技术和新方法来承载变革的新需求。尽管当前绩效管理在迭代进化的道路上还不尽如人意，但新的绩效管理方法（如OKR）已经发挥作用并形成巨大的影响力，通过提升绩效管理效能并推进组织文化变革，积极拥抱技术与劳动力市场的新变化。

正如彼得·德鲁克（Peter F. Drucker）所言，"管理是一种实践，其本质不在于知而在于行。其验证不在于逻辑，而在于成果，唯一的权威就是成就"。绩效是目标与现状之间的比对关系，绩效管理是一个有绩效期望、有目标共识、有资源准备、有过程控制、有绩效评价、有结果应用、有改善提升的管理闭环。本书以绩效管理的理论、体系设计和技术方法为主线，为读者呈现绩效管理的全貌——从绩效计划与指标体系构建、绩效管理的过程控制、绩效考核与控制、绩效反馈改善和绩效考核结果应用五个方面凝练绩效管理的关键环节。同时，从实际操作角度，介绍绩效考核的技术支撑，其中包括基于目标管理的绩效考核、基于关键绩效指标的绩效考核、基于平衡计分卡的绩效考核、以素质为基础的绩效考核等。针对绩效管理的部分重点内容和具体应用，我们选取典型的案例材料以强化理解和增加学习兴趣。

作为人力资源管理专业的一本基础教材，本书从第一版问世到现在已有近二十个年头，《绩效管理》（第四版）在保持模块清晰的基础上，对部分内容做了拓展，特别关注劳动力市场变化和信息技术进步对绩效管理带来的影响，增加了目标和关键结果（OKR）的新内容；同时更新了各个章节的案例，在注重实际操作的基础上便于读者更好地回顾和掌握知识点。本书期望能够为相关专业学生和企业管理人员提供系统性的绩效管理知识，使他们不仅能够了解绩效管理是什么、为什么要进行绩效管理，以及有效的绩效管理到底能为企业带来什么，也在一定程度上有助于他们分析绩效不佳的原因和解决绩效问题。

十分感谢复旦大学出版社宋朝阳先生一如既往的信任、支持和包容。每一版的修订都离不开复旦大学出版社各位同仁的辛勤付出，在此一并感谢。在此还要向所有为本书出版做出贡献的同事、朋友以及我的学生们深表谢意。本书在编写的过程中，参阅了国内外大量的著作和文献，在此谨向有关作者表示敬意和感谢。尽管我们力争对知识体系和章节内容的安排做到尽可能好，并对前期各版存在的问题进行修改，但毕竟才疏学浅，受视野和阅历所限，仍有可能存在这样或那样的不妥之处，敬请各位读者不吝指正。我的电子邮箱如下：f910@vip.sina.com。

付亚和
2021年3月于中国人民大学

目 录

001　第四版前言

▶ 第一部分　绩效管理概论

003　第一章　绩效与绩效考核

004　第一节　绩效的含义
009　第二节　绩效考核的含义
009　第三节　绩效考核被抵触的原因及消极影响
014　本章小结
015　思考与讨论

016　第二章　从绩效考核到绩效管理

017　第一节　绩效管理思想的演变
018　第二节　绩效管理与绩效考核的比较
020　第三节　绩效管理的重要作用
022　第四节　绩效管理对组织战略的意义
023　第五节　绩效管理在人力资源管理系统中的定位
025　第六节　建立闭环的绩效管理系统
030　本章小结
031　思考与讨论

▶ 第二部分　绩效管理体系

035　第三章　绩效管理的基本流程

036　第一节　绩效管理的基本流程
038　第二节　绩效管理系统中各环节的有效整合
040　第三节　信息技术在绩效管理中的应用

044 本章小结
045 思考与讨论

046　第四章　绩效计划与指标体系构建

047　第一节　绩效计划
051　第二节　构建绩效指标体系
075　本章小结
076　思考与讨论

077　第五章　绩效管理的过程控制

078　第一节　过程控制对绩效管理的重要性
079　第二节　绩效管理过程控制的一些误区
082　第三节　对绩效形成的过程进行有效控制
091　本章小结
091　思考与讨论

092　第六章　绩效考核与评价

093　第一节　绩效考核技术
120　第二节　绩效考核中可能出现的问题
126　第三节　提高绩效考核有效性的建议
131　本章小结
132　思考与讨论

133　第七章　绩效反馈

134　第一节　绩效反馈概述
135　第二节　绩效反馈的形式
136　第三节　绩效面谈
141　第四节　绩效反馈效果评估
143　第五节　如何组织一次有效的绩效面谈
149　本章小结
150　思考与讨论

151　第八章　绩效考核结果的应用

- 152　第一节　绩效评价结果应用的原则
- 153　第二节　绩效考核结果应用出现的问题
- 154　第三节　绩效考核结果的具体应用
- 169　本章小结
- 170　思考与讨论

▶ 第三部分　绩效考核技术

173　第九章　基于目标管理的绩效考核

- 174　第一节　目标管理的起源
- 175　第二节　目标管理：现代绩效管理的思想基石
- 180　第三节　目标管理考核法的实施
- 184　第四节　目标管理考核法存在的问题以及对我国企业的影响
- 189　本章小结
- 190　思考与讨论

191　第十章　基于 KPI 的绩效考核

- 192　第一节　KPI 的起源
- 193　第二节　KPI 的核心思想
- 195　第三节　KPI 的设计原则
- 197　第四节　KPI 体系的构建
- 205　第五节　KPI 实施过程中的问题
- 210　本章小结
- 211　思考与讨论

212　第十一章　基于 OKR 的绩效考核

- 213　第一节　OKR 的产生
- 214　第二节　OKR 的核心思想
- 219　第三节　OKR 体系的构建
- 225　第四节　OKR 体系的实施

229　第五节　企业应用 OKR 应注意的问题
233　本章小结
234　思考与讨论

235　第十二章　基于平衡计分卡的绩效考核

236　第一节　平衡计分卡的产生
237　第二节　平衡计分卡的基本内容
241　第三节　平衡计分卡在绩效管理中的应用
248　第四节　平衡计分卡的未来及战略地图的发展
253　本章小结
254　思考与讨论

255　第十三章　基于标杆管理的绩效考核

256　第一节　标杆管理的形成和演变
261　第二节　标杆管理的作用与分类
266　第三节　标杆管理的实施
273　第四节　标杆管理的问题及其突破方向
276　第五节　标杆管理对我国企业的借鉴意义
280　本章小结
281　思考与讨论

282　第十四章　基于素质的绩效考核

284　第一节　素质与绩效
286　第二节　实施基于素质的绩效考核
289　第三节　素质库的编制
291　第四节　素质模型的建立
299　第五节　对素质进行评价
307　本章小结
307　思考与讨论

308　主要参考文献

第一部分 绩效管理概论

第一章

绩效与绩效考核

- 绩效如何界定?
- 绩效考核都要考核些什么?又该如何考核?
- 绩效考核在实际应用时总是存在不如人意之处,原因何在?

第一节 绩效的含义

绩效,一个常常挂在嘴边的词,一个所有组织都不得不关注的话题。绩效到底是什么?绩效有标准吗?绩效可以衡量吗?是否有什么东西可以用来预测绩效?对绩效进行考核是有价值的吗?为什么绩效考核总要面对那么多的矛盾和冲突?有了绩效考核就能保证实现组织目标吗?为什么绩效考核总像是在做无用功?员工的工作态度和责任心会影响绩效吗?怎样科学地运用绩效考核的结果?怎样才能改善和提高员工的绩效?……绩效,一个永远的话题!

一、不同视角下的绩效

正如大哲学家亚里士多德(Aristotle,前384—前322)曾经说过的那样,世上最困难的事莫过于下定义了。时至今日,人们对绩效这一概念的认识仍然存在分歧。就像美国学者贝茨和霍尔顿(Bates and Holton,1995)指出的那样,"绩效是一个多维建构,观察和测量的角度不同,其结果也会不同"。我们从不同的学科领域出发来认识绩效,所得到的结果也会有所差异。

1. 管理学视角

从管理学的角度看,绩效是组织期望的结果,是组织为实现其目标而展现在不同层面上的有效输出,它包括个人绩效和组织绩效两个方面。组织绩效是建立在个人绩效实现的基础上,但个人绩效的实现并不一定保证组织是有绩效的。如果组织的绩效按一定的逻辑关系被层层分解到每一个工作岗位以及每一个人的时候,只要每一个人都达成了组织的要求,组织的绩效就实现了。但是组织战略的失误可能造成个人绩效的目标偏离组织的绩效目标,从而导致组织的失败。

2. 经济学视角

从经济学的角度看,绩效与薪酬是员工和组织之间的对等承诺关系,绩效是员工对组织的承诺,而薪酬是组织对员工所作出的承诺。一个人进入组织,必须对组织所要求的绩效作出承诺,这是进入组织的前提条件。当员工完成了他对组织的承诺的时候,组织就实现其对员工的承诺。这种对等承诺关系的本质,体现了等价交换的原则,这一原则正是市场经济运行的基本规则。

3. 社会学视角

从社会学的角度看,绩效意味着每一个社会成员按照社会分工所确定的角色承担他的那一份职责。他的生存权利是由其他人的绩效保证的,而他的绩效又保障其他人的生存权利。因此,出色地完成他的绩效是他作为社会一员的义务,他受惠于社会就必须回馈社会。

二、绩效的定义

随着管理实践的深度和广度不断增加,人们对绩效概念和内涵的认识也在不断变化。管理大师彼得·德鲁克认为:"所有的组织都必须思考'绩效'为何物。这在以前简单明了,现在却不复如是。策略的拟订越来越需要对绩效的新定义。"因此,我们要想测量和管理绩效,必须先对其进行界定,弄清楚它的确切内涵。

目前,对绩效的界定主要有三种观点:一种观点认为,绩效是结果;另一种观点认为,绩效是行为;第三种观点则强调员工潜能与绩效的关系,关注员工素质,关注未来发展。

1. 绩效是结果

Bernadin 等(1995)认为:"绩效应该定义为工作的结果,因为这些工作结果与组织的战略目标、顾客满意度及所投资金的关系最为密切"。Kane(1996)指出,绩效是"一个人留下的东西,这种东西与目的相对独立存在"。从这些定义不难看出,"绩效是结果"的观点认为,绩效是工作所达到的结果,是一个人的工作成绩的记录。用来表示绩效结果的相关概念有职责(accoun-tabilities),关键结果领域(key result areas),结果(results),责任、任务及事务(duties, tasks and activities),目的(objectives),目标(goals or targets),生产量(outputs),关键成功因素(critical success factors)等。对绩效结果的不同界定,可用来表示不同类型或水平的工作的要求。对此,我们在设定绩效目标时应注意加以区分。

2. 绩效是行为

随着对绩效问题研究的不断深入,人们对绩效是工作成绩、目标实现、结果、生产量的观点不断提出挑战,转而普遍接受了绩效的行为观点,即绩效是行为。支持这一观点的主要依据是:

- 许多工作结果并不一定是个体行为所致,可能会受到与工作无关的其他因素的影响(Cardy and Dobbins,1994;Murphy and Clebeland,1995);

- 员工没有平等地完成工作的机会，并且在工作中的表现不一定都与工作任务有关(Murphy, 1989)；
- 过分关注结果会导致忽视重要的行为过程，而对过程控制的缺乏会导致工作成果的不可靠性，不适当地强调结果可能会在工作要求上误导员工。

认为绩效是行为，并不是说绩效的行为定义中不能包容目标，墨菲(Murphy, 1990)给绩效下的定义是："绩效是与一个人在其中工作的组织或组织单元的目标有关的一组行为。"坎贝尔(Campbell, 1990)指出："绩效是行为，应该与结果区分开，因为结果会受系统因素的影响。"他在1993年给绩效下的定义是："绩效是行为的同义词，它是人们实际的行为表现，而且是能观察得到的。就定义而言，它只包括与组织目标有关的行动或行为，能够用个人的熟练程度（贡献水平）来评定等级（测量）。绩效不是行为的后果或结果，而是行为本身……绩效由个体控制下的与目标相关的行为组成，不论这些行为是认知的、生理的、心智活动的或人际的。"博尔曼和莫托维德罗(Borman and Motowidlo, 1993)提出了绩效的二维模型，认为行为绩效包括任务绩效和关系绩效两方面，其中，任务绩效指所规定的行为或与特定的工作熟练有关的行为；关系绩效指自发的行为或与非特定的工作熟练有关的行为。

3. 高绩效与员工素质的关系

随着知识经济的到来，评价并管理知识型员工的绩效显得越来越重要。由于知识性工作和知识型员工给组织绩效管理带来的新挑战，越来越多的企业将以素质为基础的员工潜能列入绩效考核的范围，对绩效的研究不再仅仅关注对过去的反应，而是更加关注员工的潜在能力，更加重视素质与高绩效之间的关系。本书在随后的章节中会对以素质为基础的绩效考核进行介绍，这是有关绩效研究的最新领域。

三、绩效在实践中的含义

在实际应用中，对绩效的理解可能是以上三种认识中的一种，也可能是对各种绩效概念的综合平衡。一般而言，人们在实践中对绩效有以下几种理解。

1. 绩效就是完成工作任务

这一观点出现得比较早，其主要适用对象是一线生产工人或体力劳动者。对于一线生产工人或体力劳动者来说，最主要的问题一直是"这个工作怎么做"或者"把这件事做到最好的方法是什么"，他们的绩效就是"完成所分配的生产任务"，这个论断直到今天仍然是适用的。不过，由于知识工作者的工作特点不同于常规的体力劳动，这一观点一般不用来衡量知识工作者的工作绩效。

2. 绩效就是工作结果或产出

这一界定从考核的内容上将考核划分为绩效考核、能力考核和态度考核三种。相对于能力考核和态度考核来讲,绩效考核强调的是工作结果或产出。

实际上,将绩效以产出/结果为导向的解释在实际运用中最为常见。从绩效考核与管理的实践中我们可以看到,许多词被用来表示作为结果/产出的绩效,如责任、目标、任务、绩效指标、关键绩效指标、关键成果领域等。

3. 绩效就是行为

将绩效与结果或产出等同起来的观点在许多心理学的文献中受到了质疑,因为一部分产出或结果可能是由个体所不可控制的因素决定的;再者,过分强调结果或产出,会使得管理者无法及时地获得个体活动信息,从而不能很好地进行指导与帮助,而且可能会导致短期效益。将绩效视作行为的观点正是在此基础上逐渐流行起来的。

将绩效视作行为的观点,概括起来主要基于以下事实:

(1) 许多工作后果并不一定是由员工的行为造成的,也可能是与工作毫无关系的其他因素在起作用。

(2) 工作执行者执行任务的机会不平等,工作执行者在工作时所做的每一件事并不都同任务有关。

(3) 过分重视结果会忽视重要的程序因素和人际关系因素。

(4) 产出/结果的产生可能包括许多个体无法控制的因素,尽管行为也要受外界因素的影响,但相比而言它更是在个体直接控制之中的。

(5) 实际上,现实中没有哪一个组织完全以产出作为衡量绩效的唯一尺度。

行为通常被认为是工作结果产生的原因之一,而工作结果或产出又是评估员工行为有效性的一种重要方法,即根据员工所取得的结果来判定他们行为的有效性。尽管将绩效界定为行为的观点日益为人们所重视和认可,但行为与绩效同样面临如何界定的尴尬。

4. 绩效是结果与过程(行为)的统一体

从实际意义上来讲,将绩效界定为"结果+过程"是很有意义的,它不仅能更好地解释实际现象,而且一个相对宽泛的界定往往使绩效更容易被大家所接受,这对绩效考核与管理而言是至关重要的。

作为结果和过程的绩效观各有其优点和缺点。从实际运用的角度来看,单纯地将绩效界定为结果/产出或行为/过程,都是失之偏颇的。表1-1对这两种不同绩效观的优缺点进行了比较。

表1-1 不同绩效观的优缺点比较

比较	优点	缺点
注重结果/产出	• 鼓励大家重视产出,容易在组织中营造结果导向的文化与氛围 • 员工成就感强,"胜败论英雄"	• 在未形成结果前不会发现不正当行为 • 当出现责任人不能控制的外界因素时,评价失效 • 无法获得个人活动信息,不能进行指导和帮助 • 容易导致短期效益
注重过程/行为	• 能及时地获得个人活动信息,有助于指导和帮助员工	• 成功的创新者难以容身 • 过分地强调工作的方法和步骤 • 有时忽视实际的工作成果

一般来讲,不同的企业或企业中的不同人员对结果和过程的侧重点不同:

- 高速发展的企业或行业,一般更重视结果;发展相对平稳的企业或行业,则更重视过程。
- 强调反应速度、注重灵活、拥有创新工作文化的企业,一般更强调结果;强调流程、规范,注重规则工作文化的企业一般更强调过程。
- 具体到企业不同类别的人员、不同层次的人员,层级越高,越以结果为主;层级越低,越以过程或行为为主。所谓"高层要做正确的事,中层要把事做正确,基层要正确地做事",讲的就是这个道理。

5. 绩效＝做了什么(实际收益)＋能做什么(预期收益)

这个观点更适合于知识工作者,也比较接近于绩效管理的真正意图——关注未来。它不仅要看员工当前做了什么,也要关注将来还能够做什么,能给公司带来什么价值。

如上所述,绩效的含义是非常广泛的。在不同的时期、不同的发展阶段,面对不同的对象,绩效就有不同的含义。表1-2对绩效的几种主要定义的适用情况进行了比较说明。

表1-2 绩效定义适用情况对照表

绩效含义	适应的对象	适应的企业或阶段
1. 完成了工作任务	• 体力劳动者 • 从事事务性或例行性工作的人员	/
2. 结果或产出	• 高层管理者 • 销售、售后服务等可量化工作性质的人员	高速发展的成长型企业,强调快速反应,注重灵活、创新的企业
3. 行为	基层员工	发展相对缓慢的成熟型企业,强调流程、规范,注重规则的企业
4. 结果＋过程(行为/素质)	普遍适用各类人员	/
5. 做了什么(实际收益)＋能做什么(预期收益)	知识工作者,如研发人员	/

第二节　绩效考核的含义

绩效会因时间、空间、工作任务、工作条件（环境）等相关因素的变化而不同，从而呈现出明显的多样性、多维性与动态性，这也就决定了对绩效的考核必须是多角度、多方位和多层次的。

对于绩效考核，不同的人有不同的认识。从较早期的观点看，学者们对此有以下几种描述：

- 对组织中成员的贡献进行排序。
- 对员工的个性、资质、习惯和态度以及对组织的相对价值进行有组织的、实事求是的考评，它是考评的程序、规范、方法的总和。
- 对员工现任职务状况的出色程度以及担任更高一级职务的潜力，进行有组织的、定期的并且是尽可能客观的考评。
- 它是人事管理系统的组成部分，由考核者对被考核者的日常职务行为进行观察、记录，并在事实的基础上，按照一定的目的进行的考评，达到培养、开发和利用组织成员能力的目的。
- 它是定期考评或考察个人或工作小组工作业绩的一种正式制度。

纵览以上观点，我们可以从以下三个角度理解绩效考核：

（1）绩效考核是从企业的经营目标出发对员工工作进行考评，并使考评结果与其他人力资源管理职能相结合，推动企业经营目标的实现；

（2）绩效考核是人力资源管理系统的组成部分，它运用一套系统的和一贯的制度性规范、程序和方法进行考评；

（3）绩效考核是对组织成员在日常工作中所表现的能力、态度和业绩，进行以事实为依据的评价。

归纳起来，绩效考核是指考评主体对照工作目标或绩效标准，采用科学的考评方法，评定员工的工作任务完成情况、工作职责履行程度和自身发展情况，并且将评定结果反馈给员工的过程。

第三节　绩效考核被抵触的原因及消极影响

一、绩效考核被抵触的原因

在不同的组织中，都在进行着绩效考核。有时它可能只是走走过场；有时它又变得非常重要,其考核结果直接决定晋升、奖金、出国培训等机会的分配。员工和管理者不喜欢绩效考核有以下三个方面的原因。

1. 绩效考核本身的性质决定了它是一个容易使人焦虑的事情

当一个人知道自己将要被别人评价时,或者当一个人评价别人时,往往会感到有些焦虑,而绩效考核就是一个评价与被评价的过程,所以,由此而产生的焦虑就是不可避免的。这种焦虑有时会引起对评估的回避,甚至抵触。被评估者是最容易感到焦虑的群体,另外,评估者也会对绩效考核感到焦虑。

2. 绩效考核目的不明确

许多管理者对绩效考核持怀疑态度,他们始终在问:绩效考核对我们到底有什么用?被评估者也常常不清楚绩效考核的作用。当人们不清楚一件事情对自己有什么好处的时候,他们就很难喜欢这件事情,尤其是当这件事情要花费很多时间和精力而又不能确定这件事情给自己带来什么好处时,人们通常采取的行动就是回避。

3. 绩效考核结果不理想使得绩效考核更加难以开展

在实际操作中,正式的绩效考核计划有时会由于某些原因而得出令人失望的结果。图1-1列出了一些主要原因,包括缺乏高级管理层的支持、工作标准不明确、评估人的偏见、评估表格过多,以及为相互冲突的目的而设立评估计划等。

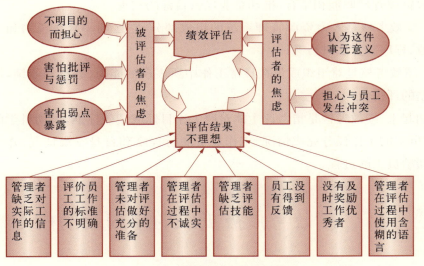

图1-1 绩效考核不良循环图

就人力资源管理的所有职能来说,如果缺乏高级管理层的支持,评估计划不会成功。此外,还有其他一些原因致使绩效考核不能达到预期效果,比如:① 经理人员认为对评估计划投入时间和精力只会获得很少的收益,甚至没有收益;② 经理人员不喜欢面对面的评估会谈方式;③ 经理人员不擅长提供有关评估方面的反馈信息;④ 经理人员在评估中的法官角色与其在员工发展方面的帮助者角色相矛盾。

二、绩效考核被抵触带来的消极影响

人们不喜欢绩效考核,就是因为这种传统意义上的绩效考核在理论和实践上存在一些问题:过分地依赖奖惩制度以达成员工绩效的改善和能力的不断提高。由此带来的消极影响表现在:

- 员工改善绩效的动力来源于利益的驱使和对惩罚的惧怕;
- 过分依赖制度削弱了组织各级管理者对改善绩效的责任;
- 单纯依赖定期的绩效评估,而忽略了对各种过程的控制和督导;
- 由于管理者的角色是警察,考核就是要挑员工的毛病,因此造成管理者与被管理者之间的冲突和对立;
- 这种只看结果不问过程的管理方式,不利于培养缺乏经验和工作能力的资历较浅的员工;当员工发现无法达到工作标准的时候,会变得自暴自弃、放弃努力,或归因于外界或其他人;
- 当工作标准不能确切衡量时,导致员工规避责任;
- 产生对业绩优秀者的抵触情绪,使得业绩优秀者成为被攻击的对象。

对绩效考核形成的这种抵触感其实可以通过与员工进行充分沟通来减少甚至消除。虽然在以往的管理实践中有很多事例使得绩效考核的负面印象深入人心,但对于系统的绩效管理思想的介绍将有助于澄清过去的错误实施手法和留给员工的不良印象,应该力争让员工明白,绩效考核只是绩效管理的一个环节,管理者不是单纯地为了评判员工的好坏来实施它的,而是为了完成这一完整的管理活动从而促进员工、团队和组织的共同提升。

案例分析:防范绩效考核的十大误区

> 绩效考核作为人力资源管理的重要职能,其考核结果是决定员工薪酬、晋升、调遣、辞退、培训、奖惩等的重要依据。虽然大多数企业已经依据自身特色建立了员工绩效考核体系,并实施了绩效考核,但在绩效考核过程中还应该防范十大误区,如下所示。

误区一：哈罗效应

哈罗效应（Halo Effect）又被称为晕轮效应，它是指在考评中考评者凭主观印象而产生的误差。例如，由于整体印象而影响个别特性评定的倾向，即根据被考评者气质端庄的印象，认为其责任感和合作性也很强的考评倾向；根据某一特殊的局部印象而得出整体印象的倾向。

克服哈罗效应的办法是在选择考评要素时，不选不易观察、不便于单独抽出或不能明确加以定义的要素。为了克服这种误差，应让考评者认识到哈罗效应对考评的影响；应充分理解各考评要素间的相互关系；对各考评要素应分别考评；对每一考评要素，应考评完所有的被考评者以后再转向下一项考评要素。

误区二：在绩效评估上花费的时间越多，效果越好

绩效评估是一个随时都在进行的过程，也是一个管理者与员工之间建立良好沟通的环节。所以，应该把更多的时间用于预防可能影响绩效的问题，而不应该集中在年终来评估绩效。如果管理者懂得细水长流，评估过程就可能很简单，而且也可能十分愉快，因为这样的评估结果往往不会出人意料。

误区三：认为某种评估表是客观的、不偏不倚的工具

许多公司利用评估表（比如，分为5个等级）来评估员工，他们之所以乐意这么做，是因为这种方法特别快，但它未必就是正确的方法。一旦管理者觉得这种等级划分是正确的，或是客观的，问题就出现了。因为这种评估大概率是主观的、不正确的。比方说，你让两个人来评估同一名员工，你就会发现，评估结果很可能相去甚远，这就是主观评估的表现。你应该不断地提醒自己：划分等级是主观的，评估表是主观的，仅仅依靠评估表是不可行的。

误区四：相信自己可以精确地评估员工

管理者往往自欺欺人地认为，他们可以精确地评估员工的绩效。事实上，他们可能根本没有见过员工工作的过程，甚至没有见过员工工作的效果。因此，准确评估是根本不可能的。大多数的管理者都不可能为了准确评估员工而长时期地监督员工工作。然而，管理者又喜欢这么做，或者有充裕的时间这么做。试想，有哪些员工希望上级居高临下地观察自己的一举一动呢？所以，在评估的过程中，我们希望管理者和员工能齐心协力。

误区五：考核敌不过情面

一段时间内，很多企业将绩效考核定位于惩罚、扣工资的一个手段。其实，企业在一开始实施绩效考核时，这种定位起到一定的积极作用。因为绩效考核从无到有，员工对其产生一种新鲜感，并且也获得了发表评论与看法的机会；同时，员工都害怕自己的成绩不好，直接牵涉到收入和面子。但是，经过一段时间运作后，部门间、上下级之间开始互相包庇,导致考核分不相上下的局面;而且,即使因工作失误考核时被扣分,也感觉无所谓,因为无非就是扣一点薪资的问题,考核开始流于形式化。

越来越多的员工甚至一些主管都认为绩效考核只是一种形式,起不到应有的作用,可有可无;在人情面前,绩效考核显得那么苍白无力。造成这种情况的主要原因可能有:

(1) 绩效考核相关培训不充分;
(2) 绩效考核没有得到高层的实际支持;
(3) 绩效考核指标本身设置不合理,促成了主观性、不可控制性的发生;
(4) 人际关系因素的影响;
(5) 各部门、上下级缺乏有效的沟通机制;
(6) "对事先对人"的惯性与文化。

误区六:考评结果趋于中间化

考评者对一组被考评者所作的结论相差不多,或者都集中在考评尺度的中间附近,致使被考评者的成绩拉不开距离。造成中间化的原因有:考评者不愿意作出"极好""极差"之类的极端评价;考评者对被考评者不了解;考评者对考评工作没信心;考评要素不完整或方法不明确。应采取的调整法有:明确考评要素的等级定义;考评者与被考评者接触时间太短导致对其了解不够时,延期考评;加强考评者的信心等。

误区七:反馈失误,评价结果使用有误

为了使工作绩效评价真正有效,必须根据绩效评价标准或绩效评价工作与员工进行沟通。另外,评价过程也会因考评者持一种消极态度(如丝毫不能变通的心态、防御心理以及非建设性的方法等),造成与被评价者的沟通受到阻碍。绩效评价结果在人力资源开发和决策方面的使用不当,也是工作绩效评价中经常会出现的问题。

误区八:忘了评估的目的在于提高,而不在于批评

进行绩效评估的目的是提高绩效,而不是找一个典型进行批评。忘记这一点的管理者最后培养出来的员工可能不再信任他们,或者无法忍受他们。那是因为批评是毫无意义的,而且也于事无补。如果说绩效评估有什么意义的话,那就是让管理者和员工携起手来,共同前进。

误区九:绩效考核的方法单一

一些管理者认为,所有的员工、所有的工作都应该通过同样的程序按照完全一致的方法来评估。所有的员工都要用同样的方法来提高自身的绩效吗?当然不是。有些人需要具体的反馈,有些人则不需要;有些人需要更多的沟通,有些人则不需要。

当然,工作都是不相同的。试想一下,我们可以用同样的方法来评估福特汽车公司的 CEO 和车间清洁工吗?当然不能。同样的标准不可能放诸四海而皆准。

所以,管理者千万不能用同样的工具和同样的标准来评估所有的员工。

误区十:认为考核就是对员工的惩罚

一些管理人员认为,考核是作为一种对员工的控制手段而存在的,直接目的就是给员工挑毛病,借以惩罚员工,同时也或多或少地展示一下领导的权威。

"这么不努力工作,不扣你工资才怪!""你表现得太糟糕了,还是另谋高就吧!"在这种错误认识下,管理人员容易在考核工作中违背本应遵循的原则,甚至会错误地执行考核结果。员工则会惧怕、逃避和拒绝考核,从而给企业带来不应有的管理矛盾,最终会影响整体的士气和战略发展。

正确的认识应当是:考核是员工追求高需求层次的体现,做好考核工作就是为员工满足高层次需求服务,它是一种激励方式。与此同时,我们也必须认识到,考核是企业改造和强化员工行为的一种方法。考核对于企业来说不是目的,而是改造和转化员工行为,变消极为积极行为的一种有效的管理方法。

管理人员可以通过考核来认定员工的哪些行为是对企业发展目标有利的,在这种刺激作用下,使员工感到对自己有利,从而增强以后这种行为反应的频率,不断提高工作绩效。

以上分析的绩效考核的误区,在很多企业的管理过程中都出现过。绩效考核是非常复杂且关系重大的一项管理工作,要想把这个工作做好,除了避免以上的误区以外,还要建立科学的绩效考核流程,依靠合适的绩效考核手段,设置合理的绩效考核指标,并且需要上下齐心,经常沟通、协调、反馈,才能做好绩效考核这个系统工程。

资料来源:根据 HRsee.防范绩效管理的十大误区.HR 案例网,2018-11 的资料整理修改.

本 章 小 结

我们从不同的学科角度认识绩效,所得的结果也会有所差异:

- 从管理学的角度看,绩效是组织为了实现其目标而展现在不同层面上的有效输出。它包括个人绩效和组织绩效两个方面。
- 从经济学的角度看,绩效与薪酬是员工与组织之间的对等承诺。
- 从社会学的角度看,绩效意味着每个社会成员按照社会分工所确定的角色承担的一份职责。

目前对绩效的界定主要有三种观点:第一种观点认为绩效是结果;第二种观点认为绩效是行为;第三种观点强调员工潜能与绩效的关系,关注员工素质,关注未来发展。

在实际应用中,对于绩效概念的理解,可分为以下几种:
- 绩效就是完成工作任务;
- 绩效就是工作结果或产出;
- 绩效就是行为;
- 绩效是结果与行为的统一体;
- 绩效＝做了什么(实际收益)＋能做什么(预期收益)。

归纳起来,绩效考核是指考评主体对照工作目标或绩效标准,采用科学的考评方法,评定员工的工作任务完成情况、工作职责履行程度和自身发展情况,并且将评定结果反馈给员工的过程。

绩效考核在实际应用时总是存在不尽如人意之处,究其原因主要有两大方面:一方面,绩效考核本身就是一种容易让人焦虑的活动;另一方面,绩效考核过程中存在很多人为的不规范或不科学的问题。

思考与讨论

1. 什么是绩效?试从不同的角度对绩效的概念进行界定,并指出您最为倾向的观点,简要说明理由。
2. 什么是绩效考核?
3. 为什么绩效考核在实际应用中容易让管理人员和员工都反感?

第二章

从绩效考核到绩效管理

- 绩效考核与绩效管理有何不同?
- 绩效管理的重要作用体现在哪些方面?
- 怎样建立绩效管理体系?为什么说它应该是一个封闭系统?
- 绩效管理循环的关键环节如何把握?

第一节　绩效管理思想的演变

随着经济的全球化和信息时代的到来,世界各国企业都面临着越来越激烈的国际和国内市场竞争。为了提高自己的竞争能力和适应能力,许多企业都在探索提高生产力和改善组织绩效的有效途径,组织结构调整、组织裁员、组织扁平化、组织分散化成为当代组织变革的主流趋势。但实践证明,尽管上述的组织结构调整措施能够减少成本(因此提高生产力),它们并不一定能改善绩效;不论是在哪一水平(组织、团队、个人)界定绩效和评价绩效,它们只是提供了一个改善绩效的机会,真正能促使组织绩效提高的是组织成员行为的改变。学习型组织的出现给人们带来了希望。它能够形成有利于调动员工积极性、鼓励创新、进行团队合作的组织文化和工作气氛。

在这一背景下,研究者拓展了绩效的内涵,并在总结绩效评价不足的基础上,于20世纪70年代后期提出了"绩效管理"的概念。80年代后半期和90年代早期,随着人们对人力资源管理理论和实践研究的重视,绩效管理逐渐成为一个被广泛认可的人力资源管理过程。

在绩效管理思想发展的过程中,对绩效管理的认识也存在分歧,主要表现为以下三种观点。

一、绩效管理是管理组织绩效的系统

持有这种观点的代表是英国学者罗杰斯(Rogers,1990)和布瑞德鲁普(Bredrup,1995)。这种观点将20世纪八九十年代出现的许多管理思想、观念和实践等结合在一起。它的核心在于决定组织战略,并通过组织结构、技术系统和程序等加以实施。它看起来更像战略或事业计划,而个体因素(员工)虽然受到技术、结构、作业系统等变革的影响,但在此种观点看来,却并不是绩效管理所要考虑的主要对象。

二、绩效管理是管理员工绩效的系统

这种观点将绩效管理看作组织对一个人关于其工作成绩以及发展潜力的评估和奖惩。其代表人物艾恩斯沃斯(Ainsworth,1993)、奎因(Quinn,1987)、斯坎奈尔(Edward Scannell,1987)等通常将绩效管理视为一个周期。

三、绩效管理是管理组织和员工绩效的综合系统

这种观点将绩效管理看作管理组织和雇员绩效的综合体系,但此种观点内部却因强调的重点不同而并不统一。例如,考斯泰勒(Costello,1994)的模型意在加强组织绩效,但其特点确实强调对员工的干预,他认为"绩效管理通过将各个员工或管理者的工作与整个工作单位的宗旨连接在一起,来支持公司或组织的整体事业目标";另一种认识却是,"绩效管理的中心目标是挖掘员工的潜力,提高他们的绩效,并通过将员工的个人目标与公司战略结合在一起来提高公司的绩效"。

本书主要讨论如何运用绩效管理的思想来保证员工绩效的持续提升,因此也就更倾向于第二种观点,即将绩效管理主要看成对员工绩效的管理。

绩效管理不应简单地被认为仅仅是一个测量和评估的过程,而应该是管理者和员工之间创造互相理解的途径。在绩效管理的过程中,员工和管理者应该明白组织要求的工作任务是什么、这项工作应该怎样去完成、到什么程度才算完成,而且,绩效管理系统应该鼓励员工提高自身的绩效,促进他们进行自我激励,并通过管理者和员工之间开放式的沟通来加强彼此的关系。这也是绩效管理与绩效考核的主要区别之一。

第二节 绩效管理与绩效考核的比较

绩效考核的历史可以追溯到三皇五帝时期。《尚书·尧典》里记载:"纳于大麓,烈风雷雨弗迷",就是指尧将帝位禅让给舜之前,对其进行了绩效考核。可见,绩效考核很早就在实践中受到统治者或管理者的重视。现在人们提起绩效考核,就会想起年终时必须填写的一堆各种各样的表格。在混乱、焦虑与不安中,员工揣摩着领导者的心思,填完各种表格。然后,主管和每个员工谈上十多分钟,签上名,问题就算解决了。纸面上的工作准时完成,人事部门也很满意,每个人又回到现实工作中去,表格则被存于人事部门的档案柜里,最终的遭遇可能是被遗弃。即使想要依据这些表格作出一些人事决策,也会发现难以操作。因为表中所提供的信息往往很模糊或不准确,这样所作出的人事决策也不可靠。于是,绩效考核往往与"浪费时间""流于形式"等评价联系在一起。

自20世纪80年代以来,经济全球化的步伐越来越快,市场竞争日趋激烈,在这种竞争中,一个企业要想取得竞争优势,必须不断地提高其整体效能和绩效。实践证明,提高绩效的有效途径是进行绩效管理。那么,究竟什么是绩效管理呢?

基于以上对绩效管理的阐述,我们认为,绩效管理是一种提高组织员工的绩效和开发团队、个体的潜能,使组织不断获得成功的管理思想和具有战略意义的、整合的管理方法。绩效管理是依据员工和他们的直接主管之间达成的协议,来实施一个双向式互动的沟通过程。该协议对员工的工作职责如何界定、工作绩效如何衡量、员工和主管之间应如何共同努力以维持、完善和提高员工的工作绩效、员工的工作对公司目标实现的影响、找出影响绩效的障碍并排除等问题作出了明确的要求和规定。同时,绩效管理是事前计划、事中管理和事后考核所形成的三位一体的系统。由此可见,绩效考核只是完整的绩效管理过程中的一个环节,不能以绩效考核来代替绩效管理。

绩效考核成功与否不仅取决于评估本身,而且很大程度上取决于与评估相关联的整个绩效管理过程。有效的绩效考核有赖于整个绩效管理活动的成功开展,而成功的绩效管理也需要有效的绩效考核来支撑。

绩效管理是人力资源管理体系中的核心内容,绩效考核只是绩效管理中的关键环节,但企业在实际运用时却往往容易忽视绩效管理的系统过程。绩效管理是一个完整的管理过程,它侧重于信息沟通与绩效提高,强调事先沟通与承诺,它伴随着管理活动的全过程;绩效考核则是管理过程中的局部环节和手段,侧重于判断和评估,强调事后的评价,而且仅在特定的时期内出现。

归纳起来,绩效管理与绩效考核的区别主要有以下六点:

(1) 绩效管理是一个完整的系统,绩效考核只是这个系统中的一部分。

(2) 绩效管理是一个过程,注重过程的管理,而绩效考核是一个阶段性的总结。

(3) 绩效管理具有前瞻性,能帮助企业前瞻性地看待问题,有效规划企业和员工的未来发展;绩效考核则是回顾过去一个阶段的成果,不具备前瞻性。

(4) 绩效管理有着完善的计划、监督和控制的手段和方法,绩效考核只是提取绩效信息的一个手段。

(5) 绩效管理注重能力的培养,绩效考核则只注重成绩的大小。

(6) 绩效管理能建立经理与员工之间的绩效合作伙伴的关系,绩效考核则使经理与员工站到对立的两面,距离越来越远,甚至会制造紧张的气氛和关系。

无论是从基本的概念上还是从具体的实际操作上,绩效管理与绩效考核之间都存在较大的差异。但是,绩效管理与绩效考核又是一脉相承、密切相关的。绩效考核是绩效管理的一个不可或缺的组成部分。通过绩效考核,可以为企业绩效管理的改善提供资料,帮助企业不断提高绩效管理的水平和有效性,使绩效管理真正帮助管理者改善管理水平,帮助员工提高绩效能力,帮助企业获得理想的绩效水平。

第三节　绩效管理的重要作用

为什么要管理绩效？为什么越来越多的企业要建立绩效管理系统？绩效管理的重要作用是什么？对绩效进行管理是必须的吗？要回答这些问题，至少可以从以下几个方面来理解绩效管理的重要作用。

一、有效地弥补绩效考核的不足

绩效评价的明显缺点在于：对绩效的判断通常是主观的、凭印象的和武断的；不同管理者的评定不能比较；反馈延迟会使员工因好的绩效没有得到及时的认可而产生挫折感，或者为根据自己很久以前的不足作出的判断而恼火。实践证明，提高绩效的有效途径是进行绩效管理。通过绩效管理，可以帮助企业实现其绩效的持续发展；促进形成一个以绩效为导向的企业文化；激励员工，使他们的工作更加投入；促使员工开发自身的潜能，提高他们的工作满意感；增强团队凝聚力，改善团队绩效；通过不断的工作沟通和交流，发展员工与管理者之间的建设性的、开放的关系；给员工提供表达自己的工作愿望和期望的机会。

二、绩效管理可以有效地促进质量管理

组织绩效可以表现为数量和质量两个方面。近年来，质量已经成为组织绩效的一个重要方面，质量管理已经成为人们关注的热点。Kathleen Guin(1992)指出："实际上，绩效管理过程可以加强全面质量管理(Total Quality Management，TQM)。因为，绩效管理可以给管理者提供'管理'TQM 的技能和工具，使管理者能够将 TQM 看作组织文化的一个重要组成部分。"可以说，一个设计科学的绩效管理过程本身就是一个追求"质量"的过程——达到或超过内部、外部客户的期望，使员工将精力放在质量目标上。

三、绩效管理有助于适应组织结构调整和变化

多数结构调整都是对社会经济状况的一种反应，其表现形式各种各样，如减少管理层次(delayering)、减小规模(downsizing)、提高适应性(flexibility)、强化团队工作(team-working)、高绩效工作系统(high performance work systems)、战略性业务组

织（strategic business units）、授权（empowering）等。组织结构调整后，管理思想和风格也要相应地改变，例如，给员工更多的自主权，以便更快、更好地满足客户的需求；给员工更多的参与管理的机会，促进他们对工作的投入，提高他们的工作满意感；给员工更多的支持和指导，不断提高他们的胜任特征，等等，所有这一切都必须通过建立绩效管理系统才能得以实现。

四、绩效管理能够有效地避免管理人员与员工之间的冲突

当员工认识到绩效管理是一种帮助而不是责备的过程时，他们会更加积极合作和坦诚相处。绩效管理不是讨论绩效低下的问题，而是讨论员工的工作成就和进步，这是员工和经理的共同愿望。有关绩效的讨论不应仅仅局限于经理评判员工，而应鼓励员工自我评价以及交流双方对绩效的看法。发生冲突和尴尬的情况常常是因为经理在问题变得严重之前没有及时处理，问题发现得越早，越有利于问题的解决，经理的角色是通过观察发现问题，去帮助员工评价、改进自己的工作，共同找出问题的答案。如果经理把绩效管理看成双方的一种合作过程，将会减少冲突，增强合作。

五、绩效管理可以节约管理者的时间成本

绩效管理可以使员工明确自己的工作任务和目标，他们会知道领导希望他们做什么、可以作什么样的决策、必须把工作干到什么样的地步以及何时需要领导指导。通过赋予员工必要的知识来帮助他们进行合理的自我决策，减少员工之间因职责不明而产生的误解。通过帮助员工找到错误和低效率的原因来减少错误和差错（包括重复犯错误的问题），通过找出通向成功的障碍，以免日后付出更大的代价，领导就不必介入所有事务，从而节省时间去做自己应该做的事。从这一认识出发，我们可以认为绩效管理是一种为防止问题发生而进行的时间投资。

六、绩效管理可以促进员工的发展

通过绩效管理，员工对自己的工作目标确定了效价，也了解自己取得了一定的绩效后会得到什么样的奖酬，他就会努力提高自己的期望值，比如学习新知识、新技能，以提高自己胜任工作的能力，取得理想的绩效，个人得到了进步。从这一点出发，我们也可以认为绩效管理是一种为促进员工发展而进行的人力资本投资。

正如上面所介绍的，绩效管理是现代企业管理体系中不可缺少的一环。如果绩

效管理运用得当,对每个人(包括员工、各级管理人员)和企业都会有明显的帮助。尽管绩效管理不能直接解决所有的问题,但它为处理好其中的大部分管理问题提供了一个工具。

第四节　绩效管理对组织战略的意义

绩效管理对于组织的持续发展具有重要意义,对于这一点学者们早已形成共识,将绩效管理与战略相联则是近年来绩效管理的显著特点。绩效管理已成为战略管理控制系统中不可缺少的管理工具和手段。

那么,我们如何通过绩效管理的手段来不断提升企业的核心能力呢?

一、确定企业的核心能力

企业要围绕以下几个方面的问题进行系统分析和研讨:

(1)企业过去是靠什么取得成功的?决定企业成功的核心因素是什么?

(2)使得企业过去成功的核心因素是否会持续地使它走向成功?是否其中的一些因素已经成为它进一步走向成功的障碍?

(3)当审视未来成功的因素时,企业还缺乏什么?如何培养这些成功的因素?

当确定了这些与企业核心能力相关的因素后,企业就必须致力于保障它们在管理中的实现。

二、运用绩效管理手段提升企业的核心能力

绩效管理是实现组织战略目标、提升核心能力的重要手段,是企业管理的重要内容,有其自身的规律性。在运用绩效管理手段提升企业核心能力的具体实践过程中要注意以下几个问题:

(1)确定绩效考核计划时要注意从培养企业核心能力的角度出发,将核心能力分解成下一层次的竞争力要素,这样层层分解,直到落实到具体的工作岗位上。制定评估计划、确定评估指标的过程就是一个对企业进行竞争力分析的过程。通过这个过程可以对企业的核心能力有一个更清楚的认识。

(2)企业核心能力的培养是一个从上到下的渐进过程,只能在拥有合理利用资源能力的基础上才能逐步形成核心能力,因此,核心能力的培养要从基础的工作做起。这就要求企业在设计绩效管理计划时要通盘考虑,不仅要对企业经营者制定评

估标准,而且要对一般员工制定评估标准,使核心能力的培养成为全体员工的共同行动。

(3)企业的核心能力是企业在一个特定时期的核心能力,随着企业外部环境的变化,其对企业核心能力的要求会有所变化,这种变化要反映在企业的绩效考核计划中。企业的绩效考核标准要随企业外部环境的变化及自身的发展需求而改变,在不同的时期有不同的标准。企业核心能力是对各种能力的综合运用,由很多竞争力要素相互作用而成。因此,企业评估要反映这种要求,不仅要有定量指标,而且要有定性指标,要能全面反映核心能力的要求。

核心能力的培养需要企业持续不断地努力,是一个艰苦的过程,企业绩效管理应反映这一过程。这里要十分注意两个环节:一是绩效管理指标的确定,指标确定的过程是对企业核心能力的分析讨论过程,是企业管理人员统一认识的过程,要十分注意这一环节;二是要对企业绩效考核的结果进行及时的分析反馈,使被评估企业能够清楚评估结果,知道自己与优秀企业的差距,从而确定追赶策略。

第五节 绩效管理在人力资源管理系统中的定位

人力资源管理是获取企业竞争优势的有力工具,那么,绩效管理环节在整个人力资源管理系统中有着一个什么样的定位呢?

人力资源管理能够提升企业价值,是因为劳动力这一特殊的资源已经不再像过去那样被单纯地认为是赚钱的机器,它已经成为一种可以通过增加投入而提高产出的资源,即人力资源。相应地,对人力资源的管理也就成为以企业战略为基础的一项管理活动。企业战略的落地,是要借助人力资源管理中的各个环节来具体实施的。战略的落地需要企业招聘到需要的人,把他们安排到合适的岗位上去,并按他们的工作表现来分配报酬从而激励他们更加有效地工作。在这一整体的人力资源管理过程中,绩效管理就承担着具体的落地任务。

绩效管理将企业的战略目标分解到各个业务单元,并且分解到每个岗位,而岗位的绩效目标最终通过员工来实现,因此,对每个员工的绩效进行管理、改进和提高从而提高企业整体的绩效,使得企业的生产力和价值也随之提高,企业的竞争优势也就由此而来。

因此,绩效管理在企业的人力资源管理这个有机系统中占据着核心地位,发挥着重要的作用,并与人力资源管理系统中的其他模块实现了很好的对接。具体表现为以下四个方面。

一、与工作分析的关系

绩效管理的重要基础是工作分析。通俗地讲，工作分析的目的就是要告诉我们某个职位是干什么的以及由什么样的人来干，即确定一个职位的工作职责以及它所提供的重要工作产出，据此制定对这个职位进行绩效考核的关键绩效指标（KPI），而这些关键绩效指标就为我们提供了评价该职位任职者的绩效标准。可以说，工作分析提供了绩效管理的一些基本依据。

二、与薪酬体系的关系

越来越多的企业将员工的薪酬与其绩效挂钩，而不再像传统的工资体系那样只强调工作本身的价值。在很多未脱离计划经济色彩的国有企业中，仍然存在着"干多干少一个样，干与不干一个样"，这些企业在为员工付薪时，很少考虑到绩效问题，这与时代的要求显然相去甚远。目前比较盛行的制定薪酬体系的原理——3P模型，就是以职位价值、绩效和任职者的胜任力决定薪酬。因此，绩效是决定薪酬的一个重要因素。在不同的组织中，采用不同的薪酬体系，对不同性质的职位而言，绩效所决定的薪酬成分和比例有所区别。通常来说，职位价值决定了薪酬中比较稳定的部分，绩效则决定了薪酬中变化的部分，如绩效工资、奖金等。

三、与人员甄选的关系

在人员招聘或对其进行开发的过程中，通常会使用各种人才测评手段，包括心理和个性测验、行为性面谈以及情景模拟技术等，这些测评方法主要针对人的"潜质"，侧重考察人的一些价值观、态度、性格、能力倾向或行为风格等特征，以此推断人在未来的情境中可能表现出来的行为特征。而绩效考核主要针对人的"显质"，侧重考察人们已经表现出来的业绩和行为，是对人的过去表现的评估。从现有员工的绩效管理与考评记录可以总结出，具有哪些特征的员工适合本企业。因此，在招聘选拔过程中，就可以利用历史资料进行有效甄选。

四、与培训开发的关系

绩效管理的主要目的是了解目前人们绩效状况中的优势与不足，进而改进和提高绩效，因此，培训开发是在绩效考核之后的重要工作。在绩效考核之后，主管往往需要根据被评估者的绩效现状，结合被评估者的个人发展愿望，与被评估者共同制定绩效改进计划和未来发展计划。人力资源部门则根据员工绩效评价的结果和面谈结果，设计整体的培训开发计划，并帮助主管和员工共同实施培训开发。

第六节　建立闭环的绩效管理系统

在前面我们提到过，一个企业要想获得成功，不仅要保证绩效形成的可靠性，而且要以组织战略为基础设计绩效管理系统——建立一个旨在提高企业核心能力的绩效管理系统。在此我们所要讨论的是，如何保证这一绩效管理系统的有效性和可靠性，即绩效管理系统应该是开放的还是封闭的。

系统是封闭的还是开放的，似乎是西方管理与我国当前管理状态的差异所在。封闭的环似乎是管理可靠性的组织保障。例如，PDCA 循环是封闭的循环，作为西方管理标准化经典的 ISO9000 也是封闭的循环。探其缘由，在于：只有封闭的环才是可靠的，只有封闭的环才是可控的，也只有封闭的环才具备不断提升的功能。在这里我们不讨论与环相关的哲学问题，仅就绩效管理的意义进行有限度的讨论。

一、管理控制系统

笔者通过多年对西方管理理论和实践的研究，同时认真总结中国管理实践中成功与失败的经验，深刻理解管理对于控制的强调，认为管理控制系统本身就是个闭环。

1. 控制系统的基本思想

就一般控制系统而言，它的三个基本思想是：
（1）控制或限制；
（2）指导或命令；
（3）校对或检验。

2. 控制系统基本思想的构成

控制系统的三个基本思想由四类具有相关逻辑的环节构成，即：
（1）预先（前馈）控制：预测、可行性分析、目标、预算、程序、规则、制度等；
（2）指导（过程）控制：同步控制，及时纠正偏差；
（3）是否控制：对关键点的控制，决定是否继续运行；

(4) 事后(反馈)控制：通过对结果的分析与评估，改进系统运行的可靠性和有效性。

从人力资源管理的角度出发来讨论管理控制系统，同样体现了这样的思想。

二、人力资源管理的控制系统

与前面所介绍的管理控制系统相似，人力资源管理的控制系统同样包括三个基于控制系统基本思想的关键环节。

1. 前馈控制

前馈控制包括：

（1）计划控制。不论是古典管理理论、行为科学管理理论还是系统管理理论，它都在资源有限的条件下解决结果界定的问题，从而通过组织程序确保按优先顺序引导管理活动和行为。

（2）职责与权限控制。职责与权限控制属于对责任主体进行的必要控制。应做到一切责任有人承担，并且当工作过程和结果产生问题的时候，责任可以明确地被追溯。正是由于工作过程和结果可以明确地被追溯，人们才会具有工作的主动性。它包括部门职责、岗位职责以及每一项工作活动职责权限的明确界定。

（3）制度控制。制度控制属于例行性事务和活动的前馈控制条件，也是我们进行过程控制的前提条件，规定着我们做事的原则、程序和方法。它包括关键工作流程和工艺流程、工作规范和作业指导书、工作流程中关键控制点的控制标准和手段、行为准则、纠偏的手段与奖惩措施等。

（4）人员控制。人员控制主要是考虑员工任职资格与行为态度的可控性问题。如果工作执行人员缺乏必要的任职资格和所需的个人品格，则处于不可控状态。它包括完成工作的能力、对质量的关注意识、绩效改善的能力、服从意识、正直与诚信等。

2. 过程控制

过程控制包括进度控制、费用控制、质量控制、流程控制、行为控制以及对制度不能覆盖的非例行事务控制、纠偏、奖惩与现场改善等。其中，进度控制、费用控制、质量控制、流程控制与行为控制属于例行的制度控制，它依赖前馈控制条件的可靠性和管理者执行制度和规则的有效性；对非例行事务的控制、对工作过程中所产生偏差的控制、运用奖惩维护现场的纪律和现场的纠正与改善，则依赖管理者的个人控制能力。

3. 反馈控制

反馈控制是建立在对结果评估的基础上，对前馈控制进行调整和修正所做的控制,包括对目标与计划体系的修正、对职责与权限分配的修正、对工作与工艺流程的修正、员工的培训与能力开发、人员变更与调整等。

从绩效管理的流程上看,绩效管理本质上也是封闭的循环(见图2-1)。

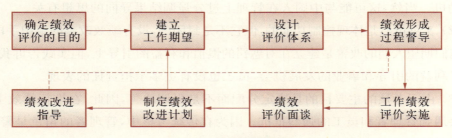

图2-1　绩效管理循环

从绩效管理的流程上看,确定绩效评价的目标、建立工作期望、制定绩效改进计划和设计绩效评价体系,无疑属于前馈管理控制;绩效形成过程的督导和绩效改进指导属于过程管理控制;而绩效评估、绩效面谈和制定绩效改进计划属于反馈管理控制。其中,制定绩效改进计划是前馈与反馈的联结点。

我们把管理控制系统和绩效管理系统进行比较,不难看出两者的一致性。其封闭的循环如图2-2所示。

图2-2　管理控制系统与绩效管理系统

只有当绩效管理循环是一个封闭的环时,它才是可靠的和可控的,这也是不断提升和改善的保证。因为只有连续不断地控制才会有连续不断地反馈,而只有连续不断地反馈才能保证连续不断地提升(见图2-3)。

图2-3　不断提升的绩效管理循环

三、从环的开放与封闭比较绩效考核与绩效管理

与绩效管理相比,传统的绩效考核不是个封闭的环,它是开放的,缺乏控制的可靠性,因为没有组织和制度上的保障。由于这种制度的缺陷,它在管理上存在以下三

个方面的问题：

（1）从目标到绩效结果的形成过程缺乏控制。如果一个绩效形成的过程是不可控的，其结果必然是不可靠的。这种单纯依赖定期对结果的评估，没有对过程控制的强烈动机。当然，这可能与中国人在管理上过分强调结果导向的思想有关。

（2）奖惩虽然是体现控制功能的，但它不是封闭的，没有绩效改善的组织手段作保证。我们期望人们的改善是建立在对惩罚的惧怕和利益的引导上，但实践告诉我们，即便有了利益的引导和事业的发展机会，员工也没有更多承担责任的表现。

（3）由于考核的主要目的是决定分配而不是强调改善，因此，在推行绩效考核的时候会遇到管理者和员工的强烈抵抗。因为在传统考核中，管理者的角色是警察，而考核就是挑员工的毛病，会造成管理者和员工的对立。如果考核的根本目的是绩效的改善和员工职业能力的不断提升，则管理者与员工就不存在对立的基础。因为员工绩效的提升与管理者绩效的提升的利益是一致性的。因此，在绩效管理的循环里，管理者改变了警察的身份而成为教练。教练也在挑员工的毛病，但挑毛病的目的不再是惩罚，而是教其做好。

从表面上看，绩效考核与绩效管理不过是管理的开放与封闭的差别，然而却体现了管理思想的截然不同。我们并不排除结果导向，但是结果的实现必须建立在过程控制的基础上。如果管理不是一次而终结的过程，如果我们追求事业的不断发展，建立并且从制度上保证封闭的管理控制和提升循环系统是不容置疑的。

案例分析：阿里巴巴的绩效管理之路

回首阿里巴巴的近二十年，创造了极大的成功与辉煌。这一段阿里巴巴的发展历程，尤其是借鉴通用电气公司构建符合中国国情的绩效管理体系，值得国人特别是企业管理者们好好地去研究、学习和总结，从而摸索出适合自己企业的发展之路。

一、借鉴通用电气

一开始，阿里巴巴绩效管理体系的基本理念和框架借鉴自美国通用电气公司。2001年，为通用电气服务25年的关明生加盟阿里巴巴，帮助阿里巴巴打造了一套与国际接轨的绩效管理体系，奠定了阿里巴巴绩效管理的基础。比如，借鉴和进一步强化了通用对价值观的推崇，同时阿里巴巴也用了"活力曲线"法则，以及基于这个方法的淘汰和激励制度。"活力曲线"是指用"271排名"的方式来考察员工的相对业绩。各部门主管按"271"原则对员工的工作表现进行评估：20%

超出期望,70%符合期望,10%低于期望。阿里巴巴集团的员工绩效评估体系,采用了非常有趣的动物式排列。但是,阿里巴巴对后10%的淘汰没有像通用那么严厉。在阿里巴巴,员工通过考核被分成三种:

一是有业绩,但价值观不符合的,被称为"野狗";

二是事事老好人,但没有业绩的,被称为"小白兔";

三是有业绩,也有团队精神的,被称为"猎犬"。

对价值观表现好,但业务弱的"小白兔型",阿里巴巴会给予考察、培训、转岗的机会,除了作假、行贿等触犯道德底线的"野狗型"员工,阿里巴巴很少因为价值观考核而直接开除员工。

二、形成自己的特色

阿里巴巴的绩效管理体系,在建立之初基本上借鉴通用电气,有着比较健康的基础。在此基础上,阿里巴巴在绩效管理方面经过长期的探索和实践,形成了自己的特点。

1. 制定高指标

在创立之初,阿里巴巴就总是提出一些在当时看来非常"疯狂"的业绩指标。2003年,每天收入100万元;2004年,每天利润100万元;2007年,每天交税100万元。让公司上下都觉得匪夷所思。但是,疯狂的目标最后都实现了。这些"疯狂"的组织业绩目标也是建立在个人业绩目标基础上的。

在个人绩效考核方面,阿里巴巴采用5分制的打分方式,每个季度、每年都对个人进行绩效评估。大概只有10%的员工能在绩效考核中拿到4分。拿到4分不仅意味着12分的努力,还要发挥创造性。按照常规的方式方法工作,基本上达不到4分。

2. 价值观纳入考核

阿里巴巴的高绩效秘诀就是:不管目标多疯狂,都要向着目标跑。而能够做到这一点,阿里巴巴独特的价值观考核至关重要。价值观考核就像"定海神针",让阿里巴巴的队伍向前狂奔的同时保持凝聚力。

在阿里,价值观考核与业务考核各占50%的比重。阿里巴巴著名的价值观考核就是"六脉神剑",也就是要强调六个方面:客户第一、团队合作、拥抱变化、诚信、激情和敬业。这六个方面被细分成30条指标,包括具体的行为和精神层面的要求。大部分是对行为的要求,也有精神层面的要求。在细分的30条考核指标中,突出了业绩导向。

3. "政委体系"

2004年年底,阿里巴巴的人力资源部门打算在B2B部门的一线销售团队中,派驻既懂业务又代表公司政策和担负价值观宣导任务的人力资源专员。这套做法实际上就是军队中政委的作用，所以他们干脆就把这套人力资源管理系统改名为"政委体系"。在阿里巴巴，"政委们"对价值观考核发挥软力量有重要作用。阿里巴巴的人力资源工作分为两块：一块叫作"政委体系"；一块叫作职能体系。有超过一半的人力资源经理们从事"政委"工作，资历深、职位高的被称为"大政委"，年轻的经理被称为"小政委"，但再小的政委，也必须是在阿里巴巴工作3年以上的人才有资格担任。

"政委们"主要做"人"的工作，在价值观考核过程中也发挥着重要的作用——"政委"直接介入考核过程，起到维护考核公正客观和协调分歧的作用。阿里内部的某个"政委"说："我们像部队里的政委，但是我们更多的就是第三方的角色，去倾听员工的心声是什么。对员工来讲，有一个立场公正的第三方在听他讲什么，可以帮助他解决现在困惑的问题。"

"政委"每周都会参加所对应业务部门的例会或者阅读周报，以跟进和了解业务部门的工作；每个季度都参加所负责部门的考核沟通会，与被考核员工、直接上级三方一起讨论并最终评定被考核员工的业绩。在考核过程中，员工的自评分数往往与上级打分不一致，这种情况下，就需要"政委"、上级和下属三方通过沟通协调达成一致，"政委"对企业价值观的把握和保持客观、公正的态度很重要。阿里巴巴的"政委们"成为价值观考核推行的润滑剂。

案例评析：

阿里巴巴最初打造的绩效管理体系引自西方。但管理不等同于技术和资本，因为管理的核心是对人的管理。拥有不同社会背景，在不同文化环境下成长起来的人在性格、价值观、道德观念上存在极大的不同。因此，源自西方的那套管理办法引入中国企业，一定要进行改良，才能符合国人的特点。就像阿里的价值观考核和"政委体系"一样，通过建设开放透明的氛围和有效沟通，阿里巴巴的绩效管理才能在企业发展道路上成为强有力的推进剂。

资料来源：根据"职畅之友"订阅号.阿里巴巴的绩效管理之路.2018-11整理修改而成.

本章小结

绩效管理是一个完整的管理过程。它侧重于信息沟通与绩效提高，强调事先

沟通与承诺。绩效考核则是管理过程中的局部环节与手段,侧重于判断和评估,强调事后评价。两者存在明显的差异,可以归纳为:

(1) 绩效管理是一个完整的系统,绩效考核只是这个系统中的一部分。

(2) 绩效管理是一个过程,注重过程的管理,而绩效考核是一个阶段性的总结。

(3) 绩效管理具有前瞻性,能帮助企业前瞻性地看待问题,有效规划企业和员工的未来发展。绩效考核则是回顾过去一个阶段的成果,不具备前瞻性。

(4) 绩效管理有着完善的计划、监督和控制的手段和方法,而绩效考核只是提取绩效信息的一个手段。

(5) 绩效管理注重能力的培养,绩效考核则只注重成绩的大小。

(6) 绩效管理能建立管理者与员工之间的绩效合作伙伴的关系,绩效考核则使管理者与员工站到对立的两面,距离越来越远,甚至会制造紧张的气氛和关系。

绩效管理思想的引入与推进是一项耗时费力的系统工程,它却是组织成长和发展的必要支撑。本章详细讨论了绩效管理的重要作用及其与人力资源管理其他部分之间的关系。

要建立有效的绩效管理体系,企业必须认识到绩效管理系统的封闭性。只有当绩效管理循环是一个封闭的环时,它才是可靠的和可控的,也是不断提升和改善的保证。因为只有连续不断地控制才会有连续不断地反馈,而只有连续不断地反馈才能保证连续不断地提升。

思考与讨论

1. 论述绩效考核与绩效管理的主要差异。
2. 简要概括绩效管理思想的演变过程。
3. 绩效管理的重要作用表现在哪些方面?
4. 简单描述绩效管理体系在整个人力资源管理体系中的定位。
5. 为什么说绩效管理体系应该是一个封闭的系统?请论述绩效管理循环包括的关键环节以及各个环节之间的关系。

第二部分　绩效管理体系

第三章

绩效管理的基本流程

- 绩效管理的基本流程是什么?
- 目前,中国企业的绩效管理普遍缺失的是哪些环节?带来的后果是什么?
- 如何才能实现绩效管理系统中各环节的有效整合?
- 如何将技术应用于绩效管理的每个阶段?

第一节　绩效管理的基本流程

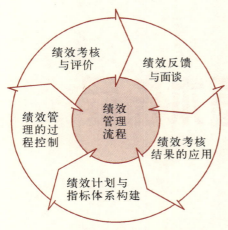

图 3-1　绩效管理的一般流程

绩效管理过程通常被看作一个循环，这个循环分为五步：绩效计划与指标体系构建、绩效管理的过程控制、绩效考核与评价、绩效反馈与面谈以及绩效考核结果的应用。

绩效管理的一般流程可以用图 3-1 表示。

一、绩效计划与指标体系构建

绩效计划作为绩效管理流程的第一个环节，是绩效管理实施的关键和基础所在。绩效计划制定得科学、合理与否，直接影响着绩效管理整体的实施效果。在这个阶段，管理者和员工的共同投入与参与是进行绩效管理的基础，如果是管理者单方面地布置任务、员工单纯地接受要求，就变成了传统的管理活动，失去了协作性的意义。

有了明确的绩效计划之后，便要根据计划来构建指标体系，指标体系的构建可以使员工了解企业目前经营的重点，为员工日后的工作提供指引。指标体系包括绩效指标和与之相对应的标准。绩效指标是指企业对工作产出进行衡量或评估的是哪些方面，而绩效标准是指在各个指标上应该分别达到什么样的水平。换句话说，指标解决的是企业需要关注"什么"才能实现其战略目标，而标准着重看的是被评价的对象需要在各个指标上做得"怎样"或完成"多少"。绩效指标与绩效标准是相互对应的。

二、绩效管理的过程控制

在制定了绩效计划、构建了指标体系之后，被评估者就开始按照计划开展工作。绩效管理不仅要关注最终任务的完成情况、目标完成情况、结果或产出，还要关注绩效形成过程。过分强调结果或产出，会使得企业管理者无法准确地获得个体活动的信息，从而不能很好地对员工进行指导与帮助，而且更多时候会导致企业的短期行为。在绩效形成过程中，管理者要对被评估者的工作进行指导和监督，对发现的问题及时予以解决，并随时根据实际情况对绩效计划进行调整。

在整个绩效管理期间，需要管理者不断地对员工进行指导和反馈，即进行持续的绩效沟通。这种沟通是一个双方追踪进展情况、找到影响绩效的障碍以及得到使双方成功所需信息的过程。持续的绩效沟通能保证管理人员和员工共同努力，及时处理出现的问题，修订工作职责，上下级在平等的交往中相互获取信息，增进了解，联络感情，从而保证员工的工作能正常地开展，使绩效实施的过程顺利进行。

三、绩效考核与评价

工作绩效考核可以根据具体情况和实际需要进行月考核、季考核、半年考核和年度考核。工作绩效考核是一个按事先确定的工作目标及其衡量标准，考察员工实际完成绩效情况的过程。考核期开始时签订的绩效合同或协议一般都规定了绩效目标和绩效测量标准。绩效合同一般包括工作目的描述、员工认可的工作目标及其衡量标准等。绩效合同是进行绩效考核的依据。绩效考核包括工作结果考核和工作行为评估两个方面。其中，工作结果考核是对考核期内员工工作目标实现程度的测量和评价，一般由员工的直接上级按照绩效合同中的标准，对员工的每一个工作目标完成情况进行等级评定。工作行为考核则是针对员工在绩效周期内表现出来的具体行为态度进行评估。同时，在绩效实施过程中，所收集到的能够说明被评估者绩效表现的数据和事实，可以作为判断被评估者是否达到关键绩效指标要求的证据。

四、绩效反馈与面谈

绩效管理的过程并不是为绩效考核打出一个分数就结束了，主管人员还需要与员工进行一次甚至多次面对面的交谈。通过绩效反馈面谈，使员工了解主管对自己的期望，了解自己的绩效，认识自己有待改进的方面；并且，员工也可以提出自己在完成绩效目标中遇到的困难，请求上级的指导。

五、绩效考核结果的应用

当绩效考核完成以后，评估结果并不是可以束之高阁、置之不理的，而要与相应的其他管理环节相衔接。这主要有以下几个管理接口：

（1）制定绩效改进计划。绩效改进是绩效管理过程中的一个重要环节。传统绩效考核的目的是通过对员工的工作业绩进行评估，将评估结果作为确定员工薪酬、奖惩、晋升或降级的标准。而现代绩效管理的目的不限于此，员工能力的不断提高以及绩效的持续改进和发展才是其根本目的。绩效考核结果反馈给员工后，有利于他们认识自己的工作成效,发现自己工作过程中的短板所在。绩效沟通给员工带来的这种信息会使可能一直蒙在鼓里的员工真正认识到自己的缺点和优势,从而积极主动地改进工作。所以,绩效改进工作的成功与否,是绩效管理过程是否发挥效用的关键。

(2) 组织培训。这是指根据绩效考核的结果分析对员工进行量身定制的培训。对于难以靠自学或规范自身行为态度就能改进绩效的员工来说,可能真的在知识、技能或能力方面出现了"瓶颈",因此,企业必须及时认识到这种需求,有针对性地安排一些培训项目,组织员工参加培训或接受再教育,及时弥补员工能力的短板。这样带来的结果是既满足了完成工作任务的需要,又可以使员工享受免费的学习机会,对企业、对员工都是有利的。而培训和再教育也越来越成为吸引优秀员工加盟企业的一项福利。

(3) 薪酬奖金的分配。企业除了基本工资外,一般都有业绩工资。业绩工资是直接与员工个人业绩相挂钩的。这种工资形式在业界很流行,它被形容为"个人奖励与业绩相关的系统,建立在使用各种投入或产出指标来对个体进行某种形式的评估或评价"。一般来说,绩效评价越高,所得工资越多。这其实是对员工追求高业绩的一种鼓励与肯定。

(4) 职务调整。经过多次绩效考核后,员工的业绩始终不见有所改善。如果确实是员工的能力不足,不能胜任工作,管理者就应该考虑为其调整工作岗位;如果是员工的态度不端正,经过多次提醒与警告都无济于事,管理者就应该考虑将其解雇。这种职务调整在很大程度上是以绩效考核结果为依据的。

(5) 员工职业发展与开发。根据绩效评价的结果,分别制定员工在培养和发展方面的特定需要,以便最大限度地发挥他们的优点,使缺点最小化,实现:① 增强培训效果,降低培训成本;② 实现适才适所;③ 在实现组织目标的同时,帮助员工发展和执行他们的职业生涯规划。

(6) 人力资源规划。为组织提供总体人力资源质量优劣程度的确切情况,获得所有人员晋升和发展潜力的数据,以便为组织的未来发展制定人力资源规划。

(7) 正确处理内部员工关系。坦率、公平的绩效评价,为员工在提薪、奖惩、晋升、降级、调动、辞退等重要人力资源管理环节提供公平客观的数据,减少不确定因素对管理的影响,因而能够保持组织内部员工的相互关系建立在可靠的基础之上。

第二节　绩效管理系统中各环节的有效整合

绩效管理是一个循环的动态系统,绩效管理系统所包含的几个环节紧密联系、环环相扣,任何一环的脱节都将导致绩效管理的失败,所以,在绩效管理过程中应重视每个环节的工作,并将各个环节有效地整合在一起,力求做到完美。

绩效计划是主管与员工合作,对员工下一年应该履行的工作职责、各项任务的重要性等级和授权水平、绩效的衡量、主管提供的帮助、可能遇到的障碍及解决的办法等一系列问题进行探讨,并达成共识的过程。因此,绩效计划在帮助员工找准路线、认清目标方面具有一定的前瞻性。它是整个绩效管理系统中最基本的环节,也是必不可少的环节。

持续的绩效沟通就是主管和员工共同工作,以分享有关信息的过程。这些信息包括工作进展情况、潜在的障碍和问题、可能的解决问题的措施以及主管如何才能帮助员工等。由此看来,绩效管理就是一种双向的交互过程,而且这种交互沟通必须贯穿于绩效管理的整个过程。通过沟通,企业要让员工很清楚地了解绩效考核制度的内容、制定目标的方法、衡量标准、努力与奖酬的关系、工作业绩、工作中存在的问题及改进的方法。当然,更要聆听员工对绩效管理的期望及呼声,这样绩效管理才能达到预期目的。

绩效考核也是一个动态的、持续的过程,所以,不能孤立地进行绩效考核,而应将绩效考核放在绩效管理系统中考虑,重视考核前期与后期的相关工作。绩效计划和持续的沟通是绩效考核的基础,只有做好绩效计划和沟通工作,绩效考核工作才能顺利进行。因为只要平时认真执行了绩效计划并做好了绩效沟通工作,考核结果就不会出乎考核双方的意料,最终考核产生分歧的可能性会很小,也就减少了员工与主管在考核方面的冲突。

绩效反馈和绩效考核结果的应用是绩效考核的后继工作。绩效考核的一个重要目的是发现员工工作中的绩效问题并进行改进,所以,考核工作结束后,要针对考核结果进行反馈,分析问题,提供工作改进的方案以供员工参考,帮助员工改进绩效。另外,在考核中还应将当前评估与过去的绩效联系起来,进行纵向比较,只有这样才可能得出客观、准确的结论。

管理人员和员工就当期绩效提出绩效改进计划后,整个绩效管理又回到起点——再计划阶段。此时,绩效管理的一轮工作就基本完成了。应在本轮绩效管理的基础上进行总结,制订下一轮的绩效管理工作计划,使得绩效管理能持续进行下去,达到企业绩效再上一个台阶的目的。

这些环节的整合,使绩效管理过程成了一个完整的、封闭的环。其中,绩效计划属于前馈控制阶段,持续的绩效沟通属于过程控制阶段,绩效考核、绩效反馈与绩效改进的实施则属于反馈控制阶段。其中,制定绩效改进计划是前馈与反馈的联结点。这三个阶段的整合,形成一个完整的绩效管理循环。只有当这个环是封闭的,绩效管理才是可靠的和可控的,也是不断提升和改善的保证。因为连续不断地控制才会有连续不断地反馈,连续不断地反馈才能保证连续不断地提升。

第三节　信息技术在绩效管理中的应用

随着信息技术的高速发展,在人力资源绩效管理过程中,应用大数据、人工智能及区块链等技术,建立绩效管理信息平台,既能有效地促进绩效管理系统的各个阶段进行,又能提高绩效管理的整体效率和水平。信息技术在绩效管理各流程中的应用如下。

一、绩效计划与指标体系构建

绩效计划是在确定组织战略和工作要求后,在管理者和员工共同理解的基础上,确定绩效的预期行为和结果。信息技术的应用可以帮助企业建立绩效管理平台,虚拟创建并存储绩效规划。通过企业内部的工作社交网络,使用者能够随时通过手机、电脑、笔记本等终端设备登录平台,实时进行绩效计划的创建、模拟与更新。这种方法有助于在不同地点的员工实时看到绩效计划的更新,提高其在参与目标设定过程中的责任感,不断更新对目标的认识。

在构建绩效指标体系时,信息技术的应用有助于收集相关知识、任务及技术评价,并把这些数据编纂到职位描述中,保证职位分析的有效实施。此外,为了设计合理的绩效指标体系,企业需要鼓励员工充分参与绩效指标设定,努力达成共识,防止由于概念边界模糊问题所导致的绩效结果差异。在区块链技术下,共识机制的建立可以帮助企业做到以上两点。共识机制的目标使区块链中的所有节点一致且有效,即使在去中心的背景下,也无需担心差异问题的出现。绩效指标体系的构建是公司实体内部的参与部分,属于私有链。私有链是完全被组织机构控制使用的区块链系统,它的共识机制可以采用分布式一致性算法,这有利于减少系统处理数据流的性能损失,解决在绩效管理过程中所出现的由于指标计算方式和传输带来的问题,如 Paxos 算法与 Raft 算法的应用。

二、绩效管理的过程控制

在绩效执行阶段,管理者必须观察、记录绩效数据,定期提供反馈,必要时进行绩效辅导。员工在执行任务的过程中,必须及时与上司沟通,交流目标实现情况,征求绩效反馈与帮助。

管理者基于大数据对绩效数据综合分析的结果,通过信息系统,及时传送员工在绩效执行过程中的关键控制点、行为态度等，形成提前检错和预警机制，从而起到系统自动强化与辅导的作用。并且，大数据技术通过对员工过程绩效的记录，自动进行智能分析，提取绩效实施的标准样板。之后，由人工对系统提取的标准样板进行筛选、改善、描述，发布在数据平台中，供管理者与员工学习与交流。

企业通过信息化反馈平台的建立，使员工快速确定潜在的评估者，向其提出反馈信息的请求，从而最大化地获取相关领域的绩效信息。信息化平台须用来为员工提供信息源，不能作为管理者征求反馈的手段。每个绩效行为提出后，员工能够向同事和客户提出绩效反馈信息的电子申请，并使用多元反馈平台迅速获取相关信息，对未来绩效进行审查和改进。此外，同行与其他行业的反馈丰富了企业的绩效数据，对企业发展具有重要作用。对于与被邀请的评估者相关联的信息，比如评估文件，可以通过类似 LinkedIn 链接的方式在系统中进行储存。

三、绩效考核与评价

在绩效考核过程中，由于技术与管理方法的局限性，考核者一般依据有限的记录进行考核，但这样的考核结果往往伴随着不同程度的主观性，且无法保证准确与公正。建立以数据为依托的绩效考核和评价工具，对于企业改变原有的考核模式，在考核过程中做到客观公正具有重要作用。企业通过充分利用现代信息技术与平台，对员工绩效考核过程中的相关数据进行收集、整理、分析，作出对员工客观公正的考核。这有利于客观地衡量员工的工作结果，解释产生结果的原因，为绩效反馈提供更具体的改进建议。此外，基于人工智能专家系统可以从用户方获取信息，企业能够建立自身的知识库与数据库，使绩效考核数据与实际情况更加匹配，从而避免考核者主观评价的随意性与"人情分"，确保评价结果更精确、更有说服力与可比性。例如，谷歌、亚马逊等大型公司基于云计算对海量数据进行加工，并详细记录、分析员工的绩效数据。

四、绩效反馈与面谈

绩效反馈主要通过考核者与被考核者之间的沟通，就被考核者在考核周期内的绩效情况进行面谈，在肯定成绩的同时，找到工作中的不足并加以改进。绩效反馈是绩效管理过程中的重要环节，但也被普遍认为是最困难和最不愉快的环节。信息技术的应用，能够培养员工更积极的态度，增强绩效反馈的有效性，促进绩效反馈的效果。

首先，基于大数据的绩效管理信息系统可以实时获取数据，利用预警系统对员工的绩效结果进行分析，对于出现异常的数据，系统自动地将结果反馈给员工，并提供绩效指导案例，为其在以后的工作中有针对性地解决绩效不足提供参考，保证员工的自我纠偏与自我监督。对于管理者而言，大数据技术的应用有助于其摆脱"沟通媒介"这一效率较低的工作定位。而且，大数据系统所提供的绩效结果分析和相关决策建议将会增加管理者与员工进行绩效结果沟通的途径，简化部门管理者的工作量，提高管理效率。

其次，企业通过创建绩效管理平台，支持员工针对他人的工作表现进行反馈，或者邀请他人对自己或下属的工作表现提供反馈，从而达到充分调动员工对于某一任务进行讨论和提出建议的目的。而且，员工在操作时只需登录个人主页中的反馈页面，点击希望获得的反馈类型（如"自我反馈""对下属反馈""对某项工作反馈"），添加反馈人姓名，备注反馈内容的具体要求。之后，系统自动地把这条反馈消息发送给对方，对方通过链接进入反馈页面作出相应评价并发还给邀请人，也可就某一绩效结果通过语音或者视频的形式与反馈人进一步讨论。

五、绩效考核结果的应用

目前，绩效考核结果主要应用在绩效改进工作、绩效导入、薪酬奖金、职务调整等方面。绩效改进工作的成功与否，是绩效考核结果能否成功应用的关键。在绩效改进时，企业可以运用大数据技术绘制员工绩效表现动态视图，具体分析员工工作时的问题点，找到具体原因后进行针对性的辅导。绩效表现动态视图主要用于评估员工的绩效改善情况，例如，通过从每季度的绩效评级中得到定量的数据，视图既能显示个体绩效评级的变化，也能显示个体在一季度中的表现与工作组其他人的平均评分的关系。当绩效计划和目标是为了下一绩效周期做调整时，视图上所呈现的参考点将对绩效改进发挥重要作用。

此外，其他应用（如培训、薪酬奖金分配、职务调整、员工职业发展开发等）都有相应的技术操作系统来支持各项工作的开展，在此不一一列举。

案例分析：惠普公司的绩效管理流程

作为入驻世界上第一个高科技工业园——斯坦福研究院的第一批公司之一，惠普公司一直都被认为代表了美国硅谷的神话。但是，近几年惠普的业绩难称理想。而且，在2015年，惠普被拆分为惠普企业（HPE）和经营PC与打印机业务的惠普（HP）。然而，2017年惠普突然强势反弹，PC出货量为5516.2万台，一举超越中国联想成为全球PC老大。并且，根据Gartner公布的2020年第二季度的数据，惠普稳居美国PC市场的头把交椅，占33％的市场份额。惠普能够在短时间内取得巨大的成就，绩效管理的作用不容忽视。下面，我们就来分享惠普公司的绩效管理案例，希望读者能从中获得有益的启发。

惠普的绩效管理是要让员工相信自己可以接受任何挑战、可以改变世界，这也是独特的"惠普之道"。其中，员工业绩管理是"惠普之道"的关键点之一。惠普的员工绩效管理框架包括4个步骤：绩效标准、绩效执行、绩效面谈和绩效评估。通过这4个步骤的循环，员工绩效最后要达到的目标是：造氛围（培养绩效文化）、定计划（运筹制胜业绩）、带团队（建设高效团队）、促先进（保持激发先进）、创优绩（追求卓越成果）。为了达到这5个目标，惠普的员工绩效管理又可分为以下5个关键点：

1. 制定上下一致的计划

绩效计划不仅为各层级提供具体的行动计划，而且为每个绩效目标的最后达成作阶段性分解。同时，绩效计划为现有资源的分配和未来资源的投入提供了基础。惠普要求公司每个层面的人员都要做各自的计划。股东和CEO要制定战略计划，各业务单位和部门要制定经营计划，部门经理和其团队要制定行动计划。通过不同层面人员的相互沟通，公司上下就能制定出一致性很高的计划，从而有利于发展步骤的实施。

2. 制定业绩目标

对于员工的业绩指标，在汲取了德鲁克目标管理原则的基础之上，惠普用6个英文字母来表示：SMTABC。具体的解释是：S（specific，具体性），要求每一个指标的每一个实施步骤都要具体详尽；M（measurable，可衡量），要求每一个指标从成本、时间、数量和质量等四个方面能作综合的衡量；T（time，定时），业绩指标需要指定完成日期；A（achievable，可实现性），员工业绩指标需要和事业部及公司的指标相一致且易于实施；B（benchmark，以竞争对手为标杆），指标需要有竞争力，需要保持领先对手的优势；C（customer oriented，客户导向），业绩指标要能够达到客户和股东的期望值。

3. 授权

"以人为本"的惠普公司特别重视经理如何向员工授权。惠普强调的是因人而异的授权方式，根据不同的员工、部门和任务类型，把授权的方式分为5种，分别是：Act on your own（斩而不奏）；Act and vise（先斩后奏）；Recommend（先奏后斩）；Ask what to do（问斩）和Wait until told（听指示）。在充分授权的基础上，惠普使员工转变了观念，增强了执行任务的信心，使他们在面对困难时能坚持不懈地完成绩效目标，且相信自己对组织作出了有影响的贡献。

4. 绩效评估

绩效评估是根据绩效目标对各部门在流程中的实际绩效表现进行衡量和评估，及时了解企业内部的运行情况并发现其中的问题。在评定员工业绩时，惠普主要考虑以下指标：个人技术能力、个人素质、工作效率、工作可靠度、团队合作能力、判断力、客户满意度、计划及组合能力、灵活性创造力和领导才能。在评定过程中，惠普会遵循8个步骤：协调评定工作；检查标准；确定期望；确定评定时间；进行员工评定；确定工作表现所属区域；检查分发情况并得到最终许可；将信息反馈给员工。

5. 分类激励

根据员工的工作意愿和工作能力，公司把员工分成五个类型，分别采用不同的方法进行教导。最好的员工既有能力又有意愿，对于这样的员工，惠普公司的管理层只是对他们做一些微调和点拨，并且很注重奖励，以使员工保持良好的状态。第二等级的员工有三种：一是工作能力强但工作意愿弱，这样的员工，公司主要对他们做思想上的开导和鼓励，解决思想问题；还有的员工能力和意愿都处在中等，这样的员工，公司需要就事论事地对他们作出教导，使他们在能力和意愿上都有提高；最差的员工是既无能力又无意愿的，公司要对这样的员工作出迅速的处理，要么强迫他们提高能力或增长意愿，要么毫不犹豫地解聘。

资料来源：根据 HRsee.美国惠普的绩效管理案例.HR案例网，2018-3(http://www.hrsee.com/?id=628)整理修改.

本 章 小 结

绩效管理的过程是一个循环，这个循环分为五步：绩效计划与指标体系构建、绩效管理的过程控制、绩效考核与评价、绩效反馈与面谈以及绩效考核结果的应用。

绩效计划作为绩效管理流程的第一个环节，是绩效管理实施的关键和基础所在。绩效计划制定得科学合理与否，直接影响着绩效管理整体的实施效果；绩效管理的过程控制需要管理者不断地对员工进行指导和反馈，即进行持续的绩效沟通。这种沟通是一个双方追踪进展情况、找到影响绩效的障碍以及得到使双方成功所需信息的过程；绩效考核是一个按事先确定的工作目标及其衡量标准，考察员工实际完成的绩效情况的过程；绩效反馈面谈则使员工了解主管对自己的期望，了解自己的绩效，认识自己有待改进的方面，并且，员工也可以提出自己在完成绩效目标中遇到的困难，请求上级的指导。

绩效管理是一个循环、动态的系统，绩效管理系统所包括的几个环节紧密联系、环环相扣，任何一环的脱节都将导致绩效管理的失败，所以，在绩效管理过程中应重视每个环节的工作，并将各个环节有效地整合在一起，力求做到完美。

思考与讨论

1. 绩效管理的基本流程是什么？你认为目前中国企业普遍缺失的是哪些环节？带来的后果是什么？

2. 如何才能实现绩效管理系统中各环节的有效整合？

第四章

绩效计划与指标体系构建

- 什么是绩效计划？制定绩效计划的原则是什么？
- 在制定绩效计划的过程中，管理者和被管理者双方应就哪些方面进行思考？
- 什么是绩效指标？什么是绩效标准？两者之间的区别与联系是什么？
- 设计绩效指标的原则、依据分别是什么？
- 绩效指标之间的目标一致性表现在哪些方面？
- 提取绩效指标的方法有哪些？
- 设定绩效指标权重的方法有哪些？
- 如何制定绩效指标与绩效标准？

绩效管理作为一种闭环管理，由绩效计划制定、绩效计划实施与过程控制、绩效考核与评价、绩效反馈四部分组成。绩效计划作为绩效管理流程的第一个环节，是绩效管理实施的关键和基础所在。绩效计划制定得科学合理与否，直接影响着绩效管理整体的实施效果。

绩效计划是关于工作目标和工作标准的契约，是绩效双方在充分沟通的基础上就绩效目标和绩效标准达成的一致认识；是对企业战略目标的细化和分解，已经成为企业控制其战略目标落地并加以实现的主要手段。可以说，绩效计划就是企业战略目标的分解体系，其主要功能就是支持和监控企业战略目标的实现。

从表现形式上看，绩效计划主要包括工作计划和绩效指标两种形式。但在企业管理实践中，绩效指标成为绩效计划的主要表现形式和主要内容，可以说绩效计划制定的关键和重点就是绩效指标体系的构建。就企业整体而言，其绩效指标不是孤立、零散的，而是具有层次性、内在逻辑关系的指标体系。完整意义上的绩效指标体系不仅包括绩效指标，而且还包括指标的考核、评价标准，即绩效标准。

基于企业的绩效管理的实践现状和绩效管理的重点，本章将重点介绍绩效计划的制定，以及作为绩效计划主要内容的绩效指标体系的构建。

第一节　绩　效　计　划

绩效计划是一个确定组织对员工的绩效期望并得到员工认可的过程。绩效计划必须清楚地说明期望员工达到的结果以及为达到该结果所期望员工表现出来的行为和技能。通常，人力资源部门对监督和协调绩效管理过程负有主要责任。各职能部门的经理人员也必须积极参与，特别是要参与制定绩效计划的目标。更重要的是，如果能让员工也参与其中，员工就会更容易接受绩效计划并产生满意感。绩效计划的制定是一个自下而上的目标确定过程，通过这一过程将个人目标、部门或团队目标与组织目标结合起来。因此，计划的制定也应该是一个员工全面参与管理、明确自己的职责和任务的过程，是绩效管理的一个至关重要的环节。因为，只有知道了组织或部门对自己的期望是什么，员工才有可能通过自己的努力达到期望的结果。

一、设定绩效计划的原则

在进行绩效管理之前，必须对工作标准进行明确的定义，并就这些工作标准与员工进行沟通。正如前面我们谈到的，这些标准应该以与岗位有关的需求为基础，而这些需求是通过工作分析得出的，它反映了岗位的职责和特征。当工作标准被正确制定的时候,这些标准会帮助企业将它的战略目标反映到对岗位的需求上,这种需求再传递给员工相应的工作水平、完成时间等相关信息。

在制定工作标准时,需要遵循两个原则:这些标准是否与企业战略相关?这些标准中是否包含可度量或可定量的?

战略的相关性指的是工作标准与组织战略目标的相关程度。比如,如果我们制定了一条工作标准"保证其销售的产品中25%—30%是在过去5年内研制生产的",销售人员在进行销售的过程中就需要按这条原则来指导自己的工作。

可测量性指的是工作目标是可以清晰测量的,可以根据具体的标准将工作绩效与所列标准相比较,从而确定工作完成的好坏。比如,我们不能将目标设定为"尽可能地扩大市场份额",这样的目标没法测量,因为我们无法定义达到什么程度才是尽可能大的市场份额;我们只能给出具体的数字或比例,如"占有北京市2/3的市场份额"或"将现有市场份额扩大到目前的1.5倍"等,才能给予员工有效的行动指南。当工作标准以专业的、可计量的语句来表述时,依照此标准对员工进行的绩效考核较为公正。不是说所有目标都必须是可量化的,但应该包括这部分目标。

二、绩效计划的内容

在绩效周期开始的时候,管理人员和员工必须对员工工作的目标达成一致的契约。在员工的绩效目标契约中,至少应该包括以下方面的内容:

- 员工在本次绩效周期内所要达到的工作目标是什么?(量化的和非量化的)
- 如果一切顺利的话,员工应该何时完成这些职责?
- 完成目标的结果是怎样的?
- 如何判别员工取得了成功?这些结果可以从哪些方面去衡量?评判的标准是什么?
- 工作目标和结果的重要性如何?
- 从何处获得关于员工工作结果的信息?
- 员工的各项工作目标的权重如何?
- 员工在完成工作时可以拥有哪些权力?可以获得哪些资源?
- 员工在达到目标的过程中可能遇到哪些困难和障碍?
- 经理人员会为员工提供哪些支持和帮助?
- 绩效周期内,经理人员将如何与员工进行沟通?
- 员工工作的好坏对部门和公司有什么影响?
- 员工是否需要学习新技能以确保完成任务?

绩效计划的形成是一个双向沟通的过程。所谓双向沟通,也就意味着在这个过程中管理者和被管理者双方都负有责任。设定绩效计划不仅仅是管理者向被管理者提出工作要求，也不仅仅是被管理者自发地设定工作目标，而是需要双方的互动与沟通。在这个过程中，管理人员要向被管理者解释和说明的是：

- 组织整体的目标是什么？
- 为了完成这样的整体目标，我们所处的业务单元的目标是什么？
- 为了达到这样的目标，对被管理者的期望是什么？
- 对被管理者的工作应该制定什么样的标准？完成工作的期限应该如何制定？
- 被管理者在开展工作的过程中有何权限与资源？

被管理者应该向管理者表达的是：

- 自己对工作目标和如何完成工作的认识；
- 工作中可能会遇到的困难与问题；
- 需要组织给予的支持与帮助。

在绩效计划中要充分体现的原则就是员工参与与正式承诺。社会心理学家有一个重要发现，就是当人们亲身参与了某项决策的制定过程时，他们一般会倾向于坚持立场，并且在外部力量作用下不会轻易地改变立场。这种坚持产生的可能性主要取决于两种因素：一是他在形成这种态度时卷入的程度，即是否参与态度形成的过程；二是他是否为此进行了公开表态，即作出正式承诺。从这点来看，让员工参与绩效计划的制定过程并对契约上的内容与管理者达成一致，形成正式承诺，对于整个绩效管理的顺利实施都有巨大的意义。

之所以要对目标达成一致意见，就是因为绩效计划的主要目的是让组织中不同层次的人员对组织的目标达成一致的见解。简单地说，绩效计划可以帮助组织、业务单元和个人朝着一个共同的目标努力，所以，管理人员和员工是否能对绩效计划达成共识是问题的关键。如果所有的管理人员与员工的意见都能达成共识，组织整体的目标与全体员工的努力方向就会取得一致，这样才能在全体员工的一致努力下，共同达成组织的目标。

三、设定绩效计划的步骤

1. 准备阶段

绩效计划通常是管理者和员工进行双向沟通后所得到的结果，这种计划的设定需要经过一些必要的准备，对管理者和员工来说均是如此，否则，就难以得到理想的结果。这些准备包括：

- 组织战略目标和发展规划。绩效计划来源于组织战略的落地。制定绩效计划的目的就是为了提升员工和组织的整体绩效，最终实现组织的战略。如果绩效计划所设定的目标方向与组织战略背道而驰，则不仅无益于组织的发展，还会给组织带来严重的影响甚至使其走向绝境。

- 年度企业经营计划。组织的战略是面向长远发展方向的，可能会让员工觉得比较遥远，而遥远的目标总是难以让人觉得现实和具有强烈的影响力。这时就需要结合企业的年度经营计划来制定绩效计划。因为年度经营计划是以一年为周期的，属于短期计划，这样的目标更加真实，更接近实际，从而使得绩效计划在确定员工方向方面的作用更加突出。
- 业务单元的工作计划。这个计划是直接从企业年度经营计划中分解出来的，它直接与业务单元的职能相联系，从而也和各单元员工的绩效标准结合得更紧密。
- 团队计划。团队这种形式的采用使得小单元内的目标责任更加明确和具体，这也更有利于个人绩效计划的设定。
- 个人的职责描述。个人的职责描述规定了员工在自己的职责上应该干什么，而绩效计划指出了完成这些任务应该达到的标准，两者是紧密相连的。
- 员工上一个绩效周期的绩效考核结果。如果员工在上一个绩效考核周期内所有绩效计划表上所列的目标都达到标准，这一期的绩效计划就须提出新的目标；如果上一期的目标没有完成或没有全部完成，就应该将它们转到当期的绩效计划里，作为继续考核的标准。这也体现了绩效管理的连续性，它并不是走走样子，而是真正要把目标实现。

除了上述信息需要被好好准备以外，对于绩效计划的沟通方式也需要认真斟酌，这主要是看组织的文化氛围是什么样的、所面对的员工有什么样的特点以及要达成的工作目标有何特点。如果目标设定关系到全体员工，不妨召开全公司的大会；如果只是一个团队的任务，就开一个团队会议；在传递目标期望时，既可以开门见山，直接与员工谈工作；也可以先请员工谈谈自己的看法和目标，再引出组织的期望。方法没有定论，只要适合就是最好的。

2. 绩效计划沟通阶段

在这个阶段，管理者和员工要进行充分的交流和沟通，以便和员工就其在这个绩效周期内的工作目标和计划达成共识。这个阶段需要注意以下几个问题：

- 营造良好的沟通环境。环境的选定很重要。轻松愉悦的环境容易让双方从心理上得到放松，减轻抵触和敌意。很多公司的管理者都喜欢选择咖啡厅或与员工一起进餐，这是一个很不错的方法。除了轻松的环境之外，注意不要选择嘈杂的场所。有的管理者选择自己的办公室，但在这样的环境中，谈话常会被电话或来访的人员所打断,沟通效果可想而知。
- 沟通原则。在这种沟通中,管理者要将自己放在一个和员工平等的地位上来讨论问题,不能高高在上,将自己的意志强加于员工身上。我们应该将员工看成他所从事的职位上的专家,多听取他们的意见。当然,管理者有责任在沟通的过程中确保目标设定的方向和组织战略保持一致,也有责任调动员工的工作积极性,鼓励他们朝着共同的目标奋斗。
- 沟通过程。首先需要回顾一下会面前所准备的信息,然后在组织经营目标的基础上,每个员工需要设立自己的工作目标和关键业绩指标。所谓关键业绩指标,是指针对工作的关键产出来确定评估的指标和标准。请注意,这些标准必须是具体且可衡量的,并且应该有时间限制。在制定计划的阶段中,管理者就有必要向员工承诺提供解决问题和困难的支持与帮助。绩效计划制定后并不代表就不需要改动了,还必须依据变化着的环境和组织战略的调整来修改绩效计划。
- 沟通形式。每月或每周同每名员工进行一次简短的情况通气会;定期召开小组会,让每位员工汇报他完成任务和工作的情况;每位员工定期进行简短的书面报告;当出现问题时,根据员工的要求进行专门的沟通。

第二节　构建绩效指标体系

一、绩效指标

1. 绩效指标体系的演变

从早期的财务评价指标到现在强调平衡的设计思想,绩效评价指标与标准的演变反映了绩效评价思想的演变。

现代企业的绩效评价起源于美国,其源头有二:一个是19世纪末期美国铁路的财务报表分析;另一个是20世纪初期美国银行的企业信用分析。

财务报表分析是早期企业内部评价运用最广泛的模式,实际上就是传统的以财务报表为蓝本,以简单的财务结果为测评指标的绩效测评的雏形。银行信用分析是银行站在企业外部对贷款企业的信用和偿债能力的分析,通常除了考虑企业的财务报表外,还在一定程度上勘查企业的生产经营能力和发展前景。

随着股市的发展,外部的企业测评逐渐由银行的信用分析发展到投资评价。其中最著名的是亚历山大·华尔(Alexander Wole,1879—1957)于1928年提出的综合比率分析体系。他选择七个财务比率指标：流动比率、资产/固定资产比率、净资产/负债率、应收账款周转率、存货周转率、固定资产周转率、自有资本周转率。每一个指标分别占总评价的一定比重，并确定了标准比率。依此给企业打分，按权重相加得出总评分。这是一套衡量企业财务稳健性和综合支付能力的测评模式。

后来，随着公司的发展成熟，企业的经理为了得到银行、投资者及公众对本企业的青睐，开始重视原本流行于企业外部的评价方式，并把它们引入公司内部，和原有的财务报表分析结合，成为企业整体绩效测评的流行模式。其中，最著名的是杜邦公司经理创造的杜邦体系。

杜邦体系和华尔的综合评价法是 20 世纪前半叶企业自身绩效测评的核心体系。它们仍旧是以财务报表为依据，重点在于企业的盈利能力和偿债能力。20 世纪中叶，著名管理学家彼得·德鲁克在他的《管理的实践》一书中提出了目标管理的方法，建议企业把整体的绩效目标转换为部门和员工个体的绩效目标。这就是企业的绩效评价向下分解到内部各成员的绩效评价。不过，绩效评价指标仍以财务成果指标为核心。

随着企业的发展和经济的繁荣，传统绩效评价体系的不足逐渐暴露出来。由于其没有关注企业的内部流程，它不能发现企业工作流程中的管理问题，也不能保证企业向着自己的战略目标健康发展。

于是，企业界在绩效评价指标上加入了动态性的成长能力指标，包括销售增长率、净利润增长率和人均净利润增长率，它们各占一定的比重。这类成长能力指标和传统的盈利能力、偿债能力约按 2∶5∶3 的比重分配权重。

从这个变化可见，企业已经开始从长期发展的角度来考虑绩效评价，并接受了动态的增长概念。但在实际应用中，成长性指标仅被有限地用于公司整体的绩效测评。对于企业的 CEO，测评其绩效、决定其报酬和推选的指标仍是财务指标，如股票市值、资产回报率等。

看到用财务指标评价公司与员工绩效的作用有限，甚至还有很多缺陷，1951 年，GE 公司的总经理任命攻关小组开发新的绩效评价指标。他们除了盈利性指标外，挑选了市场份额、生产效率、员工积极性、公众反应、短期和长期经营指标等作为关键绩效指标。但是，这次变革受到了巨大的阻力，收效甚微。

除了 GE 公司，企业界的其他经理和管理专家也逐渐认识到传统的财务绩效评价的不足，批评它不能把改革方案和长期战略的首要任务联系起来、不能改善客户满意度、质量、循环周期和雇员的激励状况等。

到了 20 世纪 90 年代，美国一些有远见卓识的学者和企业咨询专家开始把绩效评价引入内部流程和战略管理领域，力图最大限度地发挥绩效测评的作用。其中，罗伯特·G.英格尔斯（Robert G. Eccles，1991）提出要建立企业的客户满意度指标；普华会计师事务所的约瑟夫·A.内斯和托马斯·G.库克扎(Joseph A. Ness & Thomas G. Cucuzza, 1995)开发出基于活动的成本核算法(ABC),从会计体系方面为企业绩效测评提供了新的基础,并在两家企业试用;克利斯托弗·梅尔(Christopher Meyer, 1994)提出把程序测评指标纳入企业绩效测评体系,使绩效测评可以发现企业内部流程中的管理问题。

在此基础上,哈佛大学商学院的卡普兰(Robert S. Kaplan)教授和波士顿咨询公司的咨询顾问诺顿(David P. Norton)通过研究于1992年提出了平衡计分卡思想,并对它如何支持战略提出了创造性的观点。迄今,平衡计分卡的理念在世界范围得到了广泛的传播和应用,并成为绩效管理和绩效评价指标体系设计的主流思想。

2. 绩效指标的分类

从不同的角度看,绩效指标有多种分类方式。其常见的分类有以下三种:

(1) 软指标与硬指标。

硬指标指的是那些可以以统计数据为基础,把统计数据作为主要评价信息,建立评价数学模型,以数学工具求得评价结果,并以数量表示评价结果的评价指标。使用硬指标可以免除个人经验和主观意识的影响,具有相当的客观性和可靠性。借助于电子信息技术,可以有效地提高评价的可行性和效率。但是当评价所依据的数据不够可靠,或者当评价的指标难以量化时,硬指标的评价结果就难以客观和准确了。同时,硬指标往往比较死板,缺乏灵活性。

软指标指的是主要通过人的主观评价方能得出评价结果的评价指标。实践中,人们用专家评价来指代这种主观评价的过程。所谓专家评价,就是由评价者对系统的输出作出主观的分析,直接给评价对象进行打分或者作出模糊判断(如很好、好、一般、不太好、不好等)。这种评价指标完全依赖于评价者的知识和经验,容易受主观因素的影响。所以,软指标的评价通常由多个评价主体共同进行。因此,软指标评价又被称为专家评价。运用软指标的优点在于这类指标不受统计数据的限制,可以充分发挥人的智慧和经验。

随着信息技术的发展和模糊数学的应用,软指标评价技术获得了迅猛发展。通过评价软指标并对评价结果进行科学的统计分析,我们能够将软指标评价结果与硬指标评价结果共同运用于各种判断和推断,以提高绩效评价结果的科学性和实用性。

(2) "特质、行为、结果"三类绩效指标。

杨杰、方俐洛、凌文辁等在《对绩效评价的若干基本问题的思考》一文中阐述了"特质、行为、结果"三类绩效指标。三者的适用性和不足详见表4-1。

表 4-1 "特质、行为、结果"三类评价指标比较一览表

	特 质	行 为	结 果
适用范围	● 适用于对未来的工作潜力作出预测	● 适用于评价可以通过单一的方式或者程序化的方式实现的岗位	● 适用于评价那些可以通过多种方法达到绩效标准或绩效目标的岗位
不足	● 没有考虑情景因素,通常预测效度较低 ● 不能有效地区分实际工作绩效,使员工容易产生不公平感 ● 将注意力集中在短期内难以改变的人的特质上,不利于改进绩效	● 需要对那些同样能够达到目标的不同行为方式进行区分,以选择真正适合组织需要的方式。这一点比较困难 ● 当员工认为其工作重要性较小时意义不大	● 结果有时候不完全受被评价对象的控制 ● 容易诱使评价对象为了达到一定的结果而不择手段,使组织在获得短期效益的同时丧失了长期利益

从表 4-1 可以看到,特质类指标关注的是员工的素质与发展潜力,在选拔性评价中更为常用。行为类绩效指标关注的是绩效实现的过程,适用于通过单一方式或程序化的方式达到绩效目标的职位。结果类指标更多地关注绩效结果或绩效目标的实现程度。

如果按照这种分类设计绩效指标,比较好的解决办法是折中,即将评价的维度冠以"特质"标签,对维度的定义和量表锚点的选择则采取任务与行为定向的方法。然而,这种对工作行为采取"特质"的操作性定义的方法并未完美地解决问题本身,只是相比单纯依靠特质或者单纯依靠行为而言更优而已。

(3) 结果指标与行为指标。

在评价各级员工已有的绩效水平时,通常采用的绩效指标有两类:结果指标与行为指标。

结果指标一般与公司目标、部门目标以及员工的个人指标相对应,如成本降低 30%、销售额提高 3% 等;行为指标一般与工作态度、协调能力、合作能力、知识文化水平、发展潜力等指标相对应。

由于企业的中高层员工能够更加直接地对企业的关键绩效产生影响,在企业的各个管理阶层中,越是处于金字塔的顶层,其绩效评价中的结果指标就越多,行为指标就越少;越是在金字塔的基层,结果指标越少,而行为指标越多。具体如图 4-1 所示。

不过,结果指标通常只反映部门和员工过去的工作绩效。如果只关注结果指标,容易使企业忽略那些影响其长期发展的因素。因此,在设计绩效评价指标时,要将结果指标与行为指标结合使用。

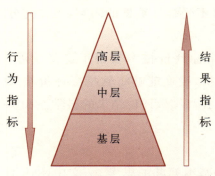

图 4-1 行为指标与结果指标在企业金字塔中的变化示意图

二、如何建立有效的绩效指标体系

1. 绩效指标体系的设计原则

绩效指标体系的设计需要考虑两方面的问题：绩效指标的选择和各个指标之间的整合。因此，要建立一个良好的绩效指标体系，需要遵循以下五项原则：

（1）定量指标为主、定性指标为辅的原则。

由于定量化的绩效评价指标便于确定清晰的级别标度，提高评价的客观性，因此在实践中被广泛使用。财务指标之所以一直以来被国内外的企业用作关键绩效指标之一，其易量化的特点不可忽视。

不过，这个原则并不适用于所有的职位。它只是提醒我们要注意尽可能地将能够量化的指标进行量化。同时，对于一些定性的评价指标，也可以借助相关的数学工具对其进行量化，从而使评价的结果更精确。

（2）少而精的原则。

绩效指标要通过一些关键绩效指标反映评价的目的，而不需要做到面面俱到。设计支持组织绩效目标实现的关键绩效指标，不仅可以帮助企业把有限的资源集中在关键业务领域，而且可以有效地缩短绩效信息的处理过程乃至整个评价过程。

另外，少而精的评价指标也易于被一般员工理解和接受，同时也可以促使评价者迅速了解绩效评价系统、掌握相应的评价方法与技术。所以，在构建绩效评价指标体系的时候，要选取最有助于企业战略目标实现的指标，以引导企业和员工集中实现企业的绩效目标。

（3）可测性原则。

评价指标本身的特征和该指标在评价过程中的现实可行性决定了评价指标的可测性。设置绩效评价指标的级别标志和级别标度就是为了使绩效指标可以测量。同时，评价指标代表的对象也是在不断变化的。在选择绩效指标时，要考虑获取相关绩效信息的难易程度。很难搜集绩效信息的指标一般不应当作为绩效评价指标。

另外，是否具有相应的评价者能够对绩效考核指标作出评价，也是确定评价指标时需要注意的一点。

（4）独立性与差异性原则。

独立性原则强调，评价指标之间的界限应该清楚、明晰，避免发生含义上的重复。差异性原则指的是，评价指标需要在内涵上有明显的差异，使人们能够分清它们之间的不同之处。要做到这一点，首先在确定绩效评价指标的名称时，就要讲究措辞，明确每一个指标的内容界限。必要时还需要通过具体明确的定义，避免指标之间的重复。

例如，"沟通协调能力"与"组织协调能力"中都有"协调"一词。但实际上应用的人员类型是不同的，这两种协调能力的含义也是不同的。"沟通协调能力"往往可以运用于评价普通员工，对于拥有一定数量下属的中层管理人员则可以通过评价他们的"组织协调能力"来评价他们在部门协调与员工协调中的工作情况。如果在同样人员身上同时评价这两种"协调能力"就容易引起混淆，降低评价的可靠性和准确性。

（5）目标一致性原则。

这一点是选择绩效指标时应遵循的最重要的原则之一。它强调各个评价指标所支持的绩效目标应该具有一致性。针对企业的战略目标建立的评价指标体系，要保证各个绩效指标的确能够支持战略目标在各个层面上的子目标，从而支持企业战略目标的实现。

不仅如此，绩效评价指标之间的目标一致性还强调绩效指标的完整性。评价指标应该能够完整地反映评价对象系统运行总目标的各个方面。这样，才能够保证总目标的顺利实现。

2. 绩效指标的选择依据

绩效评价的目的和被评价人员所承担的工作内容和绩效标准就成为绩效评价指标的选择依据。另外，从评价的可操作性角度考虑，绩效指标的选择还应该考虑取得所需信息的便利程度，从而使设计的绩效评价指标能够真正得到科学、准确地评价。因此，绩效指标的选择依据包括：

（1）绩效评价的目的。

绩效评价的目的是选择绩效评价指标一个非常重要的依据。能够用于评价某一岗位绩效情况的绩效评价指标往往很多，但是绩效评价不可能面面俱到，否则，就失去了操作性，从而进一步丧失评价的意义。因此，根据绩效评价的目的，对可能的绩效评价指标进行选择是非常重要的。

（2）被评价人员所承担的工作内容和绩效标准。

每一名被评价人员的工作内容和绩效标准都是通过将企业的总目标分解成分目标落实到各个部门，再进行进一步的分工而确定的。每个员工都应有明确的工作内容和绩效标准，以确保工作的顺利进行和工作目标的实现。绩效指标就应体现这些工作内容和标准，从时间、数量、质量上赋予评价指标一定的内涵，使绩效评价指标的名称和定义与工作内容相符，指标的标度与绩效标准相符。这样的绩效评价指标才能够准确地引导员工的行为，使员工的行为与组织的目标相一致。

(3) 取得评价所需信息的便利程度。

为了使绩效评价工作能够顺利进行,应该能够方便地获取与评价指标相关的统计资料或者其他信息。因此,所需信息的来源必须稳定可靠,获取信息的方式应简单可行。只有这样,绩效评价指标体系才是切实可行的。同时,在进行绩效评价时才能有据可依,避免主观随意性,使绩效评价的结果易于为被评价对象所接受。

3. 绩效指标之间的关系

绩效评价指标之间的关系主要表现为系统性和目标一致性。

(1) 系统性。

企业本质上是一个以共同目标为基础,将员工联系在一起并相互联系、相互制约的系统。其内部的每一个职位所承担的工作任务也构成一个子系统。企业通过每一个子系统之间的相互协作和影响以实现企业的战略目标。

总之,系统评价理论对于绩效评价指标体系的设计起到重要的指导作用。我们在进行指标体系设计时应充分考虑到评价对象和评价指标本身所具有的系统特征,从而设计出科学合理的绩效评价体系,以实现绩效评价的目的。

(2) 目标一致性。

如上所述,目标一致性是系统的基本特征之一。绩效评价体系及绩效指标之间的目标一致性就是系统性在绩效评价中的体现。目标一致性运用于绩效评价活动时,有以下两层含义:

① 绩效指标之间的目标一致性。

绩效评价体系是一个有机系统。各个绩效评价指标之间存在着相关性,会进行相互影响和作用。例如,销售部门设定的月销售额指标会对生产部门的月产量及产品质量提出相应的要求,而研发部门的新产品开发能力又会对生产部门的产品质量和销售部门的销售额产生影响。

为了保证评价指标之间的目标一致性,在设计评价系统中的各个指标时,一般可以采用系统分解或层次分析的方法。但是,反映各自评价目的的评价指标组成的评价系统,不一定能顺利地促进部门和企业绩效目标的实现。因此,有必要对各个指标之间的相关性进行检验,以确保评价系统整体目标的一致性。

② 绩效评价过程中的目标一致性。

绩效评价过程中的目标一致性表现为被评价对象的绩效目标、绩效评价的目的与绩效评价指标体系之间的一致关系。这三个方面之间的关系如图4-2所示。

图 4-2 绩效指标、评价目的与绩效目标之间的一致性关系

4. 绩效指标体系的框架

绩效目标、绩效指标与标准显然都是有层次的。绩效指标体系的层次性表现在企业、部门和职位三个层面的绩效指标。

为了实现企业的战略目标，就需要将战略目标在企业内部层层分解，建立"目标阶梯"，形成企业、部门和职位三个层面的绩效目标系统。管理人员需要借助绩效考核指标来了解各层绩效目标的实现情况。绩效指标就像是电梯上的楼层指示灯一样，显示绩效目标的实现程度。这就要求参照企业绩效目标的层次设立相应的绩效评价指标。

因此，企业的绩效考核指标也包含三个层面：企业层面、部门层面和职位层面。企业层面的绩效指标主要依据企业的关键绩效领域和企业的战略目标或企业层面的绩效目标制定的。将企业层面的绩效指标向下逐层分解，就可以得到部门和职位层面的绩效指标。

5. 提取绩效指标的方法

绩效指标主要来源于部门和员工的工作任务以及企业的战略目标。而从中提取评价指标的方法主要有以下六种。

（1）工作分析法。

工作分析是人力资源管理的基础工作之一，也是组织与工作系统管理的重要基础。它是确定完成各项工作所须履行的责任和具备的知识及技能的系统工程。工作描述、任职资格、工作成果的计量与激励以及员工的职业发展问题，都是工作分析关注的焦点。其中，工作描述和任职资格是工作分析的两个直接成果。

在以提取绩效评价指标为目的的工作分析中，首先，需要分析某一职位的任职者需要具备哪些能力，以及该任职者的工作职责；然后，确定以什么指标来衡量任职者的能力和工作职责，并指出这些能力的相对重要性。这样，就可以明确各个职位的绩效评价指标。

（2）个案研究法。

个案研究法是指对某一个体、群体或者某一组织在较长时间里连续进行调查研究，并从典型个案中推导出普遍规律的研究方法。例如，根据评价目的、对象，选择若干个具有典型代表的任务或者事件为调研对象，通过系统的观察、访谈、分析，确定评价要素。

常见的个案研究法有典型任务（事件）研究与资料研究两大类。典型任务研究是以典型人物的工作情境、行为表现、工作绩效为直接对象，通过对他们的系统观察、分析研究来总结归纳出他们所代表群体的评价要素。资料研究以表现典型任务或者事件的文字材料为研究对象，通过对这些资料的对比分析和总结，归纳出评价要素。

（3）业务流程分析法。

该方法通过分析被考评人员在业务流程中承担的角色、责任以及同上下级之间的关系来确定衡量其工作的绩效指标。此外，如果流程存在问题，还应该对流程进行优化或者重组。

（4）专题访谈法。

该方法是研究者通过面对面的谈话，用口头沟通的途径直接获取有关信息的研究方法。研究者通过分析汇总访谈所获得的资料，可以获取许多信息。专题访谈法有个别访谈和群体访谈两种。个别访谈轻松、随便、活跃，可快速获取信息。群体访谈以座谈会的形式进行，具有集思广益、团结民主等优点。

（5）经验总结法。

众多专家通过总结经验，提炼出规律性的研究方法称为经验总结法。经验总结法可分为个人总结法和集体总结法两种。个人总结法是请人力资源专家或者人力资源部门的工作人员回顾自己过去的工作，通过分析最成功或者最不成功的人力资源决策来总结经验，并在此基础上总结出评价员工绩效的指标目录。集体总结法是请若干人力资源专家或者企业内部有关部门的主管（6—10人）集体回顾过去的工作，列出长期以来用于评价某类人员的常用指标，在此基础上提出绩效评价指标。

（6）问卷调查法。

这种方法就是设计者根据需要，把要调查的内容设计在一张调查表上，写好填表说明和要求，分发给有关人员填写，收集和征求不同人员意见的一种方法。该方法让被调查者根据个人的知识与经验自行选择答案。因此，调查的问题应设计得直观、易懂，调查数目不宜过多，应尽可能减少被调查对象的回答时间，以免影响调查表的回收率和调查质量。

例如，研究者通过访谈法把评价某职务人员的绩效评价指标归纳为40个，为了从这40个指标中筛选出关键的评价指标，可以用问题或者表格的形式进行问卷式的民意调查。

问卷调查法按答案的形式可以分为开放式问卷和封闭式问卷两大类。开放式问卷没有标准化答案，被调查者可以按照自己的意愿自由回答。封闭式问卷分为是非法、选择法、排列法和计分法四种。

- 是非法——问卷列出若干问题，要求被调查者作出"是"或者"否"的回答。
- 选择法——被调查者必须从并列的两种假设提问中选择一项。
- 排列法——被调查者要对多种可供选择的方案按其重要性进行排序。
- 计分法——问卷列出几个等级分数，要求被调查者进行判断选择。

6. 建立绩效指标体系的基本步骤

建立企业绩效指标体系需要以下四个基本步骤：

(1) 通过工作分析与业务流程分析确定绩效评价指标。

这一步的本质意义在于，企业首先需要根据企业规模、行业特点和绩效评价目的等，选择适当的方法提取各个层面的评价指标，建立初步的绩效指标体系。

进行工作分析和业务流程分析是建立健全的绩效指标体系的有效方法。但这种方法并不适用于所有企业。工作分析和业务流程分析需要以健全的组织结构和较高的管理水平为基础展开。同时，由于其需要较多的资料，对操作者的专业素质要求较高，执行成本比较高。一般适用于规模较大、发展趋于稳定又亟待建立系统的绩效指标体系的企业。

(2) 粗略划分绩效指标的权重。

结合企业的战略目标和各个层次的绩效目标，按照对绩效目标的影响程度对绩效指标进行分档。例如，可以按照非考评不可、非常需要考评、需要考评、需要考评程度低和几乎不需要考评 5 个档，对初步的评价指标进行筛选。

(3) 通过各个管理阶层与员工之间的沟通，确定绩效评价指标体系。

在确定了绩效指标的重要程度之后，需要让绩效评价的利益相关各方参与确定最终的绩效评价指标体系。职位层面的绩效指标需要基层员工与其上级讨论确定，部门的绩效指标需要部门管理人员与企业的高层管理者讨论决定。让利益相关者参与绩效指标体系的建立，可以增强企业员工对绩效指标及绩效评价的认可，有利于绩效管理的展开。

(4) 修订。

为了使确定好的指标更趋合理，还应对其进行修订。修订分为两种：一种是考评前修订，通过专家调查法，将所确定的考评指标提交给领导、专家及咨询顾问征求意见，修改、补充；另一种方法是考评后修订，根据考评及考评结果的应用等情况进行修订，使考评指标体系更加理想和完善。

7. 确定绩效考评指标权重的方法

确定绩效考评指标权重的方法有很多，企业常用的主要方法有以下五种：

(1) 主观经验法。

主观经验法是一种主要依靠历史数据和专家直观判断确定权重的简单方法。这种方法需要企业有比较完整的考评记录和相应的评估结果，而且它是决策者根据自己的经验对各项评价指标重要程度的认识，或者从引导意图出发对各项评价指标的权重进行分配，也可以是集体讨论的结果。此方法的主要优点在于决策效率高、成本低,容易为人所接受,适合专家治理型企业和规模比较小的企业;主要缺点是获得的数据的信度和效度不高,而且有一定的片面性,对决策者的能力要求很高。

(2) 等级序列法。

等级序列法是一种简单易行的方法,通常需要一个评价小组对各种评价指标的相对重要性进行判断。

首先,让每个评价者根据评价要素的重要性从大到小进行排序。例如,要对营销人员的 6 项考评要素 A、B、C、D、E、F 进行权重分配,就要求其分别对这 6 项指标从最重要到最不重要进行排序。等级排序法得到的资料是次序量表资料。这种资料可以用以下公式转换成等距量表资料来比较各种考评指标的顺序以及差异程度:

$$P = \left(\sum FR - 0.5N\right)/nN$$

其中,P——某评价指标的频率;R——某评价指标的等级;F——对某一评价指标给予某一等级的评价者的数目;N——评价者数目;n——评价指标数目。

求出各评价指标的 P 值后,查正态分布表,将 P 值转换成 Z 值,从而区分出不同考评要素之间重要性的具体差异。

最后,把各评价指标之间的 Z 值转换比例,就可以得出每个指标的权重值。

(3) 对偶加权法。

对偶加权法是将各考评要素进行比较,然后再将比较结果汇总比较,从而得出权重的加权方法。

如表 4-2 所示,将各考评要素在首行和首列中分别列出,将行中的每一项要素与列中的每一项要素进行比较。其标准为:行中要素的重要性大于列中要素的重要性,得 1 分;行中要素的重要性小于列中要素的重要性,得 0 分。比较完后,对各要素的分值进行统计,即可得出各考评要素重要性的排序。

表 4-2 对偶加权法例表

	A	B	C	D	E
A	—	1	0	1	1
B	0	—	0	1	1
C	1	1	—	1	1
D	0	0	0	—	1
E	0	0	0	0	—

在比较对象不多的情况下,对偶加权法比等级序列法更准确可靠。与等级序列法一样,这种方法得到的结果是次序量表资料,要把它转化为等距量表资料才能分辨

出不同指标间的相对重要性。

其方法是：首先，求出与其他指标相比，认为某指标更重要的人数；然后，把人数转换成比率，再查正态分布表，将 P 值转化为 Z 值，从而区别出不同考评要素之间重要性的具体差异，与等级序列法一样，把每个评价指标的 Z 值转换成比例，就可以得到每个指标的权重值。

（4）倍数加权法。

首先，选择出最次要的考评要素，以此为 1；然后，将其他考评要素的重要性与该考评要素相比较，得出重要性的倍数，再进行归一处理。比如，对营销人员考评要素的加权，表 4-3 中的 6 项要素中，假设智力素质是最为次要的，其他要素的重要性与智力素质相比，重要性倍数关系如表 4-3 所示。6 项合计倍数为 14.5，故各项考评要素的权重分别是 1.5/14.5、2/14.5、1/14.5、3/14.5、5/14.5 和 2/14.5，换算成百分数，即为各考评要素的权重。

表 4-3 倍数加权法示例

考 评 要 素	与智力素质的倍数关系	考 评 要 素	与智力素质的倍数关系
1. 品德素养	1.5	4. 推销技巧	3
2. 工作经验	2	5. 销售量	5
3. 智力素质	1	6. 信用	2

倍数加权法的优点在于它可以有效地区分各考评要素之间的重要程度。另外，也可以不选用最次要的考评要素，而选用最具代表性的考评要素作为基本倍数。

（5）权值因子判断表法。

权值因子判断表法的基本操作步骤如下：

① 组成专家评价小组，包括人力资源专家、评价专家和相关的其他人员。根据对象和目的的不同，可以确定不同的组合。

② 制定评价权值因子判断表（见表 4-4）。

表 4-4 评价权值因子判断表

评价指标	指标 1	指标 2	指标 3	指标 4	指标 5	指标 6	评分值
指标 1	×	4	4	3	3	2	16
指标 2	0	×	3	2	4	3	12
指标 3	0	1	×	1	2	2	6

续表

评价指标	指标1	指标2	指标3	指标4	指标5	指标6	评分值
指标4	1	2	3	×	3	3	12
指标5	1	0	2	1	×	2	6
指标6	2	1	2	1	2	×	8

③ 由各专家分别填写评价权值因子判断表。

填写方法：将行因子与列因子进行比较。如果采取的是4分值，非常重要的指标为4分，比较重要的指标为3分，重要的指标为2分，不太重要的指标为1分，不重要的指标为0分。

④ 对各位专家所填的判断表进行统计，将统计结果折算为权重，如表4-5所示。

表4-5 权值统计结果表

评价指标	考评人员								评分总计	平均评分	权重	调整后的权重
	1	2	3	4	5	6	7	8				
指标1	15	14	16	14	16	16	15	16	122	15.25	0.254 17	0.25
指标2	16	8	10	12	12	12	11	8	89	11.125	0.182 54	0.20
指标3	8	6	5	5	6	7	9	8	54	6.75	0.112 50	0.10
指标4	8	10	10	12	12	11	12	8	83	10.375	0.172 92	0.20
指标5	5	6	7	7	6	5	5	8	49	6.125	0.102 08	0.10
指标6	8	16	12	10	8	9	8	12	83	10.375	0.172 92	0.15
合 计	60	60	60	60	60	60	60	60	480	60	1.000 01	1.00

指标权重能够反映企业重视的绩效领域，对于员工的行为有很明显的引导作用。因此，权重的设计应当突出重点目标，体现出管理者的引导意图和价值观念。同时，权重的设计还直接影响着评价的结果，因此，运用上述办法初步确定的指标权重，还必须经过相关部门的审核与讨论，确保指标权重的分配与企业整体的指导原则相一致，同时确保指标层层分解下去。

8. 绩效指标体系设计中应该注意的问题

有效的绩效评价指标是绩效考评取得成功的保证，因此也成为建立绩效考评体系的中心环节。在企业绩效考评指标设计中，应注意解决以下六个方面的问题：

（1）指标设计的原则是简单、明确、清晰，即每项指标的具体目标或者控制程度等（如财务指标、利润率或者成本比例、能耗水平和物耗水平）都应当是准确、清楚的。

（2）指标的有效性。不能提倡"指标越多越客观"或者"定量指标比定性指标更客观"等做法，应该提倡用最少的指标控制最大的绩效结果的成本收益原则，在素质指标、基本技能指标、管理技能指标、发展潜力指标之间寻找平衡点，以求简化绩效考评体系。

（3）在量化指标和定性指标之间寻求基本的平衡。在绩效考评中，对于"是定量指标好还是定性指标好"这一问题，没有标准答案。

（4）绩效考评指标之间保持内在的相关性和一定的互补性。在设计绩效考评指标时，目的要明确，使目标之间可以相互对应或者一一对应。

（5）重视绩效考评指标及其结构的"本土化"问题。即应该结合企业自身的实际状况设计合适的绩效指标体系。

（6）国内企业与国外企业在设计绩效指标时有如下差别：国内企业因为没有完善的管理制度与体制，无法对绩效产生的过程进行监控，所以更多地关注绩效结果；而国外企业由于能够对绩效过程进行比较有效的监控，在关注绩效结果的同时，也关注绩效产生的过程。

三、与绩效指标对应的绩效标准

制定绩效指标与标准往往是一起进行的。一般来说，绩效指标是指企业要从哪些方面对工作产出进行衡量或评估。而绩效标准是指企业在各个指标上应该分别达到什么样的水平。也就是说，指标解决的是企业需要评价"什么"才能实现其战略目标，标准关注的是被评价的对象需要在各个指标上做得"怎样"或完成"多少"。绩效指标与绩效标准是相互对应的。本章之所以将绩效指标与绩效标准分开阐述，主要是为了对这两个不同的概念有更清楚的认识。

1. 绩效标准的分类

一个完整的绩效指标与其标准一般包括四个构成要素：指标名称、指标的操作性定义、等级标识、等级定义。其中，等级标识和等级定义往往合二为一，形成与绩效指标对应的绩效标准。等级标识是用于区分各个等级的标识性符号；等级定义规定了与等级标识对应的各等级的具体范围，用于揭示各等级之间的差异。表4-6展示了一个完整的绩效评价指标与其标准。

表4-6 绩效指标与标准的四个要素示例

指标名称	销售收入增长率				
指标的操作性定义	在该绩效周期，销售收入较上一周期增长的百分比				
等级标识	A	B	C	D	E
等级定义	＞20%	15%—20%	10%—15%	5%—10%	＜5%

根据实践经验，我们将绩效评价标准分为描述性标准和量化标准。

（1）描述性标准。

描述性标准常见于特质指标、行为指标之后，在对整体性绩效结果的评价中运用得较多。

描述性标准在特质指标中的应用，主要是用来区分被评价者能力或者特质差异的行为因素需要借助行为指标和相应的描述性标准进行。而描述性标准在行为指标中应用的结果就是行为特征标准。关键事件法和行为锚定等级评定法需要建立大量的行为标准。

建立行为标准不是一件容易的事情。首先，工作行为的观察者需要了解被评价者所从事的工作。其次，在长期跟踪、观察并记录被评价者的工作行为后，观察者还要从大量的记录中整理出具有代表性的、典型的工作行为。所谓典型的工作行为，就是能够体现绩优者与绩差者差异的一系列行为。最后，观察者需要通过简洁明了、规范的语言详细描述筛选出的各种工作行为，以尽量使其成为衡量员工日常工作行为的尺度。这样，才能形成有效的行为标准。

在评价整体性结果时，对其的分级描述是相对粗糙的。如对员工整体工作状态的判断就可以采用勉强、普通、能干、可嘉、优秀等级别（具体见表4-7）。

表4-7 整体性判断描述定义

绩效等级	状态描述
勉强	● 在职时间应该有更好的表现。 ● 由于其无能，对其他同仁（包括您本人）已造成一些士气上的问题。 ● 对工作缺乏兴趣，或调任其他工作会较好。 ● 拖累了其他人的工作。 ● 很可能该员工知其工作做不好。 ● 如果继续留他，工作会一直落后，整个部门会受很大影响。 ● 错误连续发生，有些一错再错。
普通	● 该员工的工作大体不坏，能达到最起码的要求，许多方面也能有正常的表现。 ● 该员工的绩效并不是真的很糟，但是如果您手下人都像他一样，您就麻烦了。 ● 您很想看到他能再进步，但同时您又挑不出什么毛病。 ● 他或许属于那种需要督促的人，在紧盯之下能把工作完成。 ● 您可能需要密切监督，能去掉这一层的话，他该是属于能干的。 ● 他表露出上进心，但还需要充实工作知识。 ● 您可能需要帮他把工作一步一步地安排好，在这种情况下工作通常都能完成。 ● 某些时候您的其他部属得扶他一把。 ● 除非您不断督促检查，否则，您没有信心交由他去完成工作。

续表

绩效等级	状 态 描 述
能　干	- 他做事完整，令人满意。正是您所期望的一位有资格、有经验的人所表现的。 - 您不会再要求他有什么重大的改进；如果有，那对整个部门的效益是一件好事；如果没有，您也无话可说。 - 如果您的手下都能像他一样，整体的工作表现该是令人满意的。 - 您很少听到与其工作有关的人埋怨他。 - 错误极少，也很少有重复的现象。 - 工作的质与量均很好。 - 不在不重要的事情和问题上花费时间。 - 采纳他的意见时，你觉得很放心。 - 只需要适度的督导，通常能按时做好工作。
可　嘉	- 他几乎都曾经历过与工作有关的各方面，而且都证明其能力很强。 - 您把他当作手下重要的一员，并且在其工作范围内交付任何事情都觉得很放心。 - 该员工即使在其工作中最困难与复杂的事务上仍有超过要求的表现。他能面对具有挑战性的目标自行开展并完成工作。正常情况下，应考虑晋升该员工。 - 您所得比您想要的多。 - 您发现他做得比您希望的要多。 - 他能承接额外的工作而不致妨碍到其他工作。 - 他经手的每一份工作都完整无缺。 - 该员工决策与行动的效果比预期的要高。 - 时常有额外的贡献。 - 偶尔需要督导或追踪。
优　秀	- 时常超越目标。 - 自行预做计划，设想可能的问题并采取适当的行动。 - 能掌握全局。其设想不局限于小节，朝着部门整体的目标努力。 - 其表现出来的知识，通常须在该项工作上有相当长时间的经验才能获得。 - 公认是其所任工作上的专家。 - 当有较高职位（相同或相关的工作）出缺时，他应是首先被考虑的人选。 - 其表现显示他对工作了解的程度远远超出指定的范围。因为他对部门工作各方面都具有丰富的知识，常有外人求助于他。 - 很少或完全不用督导。 - 几乎可以说他是永远抱着事必尽善尽美的心态工作。注意：使用本项等级时，一定要考虑到量和质两方面，在您用它时，也就代表了您确实已认清在该员工所任的职务上对公司最具价值的是什么。

由于等级描述比较简单，其中又会涉及多个绩效角度，如知识、经验、行为、态度、结果等，它们相互交叉、影响，因果关系模糊，判断起来具有相当大的难度，同时也缺乏客观性。因此，在评价整体性结果时，最好采用分要素的描述性标准（如表4-8所示）。

表4-8　分要素的描述性定义

项目	评 价 等 级 定 义
计划与组织管理	定义：有效地利用人、财、物、计划性安排和组织工作。 1级：缺乏预先制定的工作计划，解决问题准备不足； 2级：有计划，但缺乏系统性，导致工作执行不利； 3级：能有效地计划和组织下属工作； 4级：对工作的执行和可能遇到的问题有计划性的解决方案，并能够组织实施； 5级：具有系统、准确、迅速解决问题的工作行为特征，并进行有效的工作分解，以较佳的方式达成工作目标。

续表

项 目	评 价 等 级 定 义
目标管理	定义：建立工作目标，制定合理的行为规范与行为标准。 1 级：目标设置模糊、不现实，实现标准不明，没有明确的时间要求； 2 级：仅设置总体目标，细化分解不足，制定标准不恰当，时间要求不合理； 3 级：多数情况下，目标设置合理现实，但会出现目标设置标准忽略现实要求的情况； 4 级：总是设置具有现实性的目标，但有时目标设置过难； 5 级：设置目标合理、有效，计划性、时间性强。
管理控制	定义：组织协调各种工作关系，领导群体实现目标。 1 级：回避群体控制，批评多但不提建议； 2 级：面临困难易放弃原则，管理思想和工作风格不易为他人接受； 3 级：保持必要的指示、控制，获得他人的协作，对他人表现出信任； 4 级：善于激励，能对下属及同事的行为产生影响，以管理者的身份体现其影响力； 5 级：善于控制、协调、干预，使群体行为趋同于目标的实现。
管理决策	定义：设计决策方案，并对方案进行迅速评估，以适当的方法采取行动。 1 级：较少制定、作出决策或表现出决策的随意性； 2 级：决策犹豫，忽略决策的影响信息； 3 级：作出日常的、一般性决策，在较为复杂的问题上采取中庸决策策略； 4 级：决策恰当，一般不会引起争议； 5 级：擅于综合利用决策信息，经常做出超出一般的决策，且大多数情况是正确的选择。
沟通合作	定义：交流沟通，与人合作。 1 级：缺乏沟通方式，不善交流，难以表达自己的思想、方法； 2 级：交流、沟通方式混淆，缺乏中心议题，不易于合作； 3 级：沟通清楚易于接受，表现出互相接受的合作倾向； 4 级：善于沟通，力求合作，引人注意； 5 级：很强的沟通愿望和良好的沟通方式，使合作成为主要的工作方式、方法。

（2）量化标准。

在绩效评价中，量化标准往往紧随结果指标之后。量化标准能够精确地描述指标需要达到的各种状态，被广泛用于生产、营销、成本控制、质量管理等领域。在设计量化标准时，需要考虑标准的基准点和等级间的差距。

① 基准点的位置。

基准点本质上是企业为被评价对象设定的期望其实现的基本标准。基准点的位置就是基本标准的位置，而不是传统考核中考核尺度"中点"的位置。在传统考核中，无论是五级尺度法还是七级尺度法，我们都习惯把尺度的"中点"作为基准点。实际上，基准点多处于考核尺度的最高等级和最低等级之间的某个位置，向上和向下均有运动的空间。也有部分特殊指标，如人身伤亡、火灾等重大恶性事故等，其所对应的基准点可能在最高等级，因为企业对这类事情的期望就是"根本不要发生"。

实践中，很多企业所谓的"称职水平"实际上是考核尺度的"中点"位置的水平。这和我们所倡导的基准点的称职水平是不同的。当一个人的绩效水平达到基准点时，我们才说这个人称职。

② 等级之间的差距。

绩效标准的等级差距有两种：一是尺度本身的差距；二是每一尺度差所对应的绩效差距。这两个差距结合在一起来描述绩效状态水平。

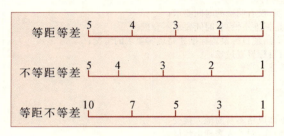

图4-3 标尺差距

尺度差距实质上是标尺的差距。它可以是等距的，也可以是不等距的。例如，图4-3便给出了不同的差距状态。

绩效标准做成等差还是不等差的，要根据具体情况确定。一般来说，绩效标准的上行差距应越来越小，而其下行差距应越来越大。这是因为，从基准点提高绩效的难度越来越大，边际效益下降；而在基准点以下，人们努力的边际效益比较大。有时为了控制员工绩效，增加他们达不到基准点的压力，也可以把基准点以上的差距加大，而把基准点以下的差距缩小。表4-9是指标以及指标标准等级差距的实际案例。

表4-9 指标与指标标准分级

1. 等级划分绩效指标的评估等级按7级划分：7级为最高，1级为最低
2. 绩效指标说明 1）销售总量：各类品种销售量之和； 2）销售收入：各类品种销售收入之和； 3）资产利润率：利润额/量化资产额； 4）总成本费用：生产成本＋销售成本＋管理费用＋财务费用； 5）净利润：以事业部为单位的内部利润； 6）货款回收率：回款数额/实际商品发出价值额； 7）产品合格率：合格产品量/全部生产量； 8）市场覆盖率：实际供货市场/目标供货市场； 9）市场占有率：实际销售量/市场销售总量； 10）设备利用率：设备运行/设备能力； 11）安全生产：以人身伤残事故次数计算。重大事故定义为人员因事故致伤、致残，使之暂时或永久丧失劳动能力。
3. 绩效标准说明 1）销售总量：以85 000吨为4级，每增加3%，提升一个等级；每减少2%，降低一个等级； 2）销售收入：以5.4亿元为4级，每增加2%，提升一个等级；每减少1%，降低一个等级； 3）资产利润率：以目标规定数额为4级，每增加3%，提升一个等级；每减少2%，降低一个等级； 4）总成本费用：以目标规定数额为4级，每减少5%，提升一个等级；每增加3%，降低一个等级； 5）净利润：以目标规定数额为4级，每增加3%，提升一个等级；每减少2%，降低一个等级； 6）货款回收率：以目标规定数额为5级，每增加0.5%，提升一个等级；每减少0.5%，降低一个等级； 7）产品合格率：以目标规定数额为4级，每增加0.5%，提升一个等级；每减少0.5%，降低一个等级； 8）市场覆盖率：以目标规定数额为7级，每减少0.5%，降低一个等级； 9）市场占有率：以目标规定数额为4级，每增加1%，提升一个等级；每减少0.5%，降低一个等级； 10）设备利用率：以80%为4级，每增加3%，提升一个等级；每减少2%，降低一个等级； 11）安全生产：以目标规定数额为7级，每发生一次重大人身事故，降低一个等级。

上述的描述性标准和量化标准是对绩效标准的主流分类方法。对量化标准基准点的界定引出了绩效标准的另一种分类：基本标准和卓越标准。

基本标准是指企业期望某个被评价对象达到的绩效水平。这种标准是每个被评估对象经过努力都能够达到的水平，并且对一定的职位来说，基本标准可以有限度地描述出来。基本标准的作用主要是用于判断被评估者的绩效是否能够满足基本的要求。评估的结果主要用于决定一些非激励性的人事待遇，如基本的绩效工资等。

卓越标准是指企业对被评估对象未作要求和期望的、被评估对象可以达到的绩效水平。卓越标准的水平通常只有小部分被评估对象可以达到。卓越标准不像基本标准那样可以有限度地描述出来，它通常是没有天花板的。由于卓越标准不是人人都能达到的，因此它主要是为了识别角色榜样。对卓越标准评估的结果可以决定一些激励性的待遇，如额外的奖金、分红、职位的晋升等。

表 4-10 中列出了一些职位的基本标准和卓越标准。从中可以看到，即便是一个非常普通的职位，如司机、打字员，也会有很多卓越表现的标准。通过设定卓越标准，可以让任职者树立更高的努力目标。这些卓越标准本身就代表着组织所鼓励的行为。组织对做出这些行为的人会给予相应的奖励。

表 4-10　基本绩效标准与卓越绩效标准

举例职位	基 本 标 准	卓 越 标 准
司机	● 按时、准确、安全地将乘客载至目的地 ● 遵守交通规则 ● 随时保持车辆良好的性能与卫生状况 ● 不装载与目的地无关的乘客或货物	● 在几种可选择的行车路线中选择最有效率的路线 ● 在紧急情况下能采取有效措施 ● 在旅途中播放乘客喜欢的音乐或在车内放置乘客喜欢的报刊，以消除旅途的寂寞 ● 较高的乘客选择率
打字员	● 速度不低于 100 字/分钟 ● 版式、字体等符合要求 ● 无文字及标点符号的错误	● 提供美观、节省纸张的版面设置 ● 主动纠正原文中的错别字
销售代表	● 正确介绍产品或服务 ● 达成承诺的销售目标 ● 回款及时 ● 不收取礼品或礼金	● 对每位客户的偏好和个性等作详细记录和分析 ● 为市场部门提供有效的客户需求信息 ● 维持长期稳定的客户群

2. 制定绩效标准的步骤

如上所述，每个绩效指标都有与其相对的绩效标准。因此，绩效标准的制定应该紧随绩效指标之后。由于绩效标准分为描述性标准和量化标准，而这两类标准的制定过程存在较大的差异。下面分别讨论如何制定这两种标准。

(1) 描述性标准的制定步骤。

描述性标准往往基于实际发生的事情或者行为，因此，需要企业对日常发生的工作行为或事件有清晰的了解。下面，借助行为标准的制定过程来说明如何建立描述性标准。

制定行为标准需要以下五个基本步骤：

① 对不同绩效水平的员工的工作行为进行长期而连续的观察和详细的记录。

② 分析、整理所收集到的行为资料，分辨造成员工之间绩效差异的一系列关键行为或代表性行为。

③ 将选择的行为分配到已有的行为指标下。

④ 运用凝练明了的陈述句对筛选出的一系列行为进行详细、客观的描述。

⑤ 对各个行为指标下的行为分等分级，建立具有参照性的行为标准。

(2) 量化标准的制定步骤。

与描述性标准相比，量化标准的制定比较简单。量化标准要基于企业的历史数据和战略目标（或绩效目标）制定。其基本步骤与绩效指标的制定类似，具体如下：

① 以公司层面、部门层面和职位层面的绩效目标和绩效指标为依据，初步确定各个层面的量化考核标准。

② 参考企业最近几年的绩效标准，对上述绩效标准进行调整。

③ 将调整后的各级量化考核标准分发给各级管理人员和相关员工。

④ 各级管理人员及其下属就各级量化考核标准进行讨论，并在取得一致意见的基础上对考核标准作出调整，然后将调整意见与调整后的绩效考核标准提交给有关部门。

⑤ 企业汇总各级量化标准，形成最终的量化考核标准。

3. 设计绩效标准时应注意的问题

(1) 考核标准的压力要适度。

考核标准要使大多数人经过努力可以达到。绩效标准的可实现性会促使员工更好地发挥潜能。不过，考核标准又不能定得过高，可望而不可即。这样容易使员工产生沮丧、自暴自弃的情绪。实践表明，员工在适当的压力下可以取得更好的绩效。因此，考核标准的水平要适度。标准产生的压力以能提高劳动生产率为限。

(2) 考核标准要有一定的稳定性。

考核标准是考核员工工作绩效的权威性尺度。因此，绩效标准需要具有相当的稳定性，以保证其权威性。当然，这种权威性必须以标准的适度性为基础。一般来说，绩效标准一经制定，其基本框架不应随意改变。

为了使绩效标准及时反映和适应工作环境的变化,需要对其进行不断的修订。但是,修订往往只是部分的、对某些条款的变动,而不需要做大幅度的变动。

对于新创立的公司来说,由于缺乏经验,绩效标准往往不够完善。因此,经常修订标准是不可避免的。此时,吸取同行业其他公司的经验,参照国际、国内的先进标准,是建立绩效考核体系的有效途径。

(3) 制定的绩效标准应符合 SMART 原则。

SMART 原则是制定绩效标准、绩效目标等的常用原则。SMART 是 5 个英文单词第一个字母的缩写。S 代表的是 specific,意思是"具体的";M 代表的是 measurable,意思是"可度量的";A 代表的是 attainable,意思是"可实现的";R 代表的是 realistic,意思是"现实的";T 代表的是 time-bound,意思是"有时限的"。

以上只是对绩效指标与标准的总体概述,在实际应用中不可生搬硬套。实际上,规模较大的企业一般都有自己独立的绩效管理体系和方法。当前比较流行的绩效管理方法有目标管理、平衡计分卡、KPI、标杆管理等。每一种绩效管理思想对绩效指标与标准的设计都有独特的要求。实践中,应该将这些绩效指标与标准的设计理论和方法与企业的绩效管理系统相结合。

案例分析:H 集团对下属销售公司的绩效考核方案

山东 H 集团近年来发展很快,逐步形成了现代化的企业管理制度,在战略管理、组织结构建设以及打造人力资源管理体系方面初见成效,尤其是在绩效管理体系上已经逐步完善。下面分享的就是该集团针对下属销售公司的一份绩效考核方案,此次考核的目标是:有效地激励销售公司,推动销售公司的持续发展及规模效益增长,逐步规范内部管理。

1. 考核指标体系设置

绩效管理指标体系分为关键业绩指标、内部运作指标、满意度指标和周边绩效指标四类(见表 4-11):

(1) 关键业绩指标,反映销售公司经营业绩和经营成果。

(2) 内部运作指标,作为衡量销售公司内部运作效果和管理规范性的依据。

(3) 满意度指标,通过员工满意度信息和客户满意度信息的收集和分析,对公司的组织和文化等基本状况进行一定的了解。

(4) 周边绩效指标,反映在达成职责和任务的过程中对工作业绩有影响的支持性因素,涉及工作责任心、服务意识、工作效率等多方因素。

表4-11 H集团绩效管理指标体系

指标类别	指标名称	信息来源	权重设置(%)	评价方法	考核频率
关键业绩指标	主营业务收入	集团财务中心	20	定量	季度
	净利润		30	定量	季度
	回款率		10	定量	年度
内部运作指标	管理体系规范性	集团考评委员会	15	定量定性结合	半年
	员工流动率	销售公司人力资源部	5	定量	年度
满意度指标	公司内部员工满意度	集团人力资源中心	5	定量	年度
	公司外部客户满意度	集团客户服务中心	5	定量	年度
周边绩效指标	责任心、服务意识、工作效率	集团考评委员会	10	定性	年度

2. 绩效考核指标说明

(1) 主营业务收入,以财务统计口径为准。指标的确定(原则上可调整):在三年平均主营业务收入的基础上加上行业平均增长预测及集团五年规划目标分解的预期增长,得出主营业务收入指标。此作为主营业务收入指标的底线,具体由集团总部与销售公司确定指标。如果有导致主营业务收入重大变化的因素出现时(如增加投资、新上项目、宏观环境剧变等),可进行相应调整。

(2) 净利润,以财务统计口径为准。指标的确定(原则上可调整):三年平均净资产收益率乘以期初净资产,在此基础上加上行业增长预测及集团五年规划目标分解的预期增长,得出净利润指标。此作为净利润指标的底线,具体由集团总部与销售公司确定指标。如果有导致净利润重大变化的因素出现时(如增加投资、新上项目、宏观环境剧变等),可进行相应调整。

(3) 回款率。计算公式为:销售回款/主营业务收入×100%。指标的确定:参照三年财务数据结合现状加上一定比例的增长。

(4) 管理体系规范性。集团规范化领导小组每年组织工作小组对各销售公司做两次管理内审(上下半年各一次),从销售、市场、服务、安全、内部管理和人力资源管理等方面,运用评审表以逐项打分的形式检查各销售公司制度的完善性和运行的有效性,以内审情况结合管理制度执行方面的其他信息定性评价。

(5) 员工流动率。计算公式为:离职人数/年平均人数×100%。

(6) 公司内部员工满意度。根据员工满意度调查结果计算得分(包括企业文化、领导行为、工作回报、工作协作和工作本身等方面)。

(7) 公司外部客户满意度。根据各销售公司外部客户满意度调查结果计算得分(包括产品质量、服务及时性和有效性、协调和沟通、对客户支持的充分性和客户关系等方面)。

(8) 周边绩效。集团根据各部门提供的信息和与各销售公司总经理工作联系中所获信息定性评价(包括责任心、工作品质、工作技能、工作效率、团队建设、学习创新等方面)。

3. 考核等级评定

考核分为定量考核和定性考核两类,均分为五级。

(1) 定量评价。

① 主营业务收入指标和净利润指标:

等级	目标达成情况	指标
A	出色(10分)	130%以上
B	优良(8分)	110%—130%
C	常态(6分)	90%—110%
D	需改进(4分)	70%—90%
E	不良(2分)	40%—70%

② 回款率指标:

等级	目标达成情况	指标
A	出色(10分)	115%以上
B	优良(8分)	105%—115%
C	常态(6分)	95%—105%
D	需改进(4分)	85%—95%
E	不良(2分)	85%以下

③ 员工流动率:实际情况处于经营考核指标责任书中指标规定范围之内,得10分;实际情况处于指标规定范围之外,得4分。

④ 管理体系规范性指标、公司内部员工满意度指标、公司外部客户满意度指标:

等级	目标达成情况	评分(按5分测算)
A	出色(10分)	4—5分
B	优良(8分)	3.5—4分
C	常态(6分)	3—3.5分
D	需改进(4分)	2—3分
E	不良(2分)	2分以下

(2) 定性评价。

等级		说　明
A	出色(10分)	在该评价因素上的绩效表现优秀,始终超出常规标准要求。
B	优良(8分)	在该评价因素上的绩效表现良好,经常超出常规标准要求。
C	常态(6分)	在该评价因素上的绩效表现一般,维持或偶尔超出常规标准要求。
D	需改进(4分)	在该评价因素上的绩效表现略低,维持或有时达不到常规标准要求。
E	不良(2分)	在该评价因素上的绩效表现不良,显著低于常规标准要求。

4. 与奖励的联系

各销售公司领导班子成员年薪中的60％为基本工资,在月度发放;40％的绩效工资(年薪×40％×绩效系数)季度发放;第一、二、三季度的绩效工资基数为年薪的5％(三个季度绩效工资基数共为年薪的15％),年末绩效工资基数为年薪的25％;本季度的绩效工资在下季度的第一个月发放。

为了突出利润指标的重要性,可以在评价标准上设定一个指标(如评价标准的130％),销售公司利润超过此标准,领导班子可以按一定的比例额外得到一部分奖励,但前提是绩效等级在"良"等以上;为了对销售公司领导班子加强约束,规定绩效等级在"不合格"等或利润指标在评价标准的80％以下,考虑对销售公司领导班子作出调整。

要注意的是,绩效考核指标的确定应经双方沟通确认。指标制定后不是绝对的一成不变,可以在考核期内调整,但调整必须有明确、可信服的理由,销售公司提出申请,集团总裁批准。考核结果的确定要经过考核者和被考核者双方签字确认,考核者要与被考核者做绩效面谈。

为了运用激励机制调动经营者的积极性,促进销售公司的经营发展,对销售公司领导班子成员年薪制作如下调整和补充:销售公司领导班子年薪一律由集团薪酬委员会确定。总部对各销售公司领导班子考核,但各销售公司应将指标分解,落实到各部门,形成各自的考核体系,让部门、员工都知晓考核指标以及与自己利益的联系。

案例评析:

绩效管理最主要的目的是提升部门和员工的业绩,从而实现企业战略目标。

要实现企业的战略目标,企业可以选择平衡计分卡作为绩效管理的重要工具,它分别从财务、客户、内部运营和学习发展四个方面来进行考核。该集团在考核方案中的绩效指标还有一定的欠缺,比如在内部学习与发展中的员工的平均培训投资;在内部运营中的工作计划目标的达成率、员工合理化建议的增长率等。

资料来源:根据 HRsee. H 集团对下属销售公司的绩效考核方案.HR 案例网,2012-12(http://www.hrsee.com/?id=1199)整理修改.

本 章 小 结

绩效管理作为一种闭环管理,由绩效计划制定、绩效计划实施与过程控制、绩效考核与评价、绩效反馈四部分组成。绩效计划作为绩效管理流程的第一个环节,是绩效管理实施的关键和基础所在。绩效计划制定得科学合理与否,直接影响着绩效管理整体的实施效果。

绩效计划的制定遵循战略相关性和可测量性两个原则。在绩效计划中,不仅管理者要向员工清楚地表达组织对员工的期望,也要允许员工向管理者表达自己对这份任务的看法。只有进行了充分的双向沟通,计划的可行性和客观性才能得到保障。绩效计划通常包括以下内容:员工在本次绩效周期内所要达到的工作目标、何时完工、如何对其进行评估、开展工作过程中有哪些权力和资源等。当这些内容都得到双方的一致认可时,工作的开展才是让人放心的。

从表现形式上看,绩效计划主要包括工作计划和绩效指标两种形式。但在企业管理实践中,绩效指标成为绩效计划的主要表现形式和主要内容,可以说绩效计划制定的关键和重点就是绩效指标体系的构建。

从绩效评价的发展历程看,随着绩效评价思想和方法的发展,绩效指标的内容逐步从早期的单一的财务指标发展到今天的关注企业平衡发展的多维度指标体系。平衡计分卡的设计思想就是当前绩效指标内容多样化的反映。

无论绩效指标的内容如何丰富,绩效指标的分类还是有规律可循的。本章从三个不同的角度对绩效指标进行了分类。其中,将绩效指标分为行为指标与结果指标的分类方法是比较成熟的,实践价值也是比较大的。

绩效指标之间的关系主要有两种:系统性和目标一致性。其中,目标一致性又可被看作系统性的一种表现。绩效指标之间的目标一致性,绩效指标与绩效评价目的、绩效目标之间的目标一致性是目标一致性的两个具体方面。

> 绩效标准可以分为描述性标准和量化标准两类。不过,基本标准和卓越标准的分类方法则从另外的角度反映了绩效标准的特点。由于描述性标准的代表是行为标准,本章讨论了制定行为标准和量化标准的步骤,借此来说明如何制定绩效标准。

思考与讨论

1. 什么是绩效计划?制定绩效计划的原则是什么?
2. 在制定绩效计划的过程中,管理者和被管理者双方应就哪些方面进行思考?
3. 什么是绩效指标?什么是绩效标准?两者之间的区别与联系是什么?
4. 设计绩效指标的原则、依据分别是什么?
5. 绩效指标之间的目标一致性表现在哪些方面?
6. 提取绩效指标的方法有哪些?
7. 设定绩效指标权重的方法有哪些?
8. 如何制定绩效指标与绩效标准?

第五章

绩效管理的过程控制

- 在绩效考核的过程控制中,可能会产生什么问题?如何克服这些问题?
- 如何对绩效形成的过程进行有效控制?
- 在绩效考核的过程控制中,应该就哪些关键细节或过程做好有效的沟通和记录?
- 为什么说绩效管理不仅要关注前期的绩效计划和后期的绩效反馈,更要重视绩效考核的过程控制?

第一节　过程控制对绩效管理的重要性

有人认为,"绩效是一系列与组织目标相关的行为;绩效是在特定的时间内,特定的工作职能或活动产生的产出记录"。也有人认为,"绩效是员工所做的工作中对实现企业的目标具有效益和贡献的部分。绩效以性质来分,包括量化的和不可量化的;以效益来分,包括近期的和远期的;以形态来分,包括有形的和无形的"。还有不少人认为,"绩效是员工在实现组织或部门目标的过程中,对于组织和部门的贡献度,以及在此过程中表现出来的行为"。

将绩效与任务完成情况、目标完成情况、结果或产出等同起来的观点在许多管理学的文献中受到了质疑,这是因为一部分产出或结果可能是由个体所不可控制或不能控制的因素决定的;而且,过分强调结果或产出,会使得企业管理者无法准确地获得个体活动的信息,从而不能很好地对员工进行指导与帮助,而且更多时候会导致企业的短视行为。

曾经有管理学者将管理定义为"管理就是管过程",这种定义其实也相当有道理,对应于将绩效看作"管理过程"的观点。这是因为:

(1) 许多工作结果并不一定是由员工的行为直接产生出来的,也可能有与工作没有紧密关系的其他因素在产生影响,如员工的工作情绪对员工生产效率的影响等。而且,工作职责的规定对于工作任务执行者的机会是不平等的,换个说法就是,任务履行者所做的每一件事不一定都同他的目标任务有直接关联。

(2) 对工作结果的一味追求可能会忽略产生结果的过程中那些个体无法控制的原因。尽管其行为也要受到外界因素的影响,相比而言,行为更是在个体直接控制之中的。

以上所述要说明的是,绩效管理过程与结果一样,都是不容忽视的。美国学者费迪南德·佛尼斯(Ferdinand Fournies)对来自世界各地的2万名经理人进行了一项调查,请经理们列出员工无法按要求完成分配任务的原因,排在前8位的是:① 员工不知道该做什么;② 员工不知道怎么做;③ 员工不知道为什么必须做;④ 员工以为自己正在做(缺乏反馈);⑤ 员工有他们无法控制的障碍;⑥ 员工认为管理者的方法不会成功;⑦ 员工认为自己的方法更好;⑧ 员工认为有更重要的事情要做。

答案出乎意料。绩效管理问题更多地出在前期的任务分配和中期的任务指导上,而不是后期的评估。在此项调查中,前两个原因在所有回答中占据的比例高达99%。虽然大部分经理自认为已经为员工布置了任务,进行了基本的任务指导,但效果并不理想——员工仍然缺少明确的努力方向和反馈。

绩效管理的实质是对影响组织绩效的员工行为的管理，其重心不是绩效考核的评价结果，而是在绩效考核过程中通过持续的沟通使得员工接受工作目标，正确执行绩效计划，认识绩效问题，不断地提高和改进；而整个组织采用一种积极的手段，如对绩效信息进行有效的收集和整理来保证绩效管理系统的正常运作。应该明确，绩效考核的过程控制是每个管理者和员工的责任，只有大家都参与其中，才能保证绩效考核的顺利完成。

第二节　绩效管理过程控制的一些误区

绩效管理不仅需要前期的绩效计划、绩效指标的确立和后期的绩效反馈，而且期间的绩效控制起着承上启下的重要作用。没有对绩效管理的过程做周密、认真的控制，前期所做的绩效计划必然付之东流，绩效反馈也就无从谈起。但在现阶段，许多实施绩效管理的企业仅仅是做一些绩效计划，在绩效实施过程中又急功近利，缺乏记录，沟通不足，导致缺乏控制而使得绩效管理的成果付之东流。

一、过于强调近期绩效

如果一个管理者不是收集整个评估阶段的资料，发生在早期的事情会被其淡忘，这样管理者将会把测评的着眼点放在近一两个月员工的绩效表现上。

不是说管理者有忘记几个月之前发生的事情的倾向。事实上，员工自己也更容易记得发生在一两个月之内的事而非9个月前的事，或者他们认为"遥远的"的过去已与自己不相干。毫无疑问，这种倾向会导致不准确的评估。

另外，如果碰巧员工在绩效评估将要结束时遇到一些困难，而管理者在年初没有对他们的绩效给予足够的重视，这也是引起评估不准确的原因。在这两种情况下，管理者过分强调了某个特定时间，这会产生误导。这当然不是员工想记录的状况。

能够抵消这种心理倾向的唯一方法是管理者在一年中认真地做记录，然后根据记录对员工进行评估，而不是仅仅通过员工的近期表现来评估。具有挑战性的工作是知道要寻找什么，以及采取一种严密的方法在整个评估周期内收集并记录信息。

二、根据自我感觉，感情用事

管理者自己的感觉与员工的绩效或行为是相关联的。一般情况下，管理者都会对员工的能力如何、工作努力程度如何有个整体感觉，这是没有错的。但是，这些感觉从其本质来讲是不可靠的,从严格意义上讲是站不住脚的,在对员工的反馈中没有太多用处。管理者应该说出这样的话:"我不认为你在工作中尽了全力,这有证据,事实上你并没有达到我们在年初制定的工作标准。"

必须有足够的证据去支持感觉,否则,员工将对管理者作出的结论产生怀疑,尤其是当员工不知道考核者在说什么时。事实上,即使自我感觉是正确的,它也不会带来任何益处。有时,员工的一些不正确的自我感觉会自然地被事实修正。

三、误解或混淆绩效标准

即使已经制定了一套清晰的绩效标准,管理者也明白对每位员工的期望是什么,但是员工可能不理解这些标准,因为管理者没有把标准正确地解释给员工。在这种情况下,员工很容易误解或混淆原来的绩效标准。

如果在绩效考核的过程中,用来评估员工的标准没有对员工进行很好的解释说明,即使年末的评估结果是正确的,也会被认为是不公平的。有些员工感觉自己被欺骗,大多数员工不可能很好地完成工作,因为没有一个明确的目标来指引他们。好的管理者在一年中要对其员工进行培训、指导、监督并使其能力得到提升。为员工制定出明确的目标和清晰的标准,使他们把目标牢记在心,这些并不难做到,只是需要多做一些工作。

四、缺少足够的、清晰的绩效记录资料

很显然,管理者若不是希望靠直觉和记忆去评估,充分的证明文件将是必不可少的。出现没有书面证明的错误大多是出于以下两个原因:

(1)一些管理者常常没有时间和精力去关心那些琐事,因为发生在一年里的绩效评估远不如最近发生的事重要。从这一方面说,绩效评估与别的工作一样需要注意细节并进行认真记录。

(2)一些管理者对绩效评估过程是一个整体这一点不清楚。他们不愿意对员工的不佳表现做记录,即使他们会毫不犹豫地去和员工谈他工作中所出现的问题。他们总是想:"为什么要记下来?只要员工不离开这个企业它将会一直伴随着员工,为什么要让它一直待在员工记录中?"问这些问题就相当于问绩效评估是否有必要进行。

我们对这些问题的意见是,对员工优缺点做出准确记录的绩效记录会比那些有意识忽略缺点的记录更公平、更准确,它也是制定员工职业发展规划所必需的。

管理者在根据绩效评估暂停一个员工的工作之前,应该考虑这个结果可能对组织内其他员工产生的影响。很显然,如果不严格地区分符合要求的绩效表现和不符合要求的绩效表现,对其他员工是不公平的。不用说,如果一个员工因"不能胜任"工

作而被解雇,然后以此与公司对簿公堂,一个准确的绩效纪录是非常重要的。假设一个管理者发现应该对某个员工的行为给予纪律处分,如果绩效记录中只有这个员工在过去三四年中"很有效"或"很成功"的内容,管理者该如何让处分合理化呢?

不完整的绩效记录文件也能阻碍一个员工的晋升。如果组织中有一个晋升的机会,部门管理者会查看每个候选人的材料。如果员工的特点没有被清晰和准确地记录在文件中,他或她就可能不会被考虑。

五、没有足够的时间进行讨论

如果只是制作一些表格然后逐字地读给员工听,或把表格发下去,然后说:"请阅读这些表格并填好。"当然,这种绩效评估不会花很多时间,省时省力,但效果可想而知。如果绩效管理或评估系统希望成功地发展员工的能力,就需要去帮助他们提高当前的工作水平,应该腾出足够的时间去深入地讨论员工的绩效表现,就评估的含义与员工进行双向对话,而不仅仅是给员工一个评估的结果。

六、管理者说得太多

有人会说,绩效评估讨论的要点正是让员工知道他或她做得如何,就应该让管理者说得多一些。事实上,如果管理者想充分利用讨论的机会并从中得到更多东西,他不只需要说,还需要听。讨论是一个了解绩效问题产生根源的机会,并使评估更有激励作用。管理者需要知道员工的感受,并仔细倾听员工的心声,所以,管理者需要具备好的访谈和演讲技能。

如果访谈者说得太多,那么他对员工能了解多少呢?绩效评估过程也同样如此。如果你说得太多,就只是在做总结。如果你能够让员工给予回应,可能会发现员工只是勉强同意或接受你的意见,即使他或她并不愿去听。你可以得到员工对他行为的解释,然后你们可以一起制定让双方都满意的计划。因此,管理者需要员工的参与,让员工说得更多,而不是更少。

七、缺少后续行动和计划

作为一个管理者,如果已经做好了每件事,但没有后续行动和计划,也很难实现目标。绩效控制是环环相扣的,为管理别人的绩效(或当一个人正在考虑他自己的绩效时)制定一项提高绩效的计划(最好是书面形式)是非常重要的;还应该制定另外一项计划去帮助员工提高他们的其他能力,使员工为将来的挑战做好充分准备。

第三节　对绩效形成的过程进行有效控制

一、持续的绩效沟通

持续的绩效沟通就是管理者和员工共同工作,以分享有关信息的过程。这些信息包括工作进展情况、潜在的障碍和问题、可能的解决措施以及管理者如何才能帮助员工等。它是连接计划和评估的中间环节。

1. 持续绩效沟通的目的

管理者和员工通过沟通共同制定了绩效计划,形成了员工个人的绩效合约,但这并不意味着后面的绩效计划执行过程就会完全顺利、不再需要沟通。管理者要考虑的问题有:员工会完全按照计划开展工作吗?计划是否足够周全,考虑到了全部需要考虑的问题吗?经理人员是否可以高枕无忧地等待员工的工作结果?很显然,答案是否定的。

市场的竞争是激烈的,市场的变化也是无常的。不论是工作环境还是工作的内容、重要性等,都随着市场的改变而不断变化,这导致了绩效计划有可能过时甚至完全错误。除了客观原因所致以外,员工本身的工作状态好坏、管理者监督指导力度大小等都有可能影响绩效结果的达成。进行绩效沟通,就是为了保持工作过程的动态性,保持它的柔性和敏感性,及时调整目标和工作任务。

沟通既可以帮助我们应对变化,也可以为我们提供信息。管理者不可能靠自己的观察就收集到所有需要的信息。所有工作的进展情况如何?项目目前处于何种状况?有哪些潜在问题?员工情绪和精神面貌怎样?怎样才能有效地帮助员工?这些信息如果不是经过沟通,就很难既全面又准确地掌握。

员工也需要获得信息。工作内容是否有所变动?进度是否需要调整?我所需要的资源或帮助能否得以满足?出现的问题该如何解决?目前的工作状况是否得到赏识?如果没有反馈与沟通,员工的工作就处于一种封闭的状态,久而久之,就容易失去热情与干劲。

因此,持续的绩效沟通可以使一个绩效周期里的每一个人都可以随时获得有关改善工作的信息,并就随时出现的变化达成新的承诺。

2. 持续绩效沟通的内容

究竟需要沟通哪些信息,这取决于管理者和员工关注的是什么。管理者应该思考的是：作为管理者要完成我的职责，我必须从员工那里得到什么信息？而我的员工要更好地完成工作的话，需要他们提供什么信息？从这个基本点出发，管理者和员工可以在计划实施的过程中，试图就下列问题进行持续而有效的沟通：

- 之前工作开展的情况怎样？
- 哪些地方做得很好？
- 哪些地方需要纠正或改善？
- 员工是在努力实现工作目标吗？
- 如果偏离目标的话，管理者该采取什么纠正措施？
- 管理者能为员工提供何种帮助？
- 是否有外界发生的变化影响着工作目标？
- 如果目标需要进行改变，如何进行调整？

3. 持续绩效沟通的方式

内容和形式是决定一个事物的两个最主要的方面。采取何种沟通方式在很大程度上决定着沟通的有效与否。沟通的方式可以分为正式沟通和非正式沟通。正式沟通又可以分为书面报告、定期面谈、管理者参与的小组会议或团队会议、非正式的沟通、咨询和进展回顾。

（1）书面报告。

书面报告是绩效管理中比较常用的一种正式沟通的方式。它是指员工使用文字或图表的形式向管理者报告工作的进展情况，可以是定期的，也可以是不定期的。许多管理者通过这种形式及时地跟踪员工的工作开展状况，也有一些管理者并未真正掌握这种方法的价值，而只是流于形式，不能起到实质性的作用，又浪费了大量的人力和财力，得到了一大堆束之高阁的表格和文字。表5-1列举了书面报告的优缺点。

表5-1　书面报告的特点

优　　点	缺　　点
● 节约了管理者的时间 ● 解决了管理者和员工不在同一地点的问题 ● 培养员工边工作边总结并进行系统思考的习惯 ● 培养员工的书面表达能力 ● 可以在短时间内收集大量信息	● 信息单向流动，从员工到管理者 ● 容易流于形式，员工厌烦写报告 ● 适用性有限，不适合以团队为工作基础的组织，信息不能共享

对于表中所列的这些缺点，通常可以采取一些其他措施来配合使用以减少这种影响。比如，可以辅之以面谈、电话沟通等方式使单向信息流变为双向沟通；可以省去繁杂的文字叙述，而用简单的表格或图形来反映情况；也可以采用现代化的网络设施，使信息在团队成员间得以共享。

(2) 定期面谈。

管理者与员工定期进行一对一的面谈是绩效沟通一种常见的方式。面谈前应该陈述清楚面谈的目的和重点内容,让员工了解与他工作相关的一些具体情况和临时变化。例如,"市场竞争格局的变化好像让我们不得不修改一下我们一个月前拟订的工作目标了。"在面谈中,重点要放在具体的工作任务和标准上。比如,"最近我们上交给总经理的报告似乎总是不够理想,你觉得主要是哪里出了问题?看看咱们能不能找到一个解决方法?"要给员工充分的时间来说明问题,必要的时候,管理者可以给予一定的引导和评论。面谈的最终结果是要在管理者和员工之间就某一问题达成共识并找到解决方案。如果员工以一种对抗的态度来进行这次面谈,就意味着这次面谈是失败的,还需要在随后的时间里再面谈一次,直到达到面谈目的为止。管理者和员工定期面谈的优缺点如表5-2所示。

表5-2 定期面谈的特点

优 点	缺 点
● 沟通程度较深 ● 可以对某些不便公开的事情进行沟通 ● 员工容易对管理者产生亲近感,气氛融洽 ● 管理者可以及时对员工提出的问题进行回答和解释,沟通障碍少	● 面谈时容易带有个人的感情色彩 ● 难以进行团队间的沟通

(3) 管理者参与的小组会议或团队会议。

书面报告不能提供讨论和解决的手段,而这一点对及早发现问题、找到和推行、解决问题的方法又必不可少;一对一的面谈只局限于两个人之间,难以对公共问题达成一致意见,因此,有管理者参与的小组会议或团队会议就显示出了它的重要性。除了进行沟通外,管理者还可以借助开会的机会向员工传递有关公司战略的信息,传播企业文化的精神,统一价值观,鼓舞士气,消除误解等。这种形式的优缺点如表5-3所示。

表5-3 团队会议的特点

优 点	缺 点
● 便于团队沟通 ● 缩短信息传递的时间和环节	● 耗费时间长,难以取得时间上的统一性 ● 有些问题难以在公开场合进行讨论 ● 容易流于形式,走过场 ● 大家对会议的需求不同,对信息会有选择性地过滤

怎样才能进行一次有效的会议沟通呢?如果做到以下几点,就应该能够把握住并用好这种沟通形式:

① 在会议之前必须进行充分的准备,包括会议的主题是什么,会议以何种程序进行,会议在何时、何地召开,与会者需做哪些准备等。

② 会议过程的组织，包括：会议开始时作好议程的介绍和会议的规则；当员工讨论偏离会议主题时，要含蓄地将议题引回来；鼓励员工多说话，不要随意打断或作出决策；在会议上作出会后的行动计划并与员工取得共识、布置相应的任务。

③ 做好会议记录，包括：记录会议上谈话的关键点；在会议结束前将记录要点重申一遍，看是否有遗漏或错误；记录行动计划和布置任务的细节，明确任务完成时间、任务负责人和任务完成质量等。

（4）非正式的沟通。

在工作开展的过程中，管理者和员工不可能总是通过正式的渠道来进行沟通。无论是书面报告、一对一的面谈，还是小组会议，都需要事先计划并选取一个正式的时间和地点。然而，在日常的工作中，随时随地都可能发生着沟通：非正式的交谈、吃饭时的闲聊、郊游或聚会时的谈话，还有"走动式管理"或"开放式办公"等，都可以随时传递关于工作或组织的信息。有专家认为，"就沟通对工作业绩和工作态度的影响来说，非正式的沟通或每天都进行的沟通比在进行年度或半年期业绩管理评估会议时得到的反馈更重要"。可见，非正式的沟通更加普遍。正如有的员工声称，他们对与经理喝咖啡时十几分钟的闲聊比任何长时间的正式会议都满意。非正式的沟通的优缺点如表5-4所示。

表5-4　非正式的沟通的特点

优　点	缺　点
● 形式多样，时间地点灵活 ● 及时解决问题，办事效率高 ● 提高员工满意度，起到很好的激励作用 ● 增强员工与管理者之间的亲近感，有利于沟通	● 缺乏正式沟通的严肃性 ● 并非所有情况都可采用非正式沟通

（5）咨询。

有效的咨询是绩效管理的重要组成部分。在绩效管理的实践中，进行咨询的主要目的是：员工没能达到预期的绩效标准时，管理者借助咨询来帮助员工克服工作过程中遇到的障碍。管理者在进行咨询时应该做到：第一，咨询应该是及时的，也就是说，问题出现后立即进行咨询；第二，咨询前应做好计划，咨询应该在安静、舒适的环境中进行；第三，咨询是双向的交流，管理者应该扮演"积极的倾听者"的角色，这样，能使员工感到咨询是开放的，并鼓励员工多发表自己的看法；第四，不要只集中在消极的问题上，谈到好的绩效时，应具体并说出事实依据，对不好的绩效应给予具体的改进建议；第五，要共同制定改进绩效的具体行动计划。

咨询过程包括三个主要阶段：① 确定和理解——确定和理解所存在的问题；② 授权——帮助员工确定自己的问题，鼓励他们表达这些问题，思考解决问题的方法并采取行动；③ 提供资源——驾驭问题，包括确定员工可能需要的其他帮助。

（6）进展回顾。

绩效进展回顾应该是一个直线管理过程，而不是一年一度的绩效回顾面谈。工作目标的实现对组织的成功是至关重要的，应该定期对其进行监测。在绩效管理实践中，人们主张经常进行回顾。对一些工作来讲，每季度进行一次会谈和进行总结是合情合理的。但对于其他短期工作或新员工，应该每周或每天进行反馈。在进展回顾时，应注意到：第一，进展回顾应符合业务流程和员工的工作实际；第二，将进展回顾纳入自己的工作计划；第三，不要因为其他工作繁忙而取消进展回顾；第四，进展回顾不是正式或最后的绩效回顾，其目的是收集信息、分享信息并就实现绩效目标的进一步计划达成共识；第五，如果有必要，可以调整所设定的工作目标。

二、绩效信息的收集和分析

绩效信息的收集和分析是一种有组织地系统收集有关员工工作活动和组织绩效的方法。所有的决策都需要信息，绩效管理也不例外。没有充足、有效的信息，就无法掌握员工工作的进度和所遇到的问题；没有有据可查的信息，就无法对员工工作结果进行评价并提供反馈；没有准确必要的信息，就无法使整个绩效管理的循环不断进行下去并对组织产生良好影响。

1. 信息收集与分析的目的

管理者收集信息并不是无目的的，并不是为了显得很忙或为了打发时间。收集信息的目的是解决问题或证明问题。解决问题首先需要知道存在什么问题以及什么原因导致了这一问题，这两者由所收集到的信息来提供答案；证明问题需要有充足的事实证据、可靠的资料数据，这也要由收集到的信息来提供。总结起来，进行信息的收集与分析有以下目的：

- 形成一份以事实为依据的员工工作情况的绩效记录，作为绩效评价及相关决策的基础；
- 及时发现问题，提供解决方案；
- 掌握员工有关行为和态度的信息，发现其长处和短处，以便有针对性地提供培训与再教育；
- 在产生法律纠纷时为组织的决策辩护。

2. 收集信息的内容

并非所有的数据都需要收集和分析，也不是收集的信息越多越好。因为收集和分析信息需要大量的时间、人力和财力，如果像收藏家一样怀有强烈的热情投入信息的海洋中去,反而会被淹没,抓不住最有价值的信息。

那么,究竟何种信息具有收集和分析的价值?

我们强调的主要是与绩效有关的信息,而绩效管理只是能使企业不断进步的一个环节而已。因此,在收集信息的过程中,要考虑的目的如图5-1所示。围绕这些目的,我们要收集的信息包括:目标和标准达成(或未达成)的情况、员工因工作或其他行为受到的表扬和批评情况、证明工作绩效突出或低下所需要的具体证据、对管理者和员工找到问题(或成绩)原因有帮助的其他数据、管理者同员工就绩效问题进行谈话的记录,问题严重时还应让员工签字。

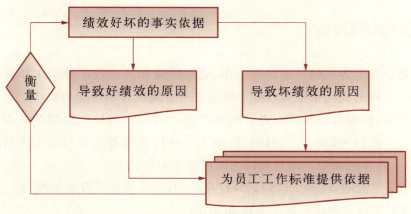

图 5-1　收集信息的流程

3. 收集信息的渠道和方法

信息收集的渠道可以是企业中的所有员工。有员工自身的汇报和总结,有同事的共事感受与观察,有上级的检查和记录,也有下级的反映与评价。如果企业中所有员工都具备了绩效信息反馈的意识,就能给绩效管理带来极大的帮助与支持,各种渠道畅通,信息来源全面,便于做出更真实、客观的绩效考核,使企业的绩效管理更加有效。

信息收集的方法包括观察法、工作记录法、他人反馈法等。观察法是指主管人员直接观察员工在工作中的表现并将之记录下来的方法。工作记录法是指通过工作记录的方式将员工的工作表现和工作结果记录下来。他人反馈法是指管理者通过其他员工的汇报、反映来了解某些员工的工作绩效情况。比如,通过调查顾客的满意度来了解售后服务人员的服务质量。我们提倡各种方法的综合运用,因为单一的方法可能只会了解到员工绩效的一个或几个方面,而不能面面俱到。比如,有些员工的态度并不能从每次检查或表面上的观察中得知,这时候就需要获得与他共事的员工的反馈,这种方法得到的结果往往更真实可信。方法运用得正确有效与否,直接关系到信息质量的好坏,最终影响到绩效管理的有效性。

三、提供绩效目标实现过程中的反馈

很多企业在绩效管理过程中缺乏反馈,导致从高层到普通员工对绩效管理的有效性产生怀疑,进而导致继续推行绩效管理有诸多障碍。在绩效控制中,有效的反馈对员工的发展十分必要,它既反馈员工工作中的不足及错误的行为和习惯,也反馈员工积极的工作行为和习惯。因此,绩效反馈既能改变员工的不足,又能强化员工的优点。向员工提供定期、持续的反馈,规划员工发展与训练活动的方法,让员工具有更强烈的工作动机,也能为员工提供有关升迁、员工发展策略与训练方面的信息。

四、提供指导和支持

指导是管理者为鼓励员工努力工作、克服困难和问题及推进员工职业发展所采取的行为。主管的成功在很大程度上取决于对下属指导和管理的成功。

根据需要,管理者应与员工进行绩效改进的讨论。当员工出现令人不满意的绩效或消极的工作行为(如旷工、迟到、磨洋工等)时,管理者需要与员工进行绩效改进讨论,并给予必要的指导。指导和讨论的内容主要包括:

(1) 与员工沟通,让员工认识到其存在的问题,并正视所存在的问题。
(2) 与员工讨论解决问题的方法和途径。
(3) 共同选择合适的方法和途径,以最有效地解决问题。
(4) 制定解决问题的行动计划。

同时,在实际管理中,鼓励和支持员工的绩效改进行动。这些指导和支持在实际工作中经常以表 5-5 的形式出现。

表 5-5 绩效改进的措施

工作中的关键事件	判 定	发生日期	采取的管理措施 (表扬、批评、建议等)	措施采取日期	措施的效果和下属的现状
	□ 优 □ 劣				
	□ 优 □ 劣				
	□ 优 □ 劣				
	□ 优 □ 劣				
注:此表作为绩效考核和绩效面谈的重要信息来源,是整个绩效管理过程中最基础的数据来源。					

表 5-5 其实也是对绩效信息有效收集的一种很好的方式，在对员工的工作进行绩效考核记录的同时，也可以对员工工作中的不足提出建议，这对于公司绩效的有效提高和员工能力的快速成长都是大有裨益的。而且，从另一个角度讲，管理者履行这项绩效管理职能也有助于改良其工作方式，使公司的工作氛围更加融洽。

如果员工的绩效问题不能通过指导和讨论来解决，管理者需要考虑采用组织正式的行为校正措施和制度来解决存在的问题。

五、根据需要调整绩效目标

为了应对变化的市场，及时抓住机会，满足客户需求，有时需要在年度内调整公司的业务战略，由此影响部门和员工业务绩效目标的变化。绩效促进本身是一个动态过程。当公司业务战略变化时，随之有必要适当地改变员工的绩效目标，以确保绩效计划的可获得性和现实相关性。

案例分析：某公司在绩效管理过程控制中的几个误区

某广告公司有自己一套较为完备的绩效管理制度，但是在绩效考核管理过程控制方面缺乏经验，在实际操作中遇到了一些问题。大家普遍感觉对绩效的管理偏离了改善和提升的主航道，引起较多的抱怨和不满。

情景一：在公司的绩效考评体系中，有很大一部分是以员工值班期间是否出现差错为关键考核指标的。小张是一个比较马虎的人，但工作特别积极，业务能力较强，为公司谈成了很多业务。一个月一次的绩效考评结果出来了，小张的绩效很低，他非常不理解为什么会这样，于是就去问人力资源部。人力资源部说运营部给的结果是小张在值班期间出现过几次收据填错、单号忘填的情况，因此被扣了很多的绩效分。当时，小张心中就在纳闷，为什么不在检查出我错误的当天就告诉我好让我及时改正呢？像这样在背后扣绩效的考核真的有帮助吗？

情景二：在进行绩效统计时，部门员工之间的互相打分也是绩效最终结果的一个组成部分。每到月末的时候，人力资源部会在公司的群里面上传一份打分表。以小张为例，小张需要对所在部门的4个经理及2个专员打分，且打分表中要写明对部门的看法、改进建议等。小张在打分的过程中发现打分的任务很繁重，一方面，由于担心自己的打分会被经理层看到，所以给分都很高；另一方面，提的问题越多，需要考虑的建议就越麻烦，真心感觉打低分是在给自己添麻烦。经理层给他们的打分也是这样，最终每月的结果出来，也没有进行进一步沟通的必要。所以，小张感觉打分这个行为非常"鸡肋"，对整个部门的绩效水平并没什么影响。

公司有自己完整的一套绩效管理体系，但之所以会出现案例中的这些问题，主要是因为绩效考核的过程控制偏离了改善提升的根本目标，陷入了过程控制的几大误区。具体来说，情景一中的绩效管理陷入了误解或混淆绩效标准以及缺少足够清晰的绩效记录资料这两大误区，小张并不是很清楚绩效标准是什么，在小张的行为与绩效标准不相符时，没有人提出来修正，也没有针对他错误的绩效资料。这就导致了这种绩效管理并不能提高小张的绩效水平，小张可能还是会犯之前的错。其中的根本原因就是过于注重最后的绩效结果，忽视了整个过程。情景二中的绩效管理陷入了没有足够的时间讨论以及缺少后续行动和计划这两大误区。在公司中，每个员工在月末需要填写大量的表格，然而整个过程中，并没有腾出足够的时间去深入地探讨员工的表现，而且最终公司对表格的结果也没有进行后续的行动。填表格打分的做法只是为了考核而考核，并没有将考核的结果应用于人力资源板块的其他职能上。并且，公司对表现不好的员工也没有进行过绩效面谈，整个填表打分的过程显得非常累赘。

案例评析：

对于企业来说，要提倡绩效管理的全过程控制，迫切需要管理者树立事前控制的责任意识、事中控制的服务意识和事后控制的偏差意识。基于以上问题，该广告公司的绩效过程控制应注意以下两方面：

第一，保持持续有效的沟通。进行绩效沟通，就是为了保持工作过程的动态性，保持它的柔性和敏感性，及时调整目标和工作任务。以情景一为例，运营部的员工在查出当天值班的员工错误后，应该及时与员工进行反馈，并督促其改正，而不是仅仅在月末扣绩效。此外，做到绩效管理信息收集日常化，不是为了显得领导很忙或打发时间，而是为了解决问题。运营部应该与人力资源部协商，通过观察、记录、反馈等方法在日常工作中建立员工绩效信息库，为员工提供一份以事实为依据的工作情况绩效记录，便于及时发现问题，提供有针对性的解决方案，对员工进行有针对性的培训和教育。

第二，管理者要适时进行反馈和指导，例如，每月绩效考核结果出来后，管理者可以跟绩效较差的人进行绩效面谈，分析为什么会在该月表现较差，工作中出现了哪些问题？应做出何种改进？但是，领导不能一味地表扬或指责，尤其是在员工遇到问题时应给予指导，让其能够更好地融入团队、融入工作，提高绩效。

资料来源：黄林.绩效管理的过程控制——以学生广告实验公司为例[J].商场现代化，2016(03)：104.

本 章 小 结

在传统意义的考核中,组织往往是单纯地依赖定期的、既成的绩效评估方法,考核更多的只是关注结果和形式,忽略了对各种过程的控制和督导,是一种只问结果不问过程的考核管理方式,员工改善绩效的动力仅仅来自利益的驱动和对惩罚的惧怕。这种不问过程的考核——如过于强调近期绩效、根据自我感觉感情用事、误解或混淆绩效目标、缺少足够清晰的绩效记录资料等——自然会带来诸多弊病,这不仅仅让前期的绩效计划付诸东流,使得后期的绩效评估面谈无法进行,更使得下至普通员工上至高层都对绩效考核充满疑惑,从而导致整个绩效管理失控。

所以,我们不仅要注重绩效考核的结果,也要对绩效管理过程进行严格的控制把关。在绩效控制中,注意进行持续有效的沟通,记录真实有效的绩效信息,及时进行双向反馈,对员工提供必要的指导以及根据需要调查绩效目标。否则,绩效考核只能是一些数字和表格。

思考与讨论

1. 在绩效考核过程控制中可能会产生什么问题?如何克服这些问题?

2. 如何对绩效形成的过程进行有效控制?

3. 在绩效考核过程控制中,应该就哪些关键细节或过程做好有效的沟通和记录?

4. 为什么说绩效管理不仅要关注前期的绩效计划和后期的绩效反馈,更要重视绩效考核的过程控制?

第六章

绩效考核与评价

- 相对评估法包括哪几种方法？各种方法是如何考核的？
- 绝对比较法包括哪几种方法？各种方法是如何考核的？
- 按照评估标准分，可分为哪几种考核方法？五种不同标准的分类法各自的优劣是什么？
- 绩效考核中常见的问题有哪些？
- 因考核者心理和行为而导致的错误有哪些？
- 如何提高绩效考核的有效性？

第一节　绩效考核技术

尽管绩效管理的思想日益得到重视,但是在这个循环的过程中,如何进行绩效考核,即如何就员工的绩效表现进行评价,依然是绩效管理的重点和关键。绩效考核在整个绩效管理循环中发挥着重要作用,没有绩效考核,就没有考核结果,也就无法对员工过去的绩效表现进行总结、发现过去工作中存在的问题,以及找到改善绩效的方法。

明确绩效考核的重要性,有助于员工和管理者正视绩效考核,并以积极的态度参与这项工作。另外,绩效考核是与组织的战略相连的,它的有效实施有利于将员工的行为统摄和导向到战略目标上来。整个绩效考核体系的有效性还对组织整合人力资源、协调控制员工关系具有重要意义。不准确或不符合实际的绩效考核可能不会起到真正的、积极的激励效果,反而会给组织的人力资源管理带来重重障碍,使员工关系紧张、团队精神遭到损害。因此,不论是管理者还是员工,都应该看到绩效考核的意义所在。因为,绩效考核可以:

- 确定员工以往的工作为什么是有效的或无效的;
- 确认应如何对以往的工作方法加以改善以提高绩效;
- 确认员工工作执行能力和行为存在哪些不足;
- 确认如何改善员工的行为和能力;
- 确认管理者和管理方法的有效性;
- 确认和选择更为有效的管理方式和方法。

考核不仅对员工有意义,更重要的是对管理者有意义,这体现在:

- 考核是直线管理者不可推卸的责任,员工的绩效就是管理者的绩效;
- 认真组织考核不仅体现了管理者对员工、自身和组织的负责精神,而且反映了管理者的工作态度。

绩效评估的方法可以有两种不同的分类方式:第一类,按照评估的相对性或绝对性,可以分为相对评估法和绝对评估法,相对评估法主要包括简单排序法和配对比较法等,绝对评估法主要包括自我报告法、业绩评定表法、因素考核法等;第二类,按照评估标准的类型,可以分为特征导向评估方法、行为导向评估方法和结果导向评估方法。特征导向评估方法的主要应用是图解特征法,行为导向评估方法主要包括行为锚定法和行为观察法等,结果导向评估方法有个人绩效合约法、产量衡量法和目标管理法。

一个组织采用的评估方法,很可能包括同一类型中不同方法的组合,如图解特征法和目标管理法的结合;也可能是几个不同类型方法的组合,如同时使用绝对评估法和行为观察法,或同时使用相对评估法和关键事件法。

一、相对评估法

相对评估法是指在对员工进行相互比较的基础上对员工进行排序,提供一个员工工作的相对优劣的评价结果。排序的主要方法包括简单排序法、交错排序法、配对比较法和强制分布法,其中,最常用的是强制分布法。

大部分的绩效考核工具要求评定者依据某些优胜标准来考核员工绩效。然而,使用员工比较系统时,员工的绩效是通过与其他员工的绩效相比较来考核的。换句话说,员工比较系统是用排序,而不是用评分。这一排序形式有多种,如简单排序、配对比较或强制分布。简单排序要求评定者依据工作绩效将员工从最好到最差排序。交错排序法是依次在所有的被评估对象中找到绩效最好的和最差的。配对比较法则是评定者将每一个员工相互进行比较。如将员工1与员工2、员工3相比,员工2与员工3相比。赢得最多"点数"的员工接受最高等级。强制分布法要求评定者在每一个绩效程度档次上(如"最好""中等"和"最差")都分配一定比例的员工。强制分布法类似于在曲线上划分等级,一定比例的员工得A,一定比例的员工得B,等等。

1. 简单排序法

在使用简单排序法进行绩效考核时,考核者只要简单地把一组中的所有员工按照总业绩的顺序排列起来即可。例如,部门中业绩最好的员工被排在最前面,最差的被排在最后面。这种方法的主要问题是,当个人的业绩水平相近时难以进行准确排序。

作为简单排序法的一种演变,平均比较法将每个员工的工作业绩与其他员工的工作业绩进行简单比较,获得有利的对比结果最多的员工,就在绩效考核中被排列在最高的位置上。有些人力资源管理者对这种考核方法持有异议,他们的观点是员工所要达到的是他们的任务目标,而不是他们取得的目标要比工作小组中的其他人更好。这种考核方法的使用事实上已超出了个人绩效领域,因此,应在一个更广泛的基础上进行考虑。

很显然,运用简单排序法进行绩效考核的最大优点就是简单实用,其考核结果也令人一目了然,但这种方法容易对员工造成心理压力,在感情上也不易接受。

2. 交替排序法

通常来说,根据某些工作绩效考核要素将员工从绩效最好的人到绩效最差的人进行排序,要比绝对地对他们的绩效进行考核容易得多,因此,交替排序法也是一种运用得非常普遍的工作绩效考核方法。其操作方法是：

（1）将需要进行考核的所有下属人员名单列出来,将不是很熟悉因而无法对其进行考核的人的名字划去；

（2）用表6-1所示的表格来显示在被考核的某一特点上,哪位员工的表现是最好的,哪位员工的表现又是最差的；

（3）在剩下的员工中挑出最好的和最差的。依此类推,直到所有必须被考核的员工都被排列到表格中为止。

表6-1　运用交替排序法进行员工绩效考核

考核所依据的要素：
针对所要考核的每一种要素,将所有员工的姓名都列举出来。将工作绩效考核最高的员工姓名列在第1行的位置上；将考核最低的员工姓名列在第20行的位置上。然后,将次最好的员工姓名列在第2行的位置上；将次最差的员工姓名列在第19行的位置上。将这一交替排序继续下去,直到所有的员工都被排列出来。

考核等级最高的员工	
1. _____	11. _____
2. _____	12. _____
3. _____	13. _____
4. _____	14. _____
5. _____	15. _____
6. _____	16. _____
7. _____	17. _____
8. _____	18. _____
9. _____	19. _____
10. _____	20. _____

3. 配对比较法

配对比较法使得排序型的工作绩效法变得更为有效。其基本做法是：将每一位员工按照所有的考核要素（如"工作数量""工作质量"等）与所有其他员工进行比较,根据配对比较的结果排列出他们的绩效名次,而不是把各被考核者笼统地排队。假定需要对5位员工进行工作绩效考核,在运用配对比较法时,你首先应当列出一张像表6-2所示的表格来,其中要标明所有被考核员工的姓名以及需要考核的所有工作要素。然后,将所有员工根据某一类要素进行配对比较,用"＋"（好）和"－"（差）标明谁好一些、谁差一些。最后,将每一位员工得到的"好"的次数相加。在表6-2中,员工玛丽的工作质量是最高的,阿特的创造性是最强的。

表6-2 配对比较法对员工绩效考核表

就"工作质量"要素所做的考核						就"创造性"要素所做的考核					
被考核员工姓名:						被考核员工姓名:					
比较对象	A阿特	B玛丽	C曲克	D蒂恩	E琼斯	比较对象	A阿特	B玛丽	C曲克	D蒂恩	E琼斯
A阿特		+	+	−	−	A阿特		−	−	−	−
B玛丽	−		−	−	−	B玛丽	+		−	+	+
C曲克	−	+		+	−	C曲克	+	+		+	−
D蒂恩	+	+	−		+	D蒂恩	+	−	−		+
E琼斯	+	+	+	−		E琼斯	+	−	+	+	
	2+	4+	2+	1+	1+		4+	1+	1+	2+	2+

配对比较法的缺点是:一旦下级人数过多(大于5人),手续就比较麻烦,因为配比的次数将是按 $n(n-1)/2$(其中,n 表示人数)的公式增长的。5个下级的配比需要10次;10个下级就要配比45次;如有50个下级,就要1 225次。而且只能评比出下级人员的名次,不能反映出他们之间的差距有多大,也不能反映出他们工作能力和品质的特点。

4. 强制分布法

该方法需要考核者将被考核者按照绩效考核结果分配到一种类似于正态分布的标准中去。这种方法是基于一个有争议的假设,即所有小组中都有同样优秀、一般、较差表现的员工分布。可以想象,如果一个部门全部是优秀员工,部门经理就难以决定应该把谁放在较低等级的小组中。

强制分布法与"按照一条曲线进行等级评定"的意思基本相同。使用这种方法,就意味着要提前确定准备按照什么样的比例将被考核者分别分布到每一个工作绩效等级上去。比如,我们可能会按照表6-3所示的比重来确定员工的工作绩效分布情况。

表6-3 绩效等级比重示例

绩效等级	比重	绩效等级	比重
绩效最高的	15%	绩效低于要求水平的	20%
绩效较高的	20%	绩效很低的	15%
绩效一般的	30%		

这种方法的优点是有利于管理控制，特别是在引入员工淘汰机制的公司中，它能明确筛选出淘汰对象，由于员工担心因多次落入绩效最低区间而遭解雇，因而具有强制激励和鞭策功能。当然，它的缺点同样明显，如果一个部门里的员工的确都十分优秀，如果强制地进行正态分布划分等级，可能会带来多方面的弊端。

从以上介绍的四种基本的比较方法可以看出，相对评估法的优点是成本低、实用，评定所花费的时间和精力非常少。而且，这种绩效考核法有效地消除了某些评定误差，如避免了评定者的宽厚性错误及趋中性错误。当然，相对评估法也有缺点。首先，因为判定绩效的评分标准是模糊的，评分的准确性和公平性就可能受到很多质疑。其次，相对评估法没有具体说明一个员工必须做什么才能得到好的评分，因而它们不能充分地指导或监控员工行为。最后，相对评估法不能公平地对来自不同部门的员工的绩效进行比较。例如，A 部门排在第六名的员工可能比 E 部门的第一名做得更好。

二、绝对评估法

绝对评估法是指对每一个员工的工作绩效进行评估，而不是在对员工进行相互比较的基础上评出员工的绩效结果。绝对评估法主要包括自我报告法、业绩评定表法、因素考核法和 360 度考核法等。

1. 自我报告法

自我报告法是利用书面的形式对自己的工作进行总结及考核的一种方法。这种方法多适用于管理人员的自我考核，并且测评的人数不宜太多。自我考核是自己对自己一段工作结果的总结，让被考核者主动地对自己的表现加以反省和考核。

自我报告法通常让被考核人填写一份员工自我鉴定表（如表 6-4 所示），对照岗位要求，回顾一定时期内的工作状况及列出将来的打算，举出在这段时间内 1—3 件重大贡献事例及 1—3 件失败的事，给出相应的原因，并对不足之处提出有待改进的建议。一般每年在年终进行，要求大家集中在一起，预先不清楚集中的目的，且要求没有助手参加，自己独立完成总结。

表 6-4　员工自我鉴定表

姓　　名		学　　历		专　　业	
部　　门		入本部门日期		现任岗位	
项　　目					

续表

目前工作	本月(年)你所实际担任的工作有哪些？ 你执行工作时,你曾遇到什么困难？
工作目标	本月(年)你的工作目标是什么？
目标实现	本月(年)你的目标实现程度如何？
原　因	你的目标实现(或不能实现)的原因有哪些？
贡　献	你认为本月(年)对公司较有贡献的工作是什么？你做到了什么程度？
工作构想	在你担任的工作中,你有什么更好的构想？

2. 业绩评定表法

业绩评定表法是一种被广泛采用的考评方法,它根据所限定的因素对员工进行考评。采用这种方法,主要是在一个等级表上对业绩的判断进行记录。这个等级被分成几类(通常是一个 5 级或 7 级的量表),它常常采用诸如"优秀"、"一般"和"较差"这些形容词来定义。当给出了全部等级时,这种方法通常可以使用一种以上的业绩考核标准。业绩评定表受到欢迎的原因之一就是它简单、迅速。

考核所选择的因素有两种典型类型：与工作有关的因素和与个人特征相关的因素。如表 6-5 所示,与工作有关的因素是工作质量和工作数量;涉及个人因素的有依赖性、积极性、适应能力和合作精神等特征。考核者通过指明最能描述出员工及其业绩的每种因素的比重来完成这项工作。

表6-5　员工业绩评定表

员工姓名＿＿＿＿＿＿ 工作头衔＿＿＿＿＿＿ 部　　门＿＿＿＿＿＿ 基层主管＿＿＿＿＿＿ 考核时期＿＿＿＿＿＿ 从＿＿＿＿到＿＿＿＿	考核说明： 1. 每次仅考虑一个因素,不允许因某个因素给出的考核结果而影响其他因素的考核。 2. 考虑整个考核时期的业绩,避免集中在近期的事件或孤立事件。 3. 以满意的态度记住一般员工应履行的职责。高于一般水平或优秀的考核,表明该员工与一般员工有明显的区别。				
考核因素＼考核等级	较差,不符合要求	低于一般,需要改进有时不符合要求	一般,一直符合要求	良好,经常超出要求	优秀,不断地超出要求
工作量： 考虑完成的工作量,生产率达到可接受的水平了吗？					

续表

考核因素 \ 考核等级	较差,不符合要求	低于一般,需要改进,有时不符合要求	一般,一直符合要求	良好,经常超出要求	优秀,不断地超出要求
工作质量: 在进行任务指派时要考虑到准确、精密、整洁和完成情况					
可靠性: 该员工能否实现工作承诺					
积极性: 该员工实现工作承诺的积极程度					
适应能力: 是否具备对需求变化和条件变化的反应能力					
合作精神:为了他人及与他人工作共同的能力。如果让你加班,是否愿意接受?					
未来成长和发展的潜力: ☐ 当前工作的最好或接近最好的业绩 ☐ 这个工作中最高或按照最高的业绩,但在另一工作中有成长的潜力。例如,…… ☐ 经过进一步培训和实践能取得进步 ☐ 没有明确的限定 员工声明:　　　我同意☐　　　不同意☐　　　这个考核 评论:					
员工		负责人		审查人	
日期		日期		日期	

有些公司为了对给定的每一种因素作出考核,向考核者提供了一定的灵活运用空间。当考核者作出最高或最低的考核时,要求写明理由,即使是被要求这样做,这种做法也会特别受到鼓励。例如,如果对一名员工的积极性考核为"不满意",则考核者须提供这种较低考核结论的书面意见。这种书面要求的目的在于,避免出现草率的判断。

在表6-5中,对每种因素和每一等级也作出了定义。为了得到一个对工作质量的较优秀考核,一个人必须不断地超额完成其工作要求。对各种因素和等级定义得越精确,考核者就会越完善地考评员工的业绩。当每个考核者对每个因素和等级都按同样的方法解释时,就会取得整个组织考核上的一致性。

许多绩效考核的业绩评定表还提供了对员工成长潜力的考核。表6-5中包含了与一个人未来成长和发展潜力有关的几个类别。考核的结果从当前工作的最好或接近最好的业绩一直排列下去,没有明显的界线。虽然在对过去业绩或将来潜力同时作出考核方面有些欠缺,但这种做法还是经常被采用。

3. 因素考核法

因素考核法是将一定的分数按权重分配给各项绩效考核指标，使每一项绩效考核指标都有一个考核尺度，然后根据被考核者的实际表现在各考核因素上评分，最后汇总得出的总分，就是被考核者的考绩结果。此法简便易行，而且比排队更为科学。

比如，我们可以对被考核人设定以下四个绩效考核指标，总分为100，运用因素考核法划分权重并制定标准如下，以此为基础对员工绩效进行考核：

（1）出勤，占总分的30%，分为上、中、下三个等级。出勤率100%，为满分（30）；病事假一天，扣1分；旷工一天，扣20分；迟到或早退一次，扣15分；旷工一天以上或迟到（早退）2次以上者，不得分。

（2）能力，占总分的20%，分上、中、下三等。技术高、能独立工作、完成任务好、胜任本职工作的，评为上；低于这个技术水平的，评为中或下；在考核阶段内若有1个月未完成下达任务的，扣10分。

（3）成绩，占总分的30%，分上、中、下三等。协调性好、积极主动工作、安全生产、完成任务好的，评为上；较差的，评为中；再差的，评为下。在工作、生产中出现一次差错，造成损失的，或安全、质量方面发生事故，经公司研究作出处理者一次，扣10分；情况严重者，不得分；若有1个月未完成下达任务的，扣15分；病事假每1天扣0.5分。

（4）组织纪律，占总分的20%，分为上、中、下三等。工作服从分配、遵守规章制度、讲究文明礼貌、能团结互助的，评为上；否则，评为中或下。违反公司规章制度，或因工作失职经公司处理者一次，扣10分。

各考核因素的上、中、下三个等级的比例均分别控制在25%、60%、15%。

4. 360度考核法

360度考核法同其他考核方法一样，也是基于事先设定的指标和标准进行评估。但是，360度考核法通过多方绩效信息的反馈、补充和比较，能更准确地作出评价，为了避免理解上的歧义，很多时候学者们将其称为360度反馈。

工作往往具有多面性，而不同的人观察到的方面也是不同的。许多公司已经将各种考核方法所得到的信息综合使用，并产生全方位（360度）考核和反馈体系。360度考核的关键在于针对具体的考核指标选择合适的信息反馈者，不同的评价者所能提供的绩效信息是有限的，如业绩指标由上级确认完成的情况，服务其他部门的情况由相关部门的负责人进行评价，类似合作意识、责任心等方面的情况则由与被评价人有密切工作关系的相关人员进行评价。

正如这种方法的名称所示，360度反馈为了给员工一个最正确的考核结果而尽可能地结合所有方面的信息，这些方面包括上司、同事、下属、客户等。尽管最初360

度考核系统仅仅出于发展的目的,特别是为管理发展和职业发展所用,但这种方法正逐步运用于绩效考核和其他管理用途。

表6-6列出了一组有关360度考核的争论。在考核过程中,员工可能担心别人利用考核的机会联合起来对付他,这种担心是可以理解的。如果企业在开始使用时只是为了发展的需要(与报酬、晋升等并无关联),员工就会逐渐习惯这种方式并认真参与考核。

表6-6 有关360度考核的争论

支持
● 由于信息是从多方面收集的,因此,这种方法比较全面
● 信息的质量比较好(回答的质量比数量重要)
● 由于这种方法更重视内部/外部客户和工作小组这些因素,因此,它使全面质量管理得以改进
● 由于信息反馈来自多人而不是单个人,因此,减少了存在偏见的可能
● 来自同事和其他方面的反馈信息有助于员工自我发展

反对
● 综合各方面信息增加了系统的复杂性
● 有员工可能会感到别人与考核者联合起来对付他,考核的其他参与者可能受到胁迫,而且会产生怨恨
● 有可能产生相互冲突的考核,尽管各种考核在其各自的立场是正确的
● 需要经过培训才能使系统有效地工作
● 员工会做出不正确的考核,为了串通或仅仅是对系统开个玩笑

尽管对于360度考核的应用和使用范围还存在这样或那样的争论,但与传统绩效考核工具相比,它具有以下一些优势,了解它们有助于我们正确地选择考核工具:

(1) 比较公平公正。单纯由直线经理对下属进行考核可能会产生两个弊端:其一,滥用权力,打击报复"异己分子"或有意拔高"溜须拍马者";其二,主观性强,虽然直线经理对员工任务完成情况的判断较准确,但对其他方面的判断就不一定准确,而且容易出现晕轮效应。360度考核的关键在于针对具体的考核指标选择合适的信息反馈者,不同的评价人所能提供的绩效信息是有限的。如业绩指标由上级进行确认完成情况,服务其他部门的情况由相关部门的负责人进行评价,而类似合作意识、责任心等方面的情况则由与被评价人有密切工作关系的相关人员进行评价。

因此,考核得到的加权平均值使我们从统计学的角度相信它是减少了个人主观因素的比较客观的结果,是对员工自身特点拟合度更高、更可信的数据。实施360度绩效考评,从程序上看,被考核者不仅有同样的机会自述,而且有同等的权力考核他人,员工的参与性高,感觉好。

(2) 加强了部门之间的沟通。360度绩效考核程序包含直线主管介绍员工岗位职责和员工与其他部门工作的内容、特点、职责、成绩和困难,以及为克服这些困难员工所付出的努力,因此,这种方式增进了整个企业内员工的相互了解,促进了员工在以后的工作中能从对方的角度出发考虑问题,化解矛盾,相互配合。

(3) 人事部门据此开展工作较容易。从360度绩效考核中获得的较客观公正的考核结果，使人事部门依据它实行的奖惩措施较易推行，如采用360度发放年终奖的做法就获得了大多数员工的支持，领导也较满意。

采用360度考核来提取员工的绩效信息，由于参与考核的主体较单一考核主体更为复杂，因此需要采取相应的措施来保证考核信息的质量。英特尔公司在建立了360度考核体系后，还建立了以下保障措施以使考核信息的质量达到最优和可接受程度达到最大。

① 确保匿名。确保员工不会知道其他任何人对他的考核（不包括上司）。

② 使信息反馈者富有责任感。上司应该与每个参与考核的人员进行讨论，让每个人知道他是否正确使用了考核标准、他是否做出了可靠考核以及其他人是如何参与考核的。

③ 防止对系统"开玩笑"。有些人试图通过给谩骂分或低分来帮助或伤害某个员工，或者小组成员有可能串通一气统一打高分。上司应该查出这些明显的"作弊"行为。

④ 使用统计程序。使用加权平均或其他数量方法来综合考核。上司应该慎用主观的方法，因为这有可能对系统造成破坏。

⑤ 辨认和鉴别偏见。如检查是否存在年龄、性别、种族或其他方面的偏见。

表6-7是美国通用电气公司（GE）使用360度考核法的考核表。考核内容被分解为多个项目，表中描述了每个项目应该达到什么样的标准，上级、同级、下属及其他相关者依据这些标准对被考核者的每一个项目作出评价。

表6-7 GE研发中心360度考核表

项目	考核评定标准	上级	同级	下属	其他相关者
工作目标	● 清楚、简单地使他人理解公司研发中心的工作目标；使他人清楚地了解组织的方向 ● 激励他人致力于完成公司研发中心的工作目标；以身作则 ● 想得远，看得广，向想象挑战 ● 如果有必要，须完善公司的工作目标以反映不断加剧的变化影响着的公司业务				
主人翁精神	● 在公司的所有活动中加强公司员工的使命感及战略紧迫性；用积极的态度使他人了解公司碰到的挑战 ● 用专业技能有效地影响公司及研发中心的行为和业务决策，无论成败，敢于承担责任				
以顾客为中心	● 听顾客发表意见，把令顾客满意作为工作的最优先考虑，包括令公司内部的顾客满意 ● 通过跨功能、多元化的意识展示对业务的全面掌握和认识 ● 打破壁垒，发展业务之间、功能之间、团队之间的相互影响的关系 ● 作出的决策要反映公司的全球观及顾客观 ● 将速度作为一种竞争优势				

续表

项目	考核评定标准	上级	同级	下属	其他相关者
责任心	• 坚持公司道德的最高标准;服从并宣传 GE 及公司研发中心的所有政策——做正确的事情				
廉洁正直	• 言行一致,受到他人的完全信任 • 实现对供应商、顾客、管理层和雇员的承诺 • 表现自己坚持信仰、思想及合作的勇气和信心,表现自己对防止环境受到危害有不可推卸的责任				
鼓励最佳表现	• 憎恨/避免"官僚主义",并努力实现简明扼要 • 不断寻求新方法,改进工作环境、方式和程序 • 努力改进自己的弱项,为自己的错误勇于承担责任 • 为最佳表现确定富有挑战性的标准和期望;承认并奖励取得的成就 • 充分发挥来自不同文化、种族、性别的团队成员的积极性				
刺激变化	• 创造真正的积极变化,把变化看作机遇 • 积极质疑现状,提倡明智的试验和冒险				
团队工作	• 迅速实施加以改进的好的工作方法 • 提倡发表不同看法,因为这些看法对积极变化非常重要 • 发挥既是一名团队领导又是一名团队成员的积极作用 • 尊重团队成员的才智和贡献;创造一种人人都可以参与的环境 • 将团队的目标和组织与其他团队的目标联系起来 • 热情支持团队,即使团队处在困境当中,对团队的错误承担责任 • 解决问题时不疏远团队成员				
自信	• 承认自己的力量和局限,从团队成员那里寻求坦率的反馈 • 境况不佳时也能保持性情不变 • 公开诚实地和大家一起探讨问题,超越传统的边界分享信息,易于接受新思想				
沟通	• 向团队成员和供应商解释 GE 和研发中心的工作目标及挑战 • 本着公开、坦率、清晰、全面及持续的态度进行沟通——欢迎不同意见 • 和大家一起探讨开展一个项目、计划或程序的最佳做法 • 积极倾听;对团队成员的作为显示真正的兴趣				
授权	• 敢于将重要任务交给下属去做,而不是只让下属做不喜欢做的事 • 给下属与责任相匹配的权利,并给他们完成工作必需的资源保证 • 促进下属和同事独立发展的能力;恰当的时候应将功劳归于他们 • 充分利用团队成员(文化、种族、性别)的多样性来取得成功				
发展技能	• 使工作/任务利于雇员的个人发展与成长;和团队成员一起分享知识和专业技能 • 确定富有挑战性的目标以促进提高现有水平,开发新技能 • 给下属的表现和职业发展不断提供坦率的教导和信息反馈;并用书面形式记载结果 • 尊重每个人的尊严,信任每个人				

5. 工作标准法(劳动定额法)

制定工作标准或劳动定额,然后把员工的工作与工作标准相比较以考核员工的绩效,是主要的绩效考核方法之一。工作标准确定了员工在某一工作岗位上正常的或平均的产出。工作标准一般是确定每小时生产多少或生产单位产品所需时间。这种工作标准使企业可以支付员工的计件工资，但是制定工作标准不是一项简单的工作。时间研究可以用来制定特定的岗位上员工的产出标准。一种建立在随机抽样基础上的统计技术——工作抽样也可以用来制定工作标准。

现代组织很少单独采用工作标准法进行绩效考核。在某些情况下，生产标准仍作为考核程序的一部分，这时一般支付员工的计件工资。生产数量仅仅是员工绩效产出的一部分；其他方面也应被列为考核的指标。当根据员工之间互相比较的结果确定薪金和进行提升时，单独地以计件工作记录作为绩效标准就不行了。除此之外，越来越少的工作可单独用生产水平来衡量。因为一个员工的生产量至少部分地依赖于其他员工的绩效。如果生产线停了或协同工作的其他人表现不佳，个人的生产就不可避免地受到影响。许多现代工作并不是仅仅承担每小时生产多少的任务。相反，他们与别人的职责或任务有联系，而这些是无法直接衡量的。因此，其他绩效考核方法用得越来越多。

6. 自我考核法

美国的丹尼尔斯（John D. Daniels）提出了自我考核的 8 个因素，分别为工作质量、工作数量、创造性、独立性、工作态度、业务知识、交际能力和表达技巧，每个要素又按优劣程度分为 8 等。通过一些具体标准，每个自评者可以为自己在这 8 个等级中选择一个合适的等级。这种办法也可以用来考核别人，在具体等级的考核上，既可以根据调查结果也可以由群众来直接考核。

7. 短文法

短文法是指考核者书写一篇短文以描述员工绩效，并特别举出优缺点的例子。短文法主要适用于以员工开发为目标的绩效考核。由于这种方法迫使考核者关注于讨论绩效的特别事例，它能够减少考核者的偏见和晕轮效应。而且由于考核者需要列举员工表现的特别事例，而不是使用评级量表，因此也能减少趋中和过宽误差。

这种绩效考核方法有一个明显的弱点：考核者必须对每一位员工写出一篇独立的绩效考核短文，这样所花费的时间对考核者而言是难以忍受的。另外，短文法不适用于估价目标，因为没有通用的标准，短文法所描述的不同员工的成绩无法与增长和提升相联系。这种方法适用于小型组织，而且主要目的是开发员工的技能，激发员工潜能。

8. 面谈考核法

面谈制度是一项十分重要的方法，广泛用于人力资源管理的各个环节上。比如，企业规定上级管理人员定期与下级面谈，听取下级意见，进行指导教育。除此之外，还有不定期的面谈申诉规定,有用于绩效考核的面谈,有录用新员工时的面谈测验,以及晋升考评中的面谈答辩等。

录用时的面谈测验主要是为了了解书面测验无法反映出来的对本企业的适应性情况。为了减少考核时的主观性,通常由多数考核者(3—5人)同时与录用对象进行面谈,然后综合各人的考评评语。为了防止面谈内容发生偏颇,一般都会预先拟定面谈考核所需的各种表格,详细列出要考评的内容(考核因素),逐条进行考核。在有限的时间内,为了尽可能准确地作出考核,还可以采取集体面谈,即由考核者提出某一个话题,使一组被考核者展开自我讨论,考核者则从旁边观察被考核人在讨论中表现出的能力和特点,记入考核表。当考核者认为一个话题的讨论不能完全反映情况时,可以引导或更换到其他话题,直到足以作出考核为止。晋升中的面谈答辩一般由多个上级管理人员组成的考评团进行,但这种考评的结果并不具有决定性作用,因为晋升主要由长期以来日常考评评语的积累效果决定。

三、特征导向评估方法

特征导向评估方法主要是图解式考核法,也称图尺度考核法。图解式考核法主要是针对每一项评定的重点或考评项目,预先订立基准,包括依不间断分数程度表示的尺度和依等级间断分数表示的尺度,前者被称为连续尺度法,后者被称为非连续尺度法,在实际运用中,常以后者为主。

利用图尺度考核表不仅可以对员工的工作内容、责任及行为特征进行考核,而且可以向考核者展示一系列被认为是成功工作绩效所必需的个人特征(如合作性、适应性、成熟性、动机),并对此进行考核。

表6-8就是一种典型的考核尺度表。它列举了一些绩效构成要素(如"质量"和"数量"),还列举了跨越范围很宽的工作绩效等级(从"不令人满意"到"非常优异")。在进行工作绩效考核时,首先针对每一位下属员工从每一项考核要素中找出最能符合其绩效状况的分数。然后将每一位员工所得到的所有分值进行加总,即得到其最终的工作绩效考核结果。

当然,许多企业不仅仅停留在对一般性绩效考核指标(如"数量"和"质量")的考核上,他们还将作为考核标准的工作职责进行进一步分解。例如,表6-9显示的是对行政秘书职位的绩效考核表。在这里,工作的五种主要职责标准都是从工作说明书中选取出来的,并被放在优先考虑的位置。这五种职责的不同重要性都是以百分比的形式反映出来的。在表中还有一个空白地方,这是留给考核人作一般性说明的,在对秘书报告工作的及时性以及遵守工作规章的情况等这些"一般性绩效"进行考核时,它将十分有用。

表 6-8　图尺度考核表 1

员工姓名 _____　　　　　　　　　职　位 _____
部　　门 _____　　　　　　　　　员工薪资 _____
绩效考核的目的：□ 年度例行考核　□ 晋升　□ 绩效不佳　□ 工资调整　□ 试用期结束　□ 其他
员工到现职时间 _____
最后一次考核时间 _____　　　正式考核时间 _____

说明：请根据员工所从事工作的现有要求仔细地对员工的工作绩效加以考核。请核查各代表员工绩效等级的小方框。如果绩效等级不合适，请以 N 字样说明。请按照尺度表中所标明的等级来核定员工的工作绩效分数，并将其填写在相应的用于填定分数的方框内。最终的工作绩效结果通过将所有分数进行加总平均而得出

考核等级说明

O：杰出（outstanding）。各方面的绩效都十分突出，并且明显地比其他人的绩效优异得多
V：很好（very good）。工作绩效的大多数方面明显超出职位的要求。工作绩效是高质量的并且在考核期间一贯如此
G：好（good）。这是一种称职的和可信赖的工作绩效水平，达到了工作绩效标准的要求

I：需要改进（improvement needed）。在绩效的某一方面存在缺陷，需要进行改进
U：不令人满意（unsatisfactory）。工作绩效水平总的来说无法让人接受，必须立即加以改进。绩效考核等级在这一水平上的员工不能增加工资
N：不做考核（not rated）。在绩效等级表中无可利用的标准或因时间太短而无法得出结论

员工绩效考核要素	考　核　尺　度		考核的事实依据或评语
1. 质量：所完成工作的精确度、彻底性和可接受性	O □ V □ G □ I □ U □	100—91 分 90—81 分 80—71 分 70—61 分 60 分及以下	分　数 □ _____
2. 生产率：在某一特定的时间段所生产的产品数量和效率	O □ V □ G □ I □ U □	100—91 分 90—81 分 80—71 分 70—61 分 60 分及以下	分　数 □ _____
3. 工作知识：时间经验和技术能力以及在工作中所运用的信息	O □ V □ G □ I □ U □	100—91 分 90—81 分 80—71 分 70—61 分 60 分及以下	分　数 □ _____
4. 可信度：某一员工在完成任务和听从指挥方面的可信任程度	O □ V □ G □ I □ U □	100—91 分 90—81 分 80—71 分 70—61 分 60 分及以下	分　数 □ _____
5. 勤勉性：员工上下班的准时程度，遵守规定的工间休息、用餐时间的情况以及总体的出勤率	O □ V □ G □ I □ U □	100—91 分 90—81 分 80—71 分 70—61 分 60 分及以下	分　数 □ _____
6. 独立性：完成工作时不需要监督和只需要很少监督的程度	O □ V □ G □ I □ U □	100—91 分 90—81 分 80—71 分 70—61 分 60 分及以下	分　数 □ _____

表 6-9　图尺度考核表 2

工作内容与责任：		被考核职位：行政秘书
A. 打字速写	权重：30%	考核等级：1□　2□　3□　4□　5□
以每分钟 60 个单词的速度按照适当的格式准确地将来自以下各个方面的指令打印成文件：口头指示、录音内容、手写笔记或正式笔记、总经理的手写材料、手写会议纪要等；打印通知、会议议程、工作日程和其他内容的材料；打印商业协会调查；汇总和打印经营报告和其他各种报告，包括文本和表格；打印从报纸、杂志上摘选下来的文章，整理和打印信件、备忘录、文件副本以及其他要求打印的文件		评语：
B. 接待	权重：25%	考核等级：1□　2□　3□　4□　5□
当面或通过电话核定已经签订的合同，热心地帮助来电话者和来访者；回答打进来的电话，转移消息、提供信息或将电话转给某人；接待来访者，提供信息或直接将客人引到相应的办公室或个人处；作为主人在客人等待期间提供临时服务，操纵自动应答设施；与来电话的来访者保持一种合作态度		评语：
C. 计划安排	权重：20%	考核等级：1□　2□　3□　4□　5□
对工作日程进行有效管理，包括对约见、会议以及其他此类活动的安排；对工作日程进行安排；为总经理、董事会成员和其他人员约见面人员；为办理出差补贴做好准备；协助安排年度会议；为保证在职培训计划的实施，在房间内、课间供应咖啡以及饮食方面提供必要的服务；对组织各项设施的使用进行计划安排；为外部发言人、咨询专家安排好交通、差旅以及处理好相应的费用		评语：
D. 文件与资料管理	权重：15%	考核等级：1□　2□　3□　4□　5□
创建并维护一个合适的文件管理系统，能够按照要求迅速地放置和取出文件；制定文件空间分配计划，分别在文件管理系统中为回函、会议记录、报告、规定以及其他相关文件作出妥当的安排；将资料放进文件夹中的适当地方；从文件夹中查找并取出需要的资料；对文件进行挑选、装订和剔除，在必要时进行文件汇总或销毁；保存和保护某些重要文件；将文件资料整理成可直接使用的形式		评语：
E. 办公室一般服务	权重：10%	考核等级：1□　2□　3□　4□　5□
以一种受欢迎的方式和既定的程度来履行相关办公室职责；通过邮递中心处理邮件、寄送文件和邮品；查阅外来邮件并进行分类；对文件进行复制；掌握一定的现金；从相关的报纸和杂志中摘取与组织有关的文章；负责公告栏的书写；完成其他预定的工作		评语：
该员工是否能够按照要求报告工作并坚持在工作岗位上？□ 是的　　□ 不是 如果不是，请予以解释：		
该员工是否听从指挥并遵守工作规章制度？□ 是的　　□ 不是 如果不是，请予以解释：		
该员工在工作中是否能与同事自觉保持协调一致并主动进行配合？□ 是的　　□ 不是 如果不是，请予以解释：		

续表

该员工是否具备顺利完成工作所必需的知识、技术、能力和其他方面的资格要求？ □ 是的　　□ 不是 如果不是,请予以解释:			
请说明该员工需要采取何种特定的行动来改善其工作绩效:			
请根据以上各方面的情况总结该员工的总体工作绩效水平:			
此份报告是根据本人对工作以及员工行为的观察和了解而得出的		本人的签名只说明我已经看到这份工作绩效考核表,但这并不意味着我同意上述结论	
考核者姓名	日期		
审查者姓名	日期	员工姓名	日期

比如,可以为每一个必备的特征给定一个5级或7级的评定量表,量表上的分数用数字或描述性的词或短评加以规定,用以表示不同的绩效水平。表6-10给出了一个按5级划分用于考核员工特征的考核量表。

表6-10　图尺度考核表3

员工姓名＿＿＿＿＿　　部门＿＿＿＿＿　　职位＿＿＿＿＿　　考核人＿＿＿＿＿
用下列标准按每一品质考核该员工: 5＝优秀;你所知道的最好的员工 4＝良好;满足所有的工作标准,并超过一些标准 3＝中等;满足所有的工作标准 2＝需要改进;某些方面需要改进 1＝不令人满意;不可接受

A. 衣着和仪表	1	2	3	4	5
B. 自信心	1	2	3	4	5
C. 可靠程度	1	2	3	4	5
D. 机智和圆滑	1	2	3	4	5
E. 态度	1	2	3	4	5
F. 合作	1	2	3	4	5
G. 热情	1	2	3	4	5
H. 知识	1	2	3	4	5

图解式考核法的优点是它实用而且开发成本低,人力资源经理也能够很快地开发出这种图解形式,因此,许多组织都使用它来进行考核。

当然,图解式评定量表也有很多问题,比如量表不能有效地指导行为,也就是说,它不能清楚地指明员工必须做什么才能得到某个确定的评分,他们因而对被期望做什么一无所知。例如,在"态度"这一项上,员工被评为"2"这个级别,可能很难找出改进的办法。

除此之外,图解式的评定量表也不能提供一个良好机制以提供具体的、非威胁性的反馈。因为多数负面反馈一般应集中在具体行为上,而不是评定量表所描述的定义模糊的个人特征。例如，如果告诉员工他们不可靠，大部分员工会很生气，感到被冒犯；如果用行为的条件给出反馈——"上周有 6 位顾客向我投诉你没回他们的电话"，员工的感觉就会好一点。

与图解式评定量表相关的另一个问题是评定的准确性。由于评定量表上的分数未被明确规定，所以很可能得不到准确的评定。例如，两位评定者可能用非常不同的方式来解释"平均"标准，这样未被明确规定的绩效标准会导致评定失误的增加。也有一些人认为，图解式评定量表作出的评定只不过是主观判断的说法，并裁决这种评定量表不应用于晋升决策，因为在这个主观的过程中可能存在潜在的偏见。

四、行为导向评估方法

行为导向评估法主要包括行为锚定法、行为观察评价法和以特殊事件为基础的绩效考核。

1. 行为锚定法

行为锚定法也叫行为锚定等级评定表法，是传统业绩评定表和关键事件法的结合。使用这种方法，可以对源于关键事件中有效和非有效的工作行为进行更客观的描述。熟悉一种特定工作的人，能够识别这种工作的主要内容，让他们对每项内容的特定行为进行排列和证实。此种方法的特点是需要大量的员工参与，所以，它可能会被部门主管和下属更快地接受。

在行为锚定法中，不同的业绩水平会通过一张等级表进行反映，并且根据一名员工的特定工作行为被描述出来。例如，假设进行员工绩效考核所选择的一个考核要素是"吸收和解释政策的能力"，对于这个考核要素中最积极的考核结果可能是："可以期望该员工成为组织中其他人新政策和政策变化的信息来源"；针对这个考核要素最消极的考核结果可能是："即使对员工重复解释后，该人也不可能学会什么新东西"。在最消极和最积极的层次之间可能存在几种层次。行为锚定法对各种行为进行了举例。

因为特定的行为可以被指出来，所以，这种方法更便于在考核时进行讨论。发展这种方法可以克服其他考核方法的弱点。有关行为锚定有效性的报告褒贬都有，并无法完全确认它在克服考核者误差或取得心理测验有效性方面比其他方法更优越。这种方法的一个特定缺陷是，使用的行为是定位于作业而不是定位于结果上。这给部门经理提出一个潜在的问题，即他们不是对必须实现期望目标的员工，而是对正在执行作业的员工进行考核。

行为锚定等级考核法的目的在于：通过一个像表 6-11 所示的等级考核表，将关于特别优良或特别劣等绩效的叙述加以等级性量化,从而将描述性关键事件考核法和量化等级考核法的优点结合起来。因此,其倡导者宣称,它比前面所讨论过的所有其他种类的工作绩效考核工具都具有更好和更公平的考核效果。

表6-11 客户服务行为锚定等级考核表

△7	● 把握长远盈利的观点,与客户达成伙伴关系
△6	● 关注顾客潜在需求,起到专业参谋作用
△5	● 为顾客而行动,提供超常服务
△4	● 个人承担责任,能够亲自负责
△3	● 与客户保持紧密而清晰的沟通
△2	● 能够跟进客户回应,有问必答
△1	● 被动地回应客户,拖延和含糊回答

开发一项行为锚定式考核量表的过程是相当复杂的,可以简要概括如下:行为锚定式考核量表开始于工作分析,使用关键事件技术;然后,事件或行为依据维度加以分类;最后,为每一维度开发出一个考核量表,用这些行为作为"锚"来定义量表上的评分。

(1) 行为锚定等级考核量表的设计。

运用行为锚定等级考核法进行员工绩效考核,通常要求按照以下几个步骤进行量表的设计:

① 用工作分析的关键事件技术得出一系列有效和无效的工作行为。

② 工作分析者将这些行为筛选为个人行为大致能表征的工作维度或工作者特征,然后将这些特征归类和定义。

③ 在不知道所分配的维度的情况下,与主题有关的专家们评论行为清单。换言之,把每一维度的名称和定义告知这些人,要求他们将所有的行为按正确的维度加以分类,如果大部分专家(80%或更多)分配给同一行为的维度与工作分析者分配给它的维度相同,则该行为被保留下来。

④ 被保留下来的行为由第二组与主题有关的专家加以评审。这些人依照一项工作绩效去评定每种行为的有效性。例如,如果使用一个7级量表,"7"表示该行为代表一个极其有效的绩效水平,"1"则表示极其无效的绩效。

⑤ 分析者们计算出被给予每一行为的有效性评分的标准偏差。如果该标准偏差反映评分有较大的可变性(专家们在该行为多么有效上的意见不一致),该行为就被舍弃,然后,为剩下的每一行为计算出评定的平均有效性。

⑥ 建立最终的员工绩效考核体系。分析者为每个特征构建一个评定量表,量表中列出该特征的名称和定义。对行为的描述被放置在量表上一个与它们的平均有效性评分相对应的位置上。

(2) 行为锚定等级考核法的优点。

尽管使用起来比其他的工作绩效考核法(如图尺度考核法)花费更多的时间,但

是许多人认为,行为锚定等级考核法有以下一些十分重要的优点:

① 工作绩效的计量更为精确。由于是由那些对工作及其要求最为熟悉的人来编制行为锚定等级体系,因此,行为锚定等级考核法能够比其他考核法更准确地对工作绩效进行考核。

② 工作绩效考核标准更为明确。等级尺度上所附带的关键事件有利于考核者更清楚地理解"非常好"和"一般"等各种绩效等级上的工作绩效到底有什么差别。

③ 具有良好的反馈功能。关键事件可以使考核者更为有效地向被考核者提供反馈。

④ 各种工作绩效考核要素之间有着较强的相互独立性。将众多的关键事件归纳为5—6种绩效要素(如"知识和判断力"),使得各绩效要素之间的相对独立性很强。比如,在这种考核方法下,一位考核者很少会因为某人的"知觉能力"所得到的考核等级高,就将此人的其他所有绩效要素等级都评定为高级。

⑤ 具有较好的连贯性。相对来说,行为锚定等级考核法具有较好的连贯性和较高的信度。这是因为,当邀请不同的考核者对同一个人进行考核时,其结果基本上都是类似的。

从行为锚定与图解式评定的比较上看,行为锚定等级考核法和图解式评定量表一样,要求考核者根据个人特征评定员工。典型的行为锚定等级考核量表包括7个或8个个人特征,被称作维度,每一个维度都被一个7级或9级的量表加以锚定。

行为锚定式考核量表中所使用的考核量表与图解式考核量表中所使用的考核量表在结构上并不相同。行为锚定式考核量表是用反映不同绩效水平的具体工作行为的例子来锚定每个特征。表6-12所示的就是一个企业内训师的行为锚定。

表6-12 一个企业内训师授课行为锚定考核的例子

维度:课堂培训教学技能	
优秀: 7 6 5 中等: 4 3 2 极差: 1	● 内训师能清楚、简明、正确地回答学员的问题 ● 当试图强调某一点时,内训师使用例子 ● 内训师使用清楚、能使人明白的方式授课 ● 讲课时内训师表现出许多令人厌烦的习惯 ● 内训师在班上给学员们不合理的批评

行为锚定式考核量表最大的优点在于它有指导和监控行为的能力。行为锚定使员工知道他们被期望表现哪些类型的行为,从而给考核者提供以行为为基础的反馈机会。在最初被提出时,行为锚定式考核量表被预测将大大优于图解式考核量表。人力资源管理专家认为,行为锚定将带来更准确的评分,因为它们能使考核者更好地诠释评定量表上不同评分的含义。然而,这种期望并未达到。

行为锚定式考核量表的失败可能在于考核者在尝试从量表中选择一种员工绩效水平的行为时遇到了困难。有时候,一个员工会表现出处在量表两端的行为,因此,评定者不知应为其分配哪种评分。例如,在表6-12所介绍的行为锚定式考核量表中,被评定的内训师可能清楚地回答了问题而同时又不合理地批评了学员。

2. 行为观察评价法

行为观察评价法(BOS)是列举出评估指标(通常是期望员工在工作中出现的比较好的行为),然后要求考核者在观察的基础上将员工的工作行为同评价标准进行对照,看该行为出现的频率或完成的程度如何(从"几乎没有"到"几乎总是")的评估方法。

Latham、Fay和Sassi(1979)为建立针对一线领班的行为观察评价指标做了一项研究。他们采用关键事件法分别与20位经理、20位领班和20位小时工进行了面谈,请他们列举出领班的行为中5个有效的事件和5个无效的事件。他们的研究发现,用行为观察评价法进行绩效评估有四个方面的优点:

(1) BOS是通过使用者提供的数据建立起来的,并用在使用者身上;

(2) 从内容上看,BOS是有效的;

(3) BOS明确指出了一项特定的工作所要求的全部的工作行为,可以据此建立工作说明书,或对工作说明书进行很好的补充;

(4) BOS鼓励主管与员工针对员工的长处和缺点进行有意义的讨论,因此,对企业建立明确的绩效反馈系统很有帮助。

Tziner、Joanis和Murphy(2000)研究了当把绩效评估用作发展性工具时,不同的评估方法对一些重要变量的影响,尤其是对"被评估人的满意度"和"在绩效评估和反馈过程中发展出的目标的性质"的影响。他们将96位警官随机分成三组,分别用图解特征法、行为锚定法、行为观察法评估其绩效。结果显示,当使用行为观察法时,被评估人对绩效评估的满意度最高,对绩效目标的认知程度最好;当使用行为观察法时,根据结果建立的绩效改进目标更具体、更易观察;在衡量被评估人态度和目标特征时,图解式考核法和行为观察法难分优劣,但他们都比行为锚定法要强。

DeCotiis(1997)、Gosselin和Murphy(1994)、Landy和Fan(1980)、Murphy和Cleveland(1995)、Schwab、Heneman和DeCotiis(1975)的研究曾显示,不同的绩效评估方法对评估的信度和效度的影响不大。使用不同的方法获取和记录关于工作绩效的信息,可能会更有利或不利于绩效评估的发展性用途。Tziner、Joanis和Murphy(2000)的研究就证明了行为导向的评估方法可以加强绩效评估的发展性目的。

被考核者对评估方法的满意度是绩效评估中的一个重要元素。评估和反馈的有效性很大程度上取决于被考核者对评估系统的接受程度。研究显示,使用聚焦于具体行为的评估方法(如行为观察法)可以使考核者和被考核者更舒服,也更愿意接受评估和反馈结果。

按照被考核者愿意接受的程度排序,最容易被接受的是行为观察法,其次是行为锚定法,最后是图解特征法。

相对于图解式考核法来说,行为观察法使目标更清晰,更可直接观察,更易为被考核者所接受,可提高对目标的认同度。具体、清晰的绩效目标会让被考核者认为是合理的、可达到的、有用的。

3. 以关键事件为基础的绩效考核

(1) 关键事件法。

某些现代绩效考核应用了关键事件法,以使考核更具有针对性。关键事件法利用一些从一线管理者或员工那里收集到的有关工作表现的特别事例进行考核。通常,在这种方法中,几个员工和一线管理者汇集了一系列与特别好的或差的员工表现有关的实际工作经验,平常的或一般的工作表现均不予考虑。特别好的工作表现可以把最好的员工从一般员工中挑出来。因此,这种方法强调的是表现最好或最差的关键事例所代表的活动。一旦考核的关键事件选定了,所应用的特别方法也就确定下来了。关键事件法一般有如下几种:

① 年度报告法。这种方法的一种形式是一线监督者保持考核期内员工关键事件的连续记载。监督者每年报告决定员工表现的员工记录。其中,特别好的或特别差的事例就代表了员工在考核期内的绩效。在考核期内没有或很少记录的员工所做的工作是令人满意的,他们的绩效既不高于也不低于预期的绩效水平(标准或平均绩效水平)。年度报告法更大程度地针对工作,其工作联系性强。而且由于考核是在特定日期就特定事件进行的,考核者很少或不受偏见的影响。

年度报告法的主要缺陷是很难保证员工表现的精确记载。由于监督者更优先地考虑其他事情,因此,常常不给记录员工表现以充足的时间。这种不完善可能是由于监督者的偏见或简单地由于缺乏时间和努力。如果管理当局对监督者进行必要的培训,使他们能客观、全面地记载员工的关键事件,这种考核方法也可以用于开发性目标。年度报告法的另一缺陷是缺乏关于员工的比较数据,很难用关键事件的记录来比较不同员工的绩效。

② 关键事件清单法。这种方法是指开发一个与员工绩效相联系的关键行为的清单来进行绩效考核。这种考核方法对每一工作要给出20或30个关键项目。考核者只简单地检查员工在某一项目上是否表现出众。出色的员工将得到很多检查记号,这表明他们在考核期表现很好。一般员工将只得到很少的检查记号,因为他们仅在很少的情况下表现出众。

关键事件清单法常常给不同的项目以不同的权重,以表示某些项目比其他项目重要。通常,这些权重不让被考核者得知。不同岗位员工的关键事件清单上的检查记号汇总以后,就可以得到这些员工的考核结果。由于这种方法产生的结果是员工绩效的数字型总分,因此,必须为组织内每一不同岗位制定一个考核清单,这种方法很费时间而且费用也很高。

③ 行为定位评级表。这种量表把行为考核与评级量表结合在一起,用量表对绩效作出评级,并根据量表值对关键行为事件作出定位。这种方法用起来很方便。将这种量表用于考核性目标,它可以很容易地获得与绩效增长和提升可能性相联系的数字型考核结果。这种方法也更能用于开发性目标,因为它是与工作紧密相连的,而且是用代表好的工作成绩的关键事项作为考核事项。

(2) 不良事故考核法。

在对员工绩效进行考核时,我们往往会发现对于某些例行的工作,会存在这样一种现象,那就是即使这些工作被很好地完成,也不会被列为重要的绩效考核指标;一旦这些例行的工作出了差错,又会给整个组织带来巨大的损失。

如何对以这些常规性、例行性的工作为主要工作内容的员工进行绩效考核?我们使用不良事故考核法来进行考核,即通过预先设计的不良事故清单对员工行为进行考核以确定员工的绩效水平。本书的编者在为企业设计绩效考核体系的实践中,曾多次使用这样的绩效考核方法,表 6-13 给出的案例详细说明了如何设计不良事故清单以及运用不良事故考核法的操作流程。

表 6-13　不良事故管理

××公司财务部不良事故管理办法
一、目的 　　为规范公司的会计行为,保证会计资料真实、完整,加强经营和财务管理,提高经济效益,特制定本办法。 二、定义 　　会计核算与财务管理的不良事故,是指由于个人原因违反《会计法》和国家统一制定的《会计准则》制度以及公司规定的会计行为而引起的后果。根据其影响面的大小分为 A 级(重大事故)和 B 级(一般事故)。 三、不良事故的监督与预防 　　1. 公司员工对违反本法和国家统一的会计制度规定的会计事项、会计行为,有权拒绝办理或予以解决。 　　2. 无权处理的应以书面的形式向单位负责人或向上一级领导人报告,请求查明原因以及作出处理的责任和义务。 　　3. 各级领导必须随时对公司的各项经济业务进行监督、控制和防范,对已发生的事故应及时报并设法控制和解决。 　　4. 每位员工在所提交的工作报告中如实地反映问题,对造成事故的当事人要提出相应的处罚意见。 　　5. 公司总经理、各相关部门应按照《公司法》《会计法》及公司的有关规定进行定期检查。 四、不良事故的查处程序及处罚规定 　　1. 举报或寻查不良事故→由人事部门记录并转相关部门查实→查实后填表上报(包含处罚意见)→由部门主管审核认定→转人事部门根据处罚规定进行绩效考评。 　　2. 季度内 A 级事故发生 1 次、B 级事故发生 3 次以上,扣除当事人当季绩效奖金;若及时查办上报并采取了补救措施,则记录在册并在季度绩效考评时适当扣分;若没有及时上报并造成事态变严重的,则当季业务管理评分记为零分。

续表

×× 公司财务部不良事故管理办法
五、不良事故的名称与判定 1. 伪造原始凭证、账簿、会计资料：不依法索取原始凭证或设置会计账簿，致使财务数据失真，不良事故为 A 级； 2. 随意变更会计处理方法：会计处理方法不确定，违反《会计法》造成损失的，不良事故级别为 A 级； 3. 提供虚假的会计信息：向不同的会计资料使用者提供的财务会计报告不一致的，由于个人原因造成的不良事故级别为 A 级； 4. 隐匿会计资料：隐匿会计资料和上级文件精神，给公司造成不良影响的，不良事故为 B 级；造成经济损失的为 A 级； 5. 故意销毁会计资料：未按照规定保管会计资料，致使会计资料毁损、丢失的，不良事故级别为 A 级； 6. 预算不准确：预算额与实际差异在 30% 以上，不良事故级别为 A 级；在 10%—30% 以下，不良事故级别为 B 级； 7. 指使、强迫他人行为：强迫他人意志和行为造成不良影响的，不良事故级别为 B 级；造成经济损失的，不良事故级别为 A 级； 8. 丢失(被盗)现金、支票和印鉴者：因故丢失或被盗现金、支票和印鉴者，造成影响或损失的，不良事故级别为 A 级； 9. 预测信息不准确：预测信息不准，导致决策失误的，不良事故级别为 A 级； 10. 挪用公款：未按规定，挪作其他用途 1 万元以内的，不良事故级别为 B 级；1 万元以上的，为不良事故 A 级； 11. 职务侵占：未经他人允许超越工作范围或权限，给他人造成影响的，不良事故级别为 B 级；给公司造成经济损失的，不良事故级别为 A 级； 12. 泄露公司秘密：泄露公司财务秘密，给公司经营决策造成不良影响的，不良事故级别为 A 级； 13. 账务处理不及时：工作拖延给公司或他人造成影响的，不良事故级别为 B 级；造成经济损失的，不良事故级别为 A 级； 14. 不及时催收发票：催收发票不及时给公司造成经济损失，不良事故级别为 A 级； 15. 手续不全，付款造成损失：手续不完备，不符合《会计法》及公司规定的付款程序，造成经济损失 1 000 元以内的，不良事故级别为 B 级；经济损失 1 000 元以上的，不良事故级别为 A 级； 16. 违规操作：不按工作流程办事，不符合公司规定程序工作的，不良事故级别为 B 级；造成经济损失的，不良事故级别为 A 级； 17. 贪污公款：私自截留公款并占为己有，不良事故级别为 A 级； 18. 私设"小金库"：隐匿收入或其他业务资金来源不入账，而进行私自存放的，不良事故级别为 A 级； 19. 成本、费用不实：不按规定处理，该摊销或提取计入当期损益的，没有按规定摊销或提取，致使经营成果不实的，不良事故级别为 A 级； 20. 财产不实，盘亏或盘盈巨大：不按《会计法》及公司规定的核算方法进行核算，不及时记账、结账、对账，给公司造成损失的，不良级别为 A 级； 21. 渎职失职：不尽职尽责、滥用职权、玩忽职守、徇私舞弊，给公司带来严重影响或造成经济损失的，不良事故级别为 A 级； 22. 其他：不按公司规定和《会计法》要求去做，给公司造成严重影响和重大损失的，按照《会计法》规定，应适当给予经济处罚或行政处分等。

五、结果导向评估方法

结果导向评估方法主要包括以个人绩效合约为基础的绩效考核、产量衡量法和目标管理法。

1. 个人绩效合约法

个人绩效合约并不是一个新鲜事物，它借用了目标管理的核心思想，强调员工绩效目标的实现以及员工对组织目标达成的具体承诺。

运用个人绩效合约对员工绩效进行考核,首先需要根据组织绩效目标自上而下地层层分解确定不同员工的主要绩效范围,然后设定相应的绩效目标并确定具体的考核指标,员工在与其直接上级进行沟通后签订个人绩效合约,员工的直接上级负责监督此合约的完成情况,如在每周的例会上向员工通报情况,并负责根据绩效合约的具体要求对员工进行绩效考核。表 6-14 为某公司的绩效合约样表。

表6-14 某公司的绩效合约样表

主要绩效范围	需求	重要性	权重	潜在障碍	绩效目标	指标(质量、数量、时间、成本)	行动计划（人员、任务、时间）
成本控制	需在第二季度期间减少15%的部门开支	必须提高利润	25%	卖方价格过高以及竞争的限制	● 对所有零件招标竞价 ● 找到至少3家新供应商	任务完成提高了1%	● 王——在4月10日前做好招标计划 ● 李——在4月15日前核准招标计划 ● 周——在5月10日前实施招标计划
生产时间安排	把待货订单的延期减少到3个工作日	会失去主要客户	40%	● 新机器开支 ● 雇员的抵制	9月1日前安装一线、二线自动化零件生产线	● 错过最后期限的产品 ● 保住的顾客百分比 ● 是否赶上了启动日期	● 谢——在5月1日前准备好报告 ● 张——在5月12日前核准计划 ● 刘——在6月30日前完成自动化项目
供应	● 储备断供 ● 船运延期	上月流失了4个客户,损失总额为18.5万美元的订单	15%	● 卖主不可靠 ● 采购部未验收	● 寻找新卖主 ● 指派检验员到采购部	● 完成天数 ● 保住的客户数 ● 拒收货物的百分比 ● 货物延期造成的损失金额	● 陈——在4月20日前找到新卖主 ● 赵——在4月30日前挑选、培训新的检验员
保安	消除雇员的偷窃行为	上季度库存货物损失达5.5万美元	10%	绝大多数材料存放在无人看管的地方	在3个月内将库存货物损失减少50%	● 盗窃事件数目 ● 丢失材料价值总额	● 康——在4月1日前提出行动计划 ● 常——在4月15日前为重要材料提供安全的储存地
生产安全	第一季度因事故造成的时间损失上升30%	过去的两年里保险费用上升了60%	10%	● 发现了新的保险承保单位 ● 主管不重视	● 本季度将事故频率减少12% ● 本季度将事故严重程度减少12%	● 能在事故第二天写出报告的次数和百分比 ● 损失的人均工作时 ● 改善不安全工作条件的开支	● 钱——从4月1日起每周作一次报告 ● 孙——在5月1日前提出修改行动方案 ● 吴——在6月30日前实施计划

2. 产量衡量法

产量衡量法指纯粹通过产量来衡量绩效的方法。如对销售人员，衡量其销售量和销售额；对生产工人，衡量其产品的数量。这种方法与目标管理法的区别在于事先未必有一个目标，衡量的结果是具体的数字，而不是衡量结果是"高于""低于"还是"等于"某个特定目标。实施的过程也比较简单，并不像目标管理法那样有一个循环的系统。员工的参与度也比较低。

3. 目标管理法

目标管理是彼得·德鲁克在1954年第一次提出来的。目标管理的过程是一个循环的过程，如图6-1所示，这一过程可以分为七个步骤。

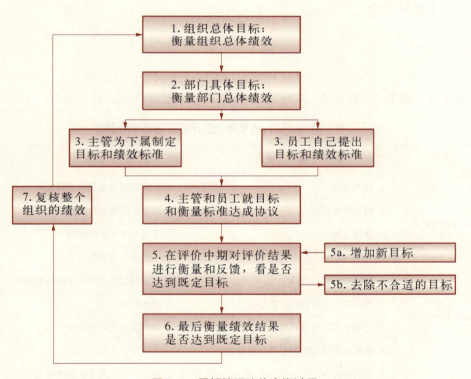

图6-1　目标管理法的实施过程

资料来源：S. Snell, S. Morris & G. Bohlander. Managing Human Resources, 17th edition, Cengage Learning, 2015.

前三步中，自上而下地制定组织的、部门的、主管的和员工个人的目标。第四步，主管和员工共同商讨员工的绩效目标和衡量标准，直至达成协议。员工参与目标制定的过程是目标管理法的一大特色。第五步，在评价期间，主管要定期对员工的绩效进行审核，看其是否达到绩效目标。在这个过程中，主管也要随着情况的变动给员工增加一些新的目标，或是去除一些不合适的目标。经过这样的复核，目标会变得越来越实际。第六步，在评价期间的结尾（通常是六个月或一年后），员工要首先对自己的绩效进行评估，总结自己是否完成了既定的目标；接下来主管对员工进行评估；然后主管和员工针对评估结果进行面谈沟通。最后一步，组织要去复核个人绩效和组织绩效的联系。

以团队为基础进行目标管理的方法，被称为团队目标管理法，即先设定一个组织的整体目标，再设定每一个团队的目标，针对团队的目标，员工和主管及同事一起确定其个人的目标。这种方法的优点是可以让员工更多地参与目标设定的过程，可以加强团队内部的关系和主管与部属的关系。实行团队目标管理法需要整体领导风格、气氛、组织文化的配合。在高度信任、积极参与、支持的领导方式下，以及开放、合作的环境下比较适合。

六、总结

表 6-15、表 6-16 和表 6-17 对各种评估方法的比较结果进行了总结。

表 6-15　特征、行为、结果导向的评估方法优劣势对比

	优　势	劣　势
特征导向评估法	1. 成本较低 2. 效标比较有意义 3. 使用方便	1. 产生评估错误的可能较大 2. 对员工的指导效用较小 3. 不适用于奖励的分配 4. 不适用于晋升的决策
行为导向评估法	1. 绩效指标比较具体 2. 对员工和主管都比较容易接受 3. 有利于提供绩效反馈 4. 借此作出的奖励和晋升决策较公平	1. 建立和发展此方法可能较费时间 2. 成本较高 3. 有可能产生评估错误
结果导向评估法	1. 主观偏见少 2. 对员工和主管都容易接受 3. 把个人的绩效和组织的绩效联系起来 4. 鼓励共同设定目标 5. 利于作出奖励和晋升决策	1. 建立和发展此方法很费时间 2. 可能会鼓励只看短期的行为 3. 可能使用被污染的标准 4. 标准可能不足

资料来源：S. Snell, S. Morris & G. Bohlander. Managing Human Resources, 17th edition, Cengage Learning, 2015.

表6-16 五种不同标准类型的评估方法的比较

	图解式考核法	行为锚定法	行为观察法	关键事件法	不良事故考核法	个人绩效合约法	产量衡量法	目标管理法
成本	低	高	高	低	低	低	低	高
使用方便性	高	高	高	较高	较高	高	高	低
被评估人的满意度	中	较高	高	中	低	较高	较低	较高
有利于评价性目标	低	高	高	中	中	高	中	低
有利于发展性目标	低	较高	高	高	高	高	低	高
可比较性	低	高	高	低	低	中	高	较高
绩效区分度	低	高	高	高	高	较高	高	高
客观性	低	高	高	较高	较高	高	高	高
有利于减少晕轮效应	低	高	高	低	低	低	高	高
有利于减少宽大行为	低	高	高	较高	高	较高	高	高
有利于减少集中趋势	低	中	中	中	中	较低	高	高
有利于减少近似效应	低	低	低	高	高	较低	高	高

表6-17 绝对评估法和相对评估法的比较

	绝对评估法	相对评估法
成本	高	低
使用方便性	低	高
被评估人的满意度	高	低
有利于评价性目标	高	低
有利于发展性目标	高	低
绩效区分度	不确定	低
对合作的影响力	不利	有利
客观性	低	高
有利于减少晕轮效应	高	低
有利于减少宽大行为	低	高
有利于减少集中趋势	低	高
有利于减少近似效应	低	高

第二节 绩效考核中可能出现的问题

由于绩效考核对企业发展具有极其重要的促进作用,很多企业都将这一机制引入自己的管理实践中,以期实现对人力资源的充分开发和利用。但是在具体的实施过程中,相当一部分企业绩效考核导入的效果却不是很理想,并没有达到预期的目的。国务院发展研究中心企业研究所做的一项调查结果显示,只有 72.2% 的企业建立了定期人员绩效考核制度,实行人员绩效考核的企业比例为 67.3%,其中约一半(占总体的 32.7%)执行不力,考核效果也不理想。在 1 044 家实施人员绩效考核的企业中,59.1% 的企业选择效果"一般",选择"非常好"和"很好"的比例合计才 20%,选择考核效果"非常好"的企业只有 18 家,占 1.7%。

一、主观因素导致的问题

1. 考核目的不明确

许多企业不清楚绩效考核到底有什么用,只是盲目地随大流,看其他企业开展绩效考核我们也考核,结果造成"考核处处在,结果不实在"的局面。由于绩效考核的目的不明确,使得一些企业在绩效考核过程中形成两种极端现象:有的企业片面地低估绩效考核,认为绩效考核和传统的人事管理没什么区别,只不过是平时做考勤,年终作述职,偶尔听评议。考核工作也是仅仅由原来的人事部门来完成,考核结果最终被束之高阁;有的企业片面夸大绩效考核,甚至把绩效考核等同于当前人力资源领域中被广泛强调的绩效管理。实际上,绩效考核仅仅是绩效管理的关键一环,不能用绩效考核来代替绩效管理。

2. 绩效考核受到抵触

(1) 绩效考核自身。

绩效考评标准自身就存在一定的偏差。墨菲和康斯坦斯(Murphy and Constans,1987)在一项有关量表的研究中发现,量表本身可能会带来评估偏差。随着周边绩效定义的出现,绩效考核中又多了一项任务:考核周边绩效。而周边绩效强调人际技能和以改善工作关系为目的的人际互动,它的指标体系大都以定性标准为基础,大部分考核指标都具有较强的主观性,很容易影响绩效考核的公正性。再者,有学者指出,绩效考核很难考核创意的价值,很难考核团队工作中的个人价值。

(2) 评估者的角度。

芦慧和顾琴轩通过网络的形式，对国内 5 个企业的 30 名中层管理者进行调查。针对绩效考核中作为评估者这一角色而言，他们一致认为在绩效考核时通常会有很多顾虑，很难顾及全面，难以取舍整体和局部利益。在谈到受光环效应、近因效应、从众效应、刻板印象等影响而使考核结果发生偏差的问题上，有的评估者认为这是个人不可控的因素，有的则认为是缺乏相应评估知识的培训，如果由于这些造成考核结果的不理想，他们本人也很无奈。这些问题都令评估者感受到一定的压力，怪不得他们也在埋怨绩效考核。

(3) 被评估者的角度。

除了他人的行为影响到个人的公正知觉之外，还有一点必须要注意到，那就是个人的归因偏差。在归因偏差理论中，自利性偏差是指人们在被告知获得成功的时候将成功归因于自己的努力和能力，而将失败归因于坏运气或问题本身的"不可能性"所造成的外部情境因素。同时把他人的成功归因于情境因素，而将他人的失败归因于个人因素。这种因为归因偏差而造成的个人不公正感，也使得绩效考核戴着"无非是走走形式"的帽子。

虽然绩效考核可以使表现优秀的员工受到鼓励或奖赏，使表现不良的员工遭到批评或惩罚，但由于考核过程中存在一些主观因素，考核出现误差是在所难免的。所以，就被考核者而言，他们认为考核过程不够严谨，往往自己表现好的方面难以被发现，而一些无意间造成的差错有可能导致惩罚，使他们有被"整"的错觉。因此，他们常常对绩效考核抱有戒心，采取冷漠甚至不合作、不服从的态度。

从以上论述中不难发现，在"不受欢迎"这种情绪体验背后更多的是对工作压力的焦虑，对于组织政治行为的反感，更重要的是对公正与否的体验。一些后进员工往往对考核持怀疑、反感和排斥的态度。

3. 因考核者心理、行为而出现的偏差

一些部门主管日常考核草率，夹带个人感情色彩，在一定程度上影响了考核的质量，年末归级后也容易引起干群矛盾。部门主管日常考核容易失之于宽，给本部门员工打分太高，考核成了"隔靴搔痒"，成了"广结善缘"的工具。在绩效考核过程中，考核者总是会存在一些心理困扰，影响考核的质量，产生考核偏差，常见的考核偏差有以下几种。

(1) 晕轮效应。

晕轮效应又名晕圈效应或光环效应，它是指考核者对被考核者某一方面绩效的评价影响了他对其他方面绩效的评价。特别是当考核者特别欣赏或厌恶被考核者时，往往不自觉地对被考核者其他绩效方面作出过高或过低的评价。在考核中，这种

晕轮效应很容易产生,尤其是对那些没有标准化的因素(如主动性、工作态度、人际关系、工作质量)实行考核时,晕轮效应会表现得更加明显。当考核者对一个员工的总体印象以一个具体特点(如智慧或容貌)为基础时,就会发生光环效应而导致不恰当的评价结果。例如,一位考核者对一位员工的智慧印象特别深,他可能会忽视该员工的某些缺点并在5分量表上给他全打5分,对于被认为智慧平平的员工则可能全给打成3分。光环效应的错误在于不能确认雇员的具体优点和缺点,所以,它对于准确地评定员工绩效是一个障碍。

(2) 趋中效应。

趋中效应又名趋中倾向或趋中性错误,它是指考核者可能对全部被考核者作出既不太好又不太坏的评价。他们避免出现极高和极低的两个极端,而不自觉地将所有评定向中间等级靠拢。多年的人事工作以及传统的人情观念,使得许多主管都成了与人为善的"老好人",尤其是当绩效考核结果与薪酬挂钩时,往往牵涉到员工的切身利益,非常敏感,考核中的偏差极易引起员工的不满,大多数主管不愿意背此"黑锅"。因此出现了考核的趋中倾向,即大多数员工的考评结果都趋于取中间值,或都简单地被评为"一般",表现极好或极差的只是少数。

有些部门负责人抱着谁也不得罪的想法,既不愿给表现不佳的下属打低分,也不愿给表现出色的员工打高分,所有员工均以平均或接近平均的得分结束评估。表面上大家一团和气,实际效果往往适得其反,因为过于趋中的评价结果难以辨明谁是最佳和谁是最差的工作者。出现这种错误主要是因为评价者个人的主观错误,但是如果绩效评价标准的设计不合理,也有可能导致趋中性错误。当评价量表的端点被不现实地加以规定时(例如,"5分"意味着"员工能在水面上行走","1分"意味着"员工在小水坑中被淹死"),趋中性错误也会发生。

(3) 近期效应。

近期效应又叫近因性错误,它是指考核者对被考核者的近期行为表现,尤其当被考核者在近期内取得了令人瞩目的成绩或犯下过错时,往往会给人留下比较深刻的印象,从而无法全面考察被考核者在较长时期内的行为表现和工作业绩。从心理角度来说,人们对近期发生的事情印象比较深刻,而对远期发生的事情比较淡薄。因此,如果绩效考核的周期较长,加上主管未对员工平时的表现做经常性的观察和记录,就容易出现考核者只看近期的表现和成绩,而以记忆和印象来代替被考核者在整个考核周期的表现情况,使考核出现误差。

大多数组织要求一年或半年对员工评估一次。当评定雇员的某一具体特点时,考核者不可能回想起在整个评估阶段中发生的与他相关的所有工作行为。这种现象被称为绩效考核中的记忆衰退,它通常会导致近因性错误的发生。也就是说,评分受到较易记住的近期事件的巨大影响。例如,某位员工因为在最近一个月里表现不佳,他很可能得到一种不良的评定,尽管他在以前的11个月里都有着优秀的绩效记录。这也是我们为什么一直强调要在绩效形成过程中使用绩效记录的主要原因。

(4) 对比效应。

对比效应又名类比错误,它是指在绩效评定中,他人的绩效影响了对某人的绩效评定。要克服这些偏差,可通过培训提升全员的考核技能。很多部门负责人在做评分时,常常会不自觉地将下属来回比较,以权衡分值高低甚至是直接进行优劣判断,而忽视了应针对每个下属各自的表现和特点与既定的工作标准进行比较,看一看他对工作目标的完成情况,以及与前期的比较有何改进之处、后期又将从哪些方面争取提高。

应明确,考核是一门技能。不掌握技能便进行考核就像没驾驶证就开车,那是很危险的。只有全员掌握了考核技能,才有可能使绩效考核做到公开、公平、公正。在施行过程中也应该就评价的准确性、公正性向评价者提供反馈,指出他们在评价过程中所犯的错误,以帮助他们提高评价技能。

(5) 过宽或过严倾向。

过宽或过严倾向又名宽厚性和严厉性错误。如果组织对绩效考核结果设定分配比例,出于管理水平与其他考虑,有些考核者会为了避免冲突或者对员工不太了解,对大部分员工都给予高于实际的评价,从而出现了绩效考核中的过宽倾向。与此相反,有些考核者本身是一个完美主义者,给予大部分员工低于实际表现的评价,导致出现考核过严的倾向。这可能是因为管理者不了解外在环境对员工绩效表现的制约作用,也有可能是因为管理者自己的绩效评价偏低而产生的自卑感所致。

(6) 定势反应。

定势反应是指当考核者在进行绩效考核时,往往用自己的思维方式衡量员工的言行,对与自己理想标准及个人特点相似者,给高分;否则,给低分。

(7) 自我比较错误。

每个人在评价事物时都难免会有一种个人倾向,那就是习惯以自己的个性偏好和工作方式来衡量他人。有的考核者会不自觉地把自己作为衡量的标准而把客观的绩效标准置之不顾,对和自己相比较差的员工,给予较低的评价;对和自己相比优秀的员工,给予较高的评价。

(8) 以往评价记录的影响。

有些员工一直表现优秀,并且在绩效考评中一直保持较好的成绩。考核者心中已经留下了该员工比较优秀的印象。如此一来,在下次的绩效考核中,考核者会受到这种惯性的影响,就会抛开绩效标准和本周期内该员工的绩效表现而继续给予较高的评价。

(9) 直线管理者角色定位错误。

企业普遍存在的一个认识是,人力资源管理是人力资源部的事情,既然绩效管理是人力资源管理的一部分,当然应由人力资源部来做,部门主管只做一些关于实施绩效管理的指示,如分发、收集绩效评价表的事情,剩下的工作全部交给人力资源部,绩效管理做得不好也是人力资源部的问题,这是一种极端错误的认识。由于直线管理者没有很好地认识自己在绩效管理中所扮演的角色,使得绩效管理的体系、政策、方案、流程不能很好地在绩效管理中落地,这也是绩效管理得不到有效实施的一个非常重要的原因。

其实,直线管理者才是绩效管理系统实施的主体,他们在绩效目标的制定、绩效完成过程中的监控指导、绩效反馈面谈与改进中都承担着重要的责任,起着桥梁的作用,上对公司的绩效管理体系负责,下对下属员工的绩效提高负责。如果直线管理者不能转变观念,不能很好地理解和执行,再好的绩效体系,再好的绩效政策也不能真正落到实处。

二、客观因素导致的问题

1. 考核缺乏标准

许多企业的考核目的不明确,导致其制定的考核标准过于模糊,表现为标准照搬、标准欠缺、标准走样、难以准确量化等形式。以欠缺的标准或不相关的标准来对考核者进行考核,极易引致不全面、非客观公正的判断,模糊的绩效考核标准很难使被考核者对考核结果感到信服。

有的企业缺乏公平客观的绩效评价标准,单凭管理者个人主观的眼光判断员工绩效的好坏,其结果必然造成员工产生绩效考核不公平、不公正的感觉。由于考核结果缺乏依据,主管不免会有暗箱操作的嫌疑。另外,一个人看待事物往往是不全面的。比如有的人能力不高,却会在主管面前看其脸色而见机行事,到最后分一点儿绩效总是不比那些卖力做工作的员工差,这样只会打击那些真正做事的员工。因此,采用模糊判断考评不仅起不到考评应起的积极作用,反而会成为阻碍工作进步的工具。各部门日常考核的尺度不一,无法横向比较,管理部门与绩效考评领导小组要花大量的时间进行平衡。

2. 考核方式单一

在考核方式上,在许多企业的实践中,往往是上级对下属进行审查式考核,考核者作为员工的直接上司,他(她)和员工的私人友情或冲突、个人的偏见或喜好等非客观因素将很大程度地影响绩效考核的结果。要想科学全面地评价一位员工,往往需要以多视角来观察和判断,考核者一般应该包括上级、同事、下属、被考核者本人以及客户等,实施360度的综合考核,从而得出客观、全面、精确的考核意见。

有些人坚持绩效标准应用量化的方式表示。他们主张以数量、百分比或数字等来表示各个具体的标准。但事实上并不是所有情况下都可能甚至有必要用量化的方式表示绩效标准。有些时候我们并不排斥甚至只能采用主观判断的方式进行评价。在这种情况下,绩效标准也应尽可能被具体明确地说明。如果简单来数一天编多少条程序来考核软件工程师的绩效,本来可以用10条程序编写的软件,他会写成100条。采用绝对量化的考核方法,不仅严格固定了死板的考核内容,抹杀了工作中的创新、改善和进步,而且要建立一个完善的绝对量化考核制度也是根本不现实的。

3. 考核缺乏高级管理层的支持

就人力资源管理的所有职能来说,如果缺乏高级管理层的支持,绩效评估计划不会成功。即使是一个经过精心策划的评估计划,如果考核者没有得到其管理者的支持与鼓励,评估工作也不会取得理想的成效。另外,为了强调评估的责任重大,高级管理层应该公开宣布,对员工绩效考核的有效与否将作为对考核者的评估标准之一。此外,还有其他一些原因致使绩效考核程序不能达到预期效果,比如:① 经理人员认为对评估计划投入时间和精力只会获得很少的收益,甚至没有收益;② 经理人员不喜欢面对面的评估会谈方式;③ 经理人员不擅长提供以前有关评估的反馈信息;④ 经理人员在评估中的法官角色与其在员工发展方面的帮助者角色相矛盾。

4. 考核过程形式化

很多企业的人事部门到年终时便让员工填写各种各样的表格,员工则按领导的喜好,为维护自身的利益填写表格。然后,主管和每个员工谈一次话,签上名,考核就算结束,表格则被存于人事部门的档案柜里。绩效信息收集只是一种走过场的程序而已,考核过程形式化导致考核的结果不够全面,甚至是失真。

如果哪一天想要依据这些表格作出一些人事决策,便会发现表中所提供的信息往往很模糊或不准确,这样所作出的人事决策也不可靠。绩效信息的收集不足或失真,致使绩效考核与"浪费时间""流于形式"等评价联系在一起。认为绩效考核不好做,搞不好还得罪人,出力不讨好。于是,即使在平时发现了问题,甚至对一些员工的工作状况很不满意,而真正在纸上作评定时,所有的人员考核结果几乎都是优良。结果造成绩效考核流于形式,不见效果。

5. 考核缺乏沟通

许多企业的绩效考核并无沟通，或者沟通只是管理者向员工通报绩效考核结果，而没有针对结果与员工讨论绩效改进的措施与方案，也没有建立有效的定期沟通制度。在考核周期内更是缺乏管理者对员工工作不足与失误的指导，导致最终的绩效考核结果不理想。

6. 考核结果无反馈

考核结果无反馈的表现形式一般分为两种：一种是考核者不愿将考核结果及其对考核结果的解释反馈给被考核者，考核行为成为一种暗箱操作，被考核者无法知道考核者对自己哪些方面感到满意，哪些方面需要改进；另一种是指考核者无意识或无能力将考核结果反馈给被考核者，这种情况的出现往往是由于考核者本人未能真正了解人力资源绩效考核的意义与目的，以及缺乏良好的沟通能力和民主的企业文化。

7. 考核与人力资源管理的其他环节脱钩

一些企业不对考核结果进行认真细致的分析，不依据考核结果制定招聘计划，对于考核中的绩优者和绩差者不进行适当的奖励和惩罚，只是为考核而考核，没有把绩效考核作为人力资源管理系统中关键的一环，使得绩效考核失去应有的促进企业管理的作用。

考核指标提取的依据是工作分析的结果，绩效考核的结果需要与薪资调整、职位变动、培训等人力资源管理的其他活动挂钩，能力评价的结果则在绩效考核的基础上，更多地应用于员工的职业生涯发展。

很多公司正是在绩效管理中存在以上误区，使得公司的绩效管理始终处于一个较低的水平，浪费了公司大量的人力和物力，绩效管理得不到预期的效果，使得员工以及公司的管理层对其失去信心，进而导致整个管理上的恶性循环。因此，管理者必须明确绩效管理理念，纠正对绩效管理的错误认识，尽快走出误区，使绩效管理发挥其应有的作用。

第三节 提高绩效考核有效性的建议

在考核方案的实施过程中，可以从前馈控制、过程控制、反馈控制、正确处理和利用考核结果四个角度为保证绩效考核的公正性和公平性提供一些建议。

一、前馈控制

1. 树立绩效管理的思想

实践证明,提高绩效的有效途径是进行绩效管理。绩效管理是绩效计划、绩效实施、绩效考核、绩效反馈与面谈以及绩效结果的应用的一个循环。在这个循环中,绩效考核是绩效管理的重要一部分,有效的绩效考核有赖于整个绩效管理活动的成功开展,而成功的绩效管理也需要有效的绩效考核来支撑。绩效管理是依据员工和他们的直接主管之间达成的协议,来实施一个双向式互动的沟通过程。

通过绩效管理,可以帮助企业实现其绩效的持续发展,促进形成一个以绩效为导向的企业文化;激励员工,使他们的工作更加投入;激发员工开发自身的潜能,提高他们的工作满意度;增强团队凝聚力,改善团队绩效;通过不断的工作沟通和交流,发展员工与管理者之间的建设性的、开放性的关系,给员工提供表达自己工作愿望和期望的机会。

2. 明确绩效考核的目的

做任何事情都要讲求有的放矢,绩效考核也是如此。只有明确了绩效考核的目的,企业才能更有效地进行绩效考核。现代管理理论认为,考核是对管理过程的一种控制,其核心的管理目标是通过评估员工的绩效以及团队、组织的绩效,并通过对结果的反馈、分析绩效差距来实现员工绩效的提升,进而改善企业管理水平和业绩。同时,考核的结果还可以用于确定员工的培训、晋升、奖惩和薪酬。

3. 设计系统的指标体系和有效的考核标准

绩效考核的首要一步就是建立一套科学合理和系统的考核指标体系,即解决"考什么"的问题。这部分内容在前面章节已有介绍,这里不再赘述。有了要考的内容,具体应该达到什么样才算合格或优秀,这就需要制定有效的考核标准。

有效的考核标准是根据工作而来的,在订立标准时,要对照所考核员工的岗位说明书,而且所订立的标准应该是可以达成、易于明确了解且可衡量的。员工应参与制定他们自己的绩效考核标准,有员工参与的绩效标准不仅会订得恰当,而且他们也会受到鼓舞,努力去达成甚至超越标准。在选择绩效考核的指标时,应尽量把指标进行定量化,但有的指标是无法以定量衡量的,如销售人员开发新客户的能力、与客户沟通的效果、服务客户的态度和效果等,对于这类指标,应尽可能使用明确的、描述性的定性指标,但这些描述必须是通过某种途径可以进行验证且可行的。绩效标准的内容越丰富、越明确,下属员工越能够通过它全面清楚地了解工作的全貌,管理者越能够从多个方面来评价他的下属员工,绩效评价的结果才能让员工更信服,同时也能够更加全面地指出员工在工作中的长处及应改进的地方。

二、过程控制

1. 选择正确的考核方法和时间

开展绩效考核的方法有许多种,但每种方法都有其优点和不足,在选用的时候一定要根据考核的目的、对象、成本等具体情况,选择最合适有效的方法。比如,强制分布法可以避免趋宽、趋中、趋严等偏差的出现,使被考核者"对号入座",鼓励先进,激励后进。又如,360度全方位绩效考核体系分别考核员工的任务绩效、周边绩效,其结果更加客观和公平;可以引导员工加强上下级、同级、内外部之间的沟通,促进组织的和谐、健康发展。量化评价的考核方法的成本通常要高于定性评价的方法,但定性评价又会因为信息传递过程中的失真而增加管理运作成本和组织成本。此外,绩效考核的成本与企业规模的大小也有一定的关联。

如果所有员工的绩效都比较好的时候,排序反倒容易使被考核者产生"大家都差不多,为什么还一定要排出个一、二、三来"的不平衡心理,从而影响员工间的关系,挫伤工作的积极性。绩效考核时间适合与否,对考核结果的质量有时也有重要影响。特别是两次考核之间的间隔应当适当,既不宜过长,也不宜过短。

2. 加强对考核者的培训

要使绩效考核结果真实有效,就必须首先保证考核者具有较高的水平和能力。要保持考核结果的可信度和效能,就必须加强对考核者的培训。人力资源部门对承担主要考核职责的考核者进行培训。依据规定的考核指标和评分要求对不同员工进行考核,要求考核者对考核内容有深刻的理解。

由于不同考核者在理解力、观察力、判断力以及个性倾向等方面存在一定的差异,因此,在考核方案的实施过程中,人力资源部必须对企业中主要的考核者进行认真培训,使其深刻了解整个考核方案。对考核者的培训,主要包括以下几个方面的内容:

(1) 组织考核者认真学习绩效考核的内容及各项考核标准。

在这一过程中,不仅要让考核者从字面上理解考核内容和评分标准,还要保证考核者深刻理解考核指标的设计思想,以及每个考核指标的具体含义。

(2) 列举出典型的考核错误。

在考核培训中,人力资源部必须向考核者强调考核中常见的一些典型错误,如过宽、过严、对所有被考核者打分趋于一致、不能合理体现差别以及考核时的主观偏见等,并向考核者讲明发生类似错误的严重后果,以最大限度地保证考核的合理进行。

(3) 提高考核者的观察力和判断力。

在进行考核时,考核者总是依据自己对被考核者日常行为及工作表现的观察进行判断和评价。因此,必须通过对考核者认真讲解各项考核指标的含义,使其抓住对被考核者进行日常观察的侧重点,从而提高其依据有关信息进行判断的能力。

(4) 加强考核者对绩效考核工作的重视和投入。

在考核过程中,出现考核错误最多的人往往是那些对考核不够重视的人。他们往往对考核不认真、不投入,应付了事。因此,必须通过企业高层领导的重视以及人力资源管理部门的宣传和要求来加强考核者对考核的重视和投入,以保证绩效考核的有效实施。

三、反馈控制

重视考核过程中的沟通和反馈是提高绩效考核有效性的办法之一。绩效考核的一个核心就是沟通,而且整个绩效考核过程就是一个持续的沟通过程。很多企业认为绩效沟通和反馈只是在考核结果出来之后进行的,其实这是一种错误的认识。在整个绩效管理循环中,每一个环节都少不了绩效沟通。

绩效指标和标准的确定、考核过程中的辅导、绩效指标的调整、绩效结果的反馈及运用都离不开主管和员工之间的沟通。通过绩效沟通和反馈,使员工了解主管对自己的期望,了解自己的绩效,认识自己有待改进的方面。同时,员工也可以提出自己在完成绩效目标中遇到的困难,请求上级的指导。及时消除实施绩效过程中的障碍,保证员工能够顺利地完成绩效。

四、正确处理和利用考核的结果

1. 处理考核结果

在绩效考核的过程,由于各种主观和客观的因素会导致一些错误性结果,如趋中效应、宽厚性错误等,这些问题会使得大部分员工的考核结果集中处于某个区域,无法区分绩效好的员工和绩效差的员工,他们的报酬也无法拉开差距,从而调动不了员工工作的积极性。使用强制分布法,使被评估者分别被放到每个工作绩效等级上去。这克服了平均主义现象,在绩效考核结果的基础上,再使用强制分布法进行调偏处理,使得考核结果有一个科学合理的分布。

2. 正确利用考核结果

绩效管理是人力资源管理的一个重要组成部分，与人力资源管理的其他环节密不可分，这种关系具体体现在绩效考核结果的应用上。绩效考核的结果更多用于薪资调整、绩效反馈和绩效改进等，能力评价的结果则在绩效考核的基础上，更多地用于招聘筛选、人员配置、培训开发、继任计划和员工的职业生涯开发。能力评价可以发现员工所具备的潜质，将来可以发展的方向，由此作出正确的相关人事决策。

如何正确利用考核结果？结合大量的研究结果，我们应该做到以下几点：首先，用绩效考核的结果指导员工工作业绩和工作技能的提高，通过发现员工在完成工作过程中遇到的困难和工作技能上的差距，制定有针对性的员工发展培训计划。其次，通过绩效考核的结果公平地显示员工对公司作出的贡献大小，据此决定对员工的奖惩和报酬的调整。最后，根据绩效考核的结果决定相应的人事变动，使员工能够从事更适合自己的职位。总之，就是要把绩效考核结果与人事管理的其他环节挂钩，为正确的人事决策提供信息。有一点值得重视的是，能力评价的结果是在绩效考核的基础上，更多地用于员工的职业生涯发展。

案例分析：海尔的绩效考核模式——"三工并存，动态转换"

企业对员工进行绩效考核时，运用的评价标准主要分为两类：绝对标准和相对标准。据此，绩效考核可分为绝对评价和相对评价。绝对评价是根据统一的标准尺度衡量相同职位的员工，即按绝对标准评价他们的绩效。相对评价法又称比较法，即对评价对象进行相互比较，从而决定其工作绩效的相对水平。在常见的相对评价方法中，名气最大、使用最广的就是强制分布法。

目前，国内成功实行强制分布法的企业比比皆是，其中比较独特的是海尔的"三工并存，动态转换"模式。"今天工作不努力，明天努力找工作"，这是海尔的流行语。员工之所以有如此大的紧迫感，并且能够化压力为动力，积极投入工作，跟海尔的绩效考核模式是分不开的。

所谓"三工并存，动态转换"，是指全体员工分为优秀员工、合格员工、试用员工三种，分别享受不同的"三工"待遇（包括工龄补贴、工种补贴、分房加分等），并根据工作业绩和贡献大小进行动态转换。

海尔有一套完善的绩效考核制度，业绩突出者进行"三工"向上转，试用员工转为合格员工，合格员工转为优秀员工；不符合条件的进行"三工"向下转，甚至退出劳务市场,内部待岗。退到劳务市场的人员无论原先是何种工种,均下转为试用员工,且必须在单位内部劳务市场培训三个月方可重新上岗。同时,每月由各部门提供符合转换条件的员工到人力资源管理部门,填写"三工转换建议表",然后由人力资源管理部门审核和最后公布。

对于刚毕业的大学生,其典型的转换历程往往是这样安排的:首先到生产一线、市场一线等部门锻炼,为期一年。在这一年中,员工都是试用员工。试用期满一年后,由人力资源管理中心公布事业部所需人数及条件,本人根据实际情况选择岗位。如果经考核合格,则可以正式定岗,转为合格员工。在合格员工的基础上,历时三个月,如果为企业作出很大贡献,则被评为标兵、获希望奖等。这时,可以由部门填写"三工转换建议表",交到人力资源管理部门审核,审核合格后,转为优秀员工,并在当月兑现待遇。

在海尔集团内部,"三工"的比例保持在4∶5∶1,整个转换过程全部实行公开招聘、公平竞争、择优聘用。通过"三工转换",一方面,员工的工作表现被及时加以肯定;另一方面,解决了员工在短时期内得不到升迁、积极性不高的问题。而且,员工也逐步培养起"今天工作不努力,明天努力找工作"的职业意识。比如,公司检验处有位老员工,一次由于工作疏忽,将一台应换侧板的冰箱盖上了周转章,转到了下道工序,没有严把质量关,造成损失达2 000元以上。因此,按照规定,他由合格员工转换为试用员工。这对他的震动很大,他拿出"三工"转换制度小本,一遍遍地到有关部门咨询可以上转的标准。在那之后的四个月中,他针对本岗位的薄弱环节,提出十几条合理化建议,其中的2/3被有关部门采纳,并在一次生产中及时发现并处理了上一班员工生产的七个废箱体,避免了一次重大质量事故的发生,因此,按规定被转为合格员工。在这次晋升的鼓舞之下,他的工作干劲更大了,后来以更大的贡献成为优秀员工。由此可见,强制分布法+动态流转的实行,能让海尔的绩效考核更加公平公正,也更能激发员工的工作热情和积极性。

资料来源:根据 HRsee.海尔的绩效考核模式:"三工并存,动态转换".HR案例网,2018-4(http://www.hrsee.com/?id=667)整理修改.

本章小结

绩效评估的方法可以有两种不同的分类方式:第一类,按照评估的相对性或绝对性,可以分为相对评估法和绝对评估法,相对评估法主要包括简单排序法和配对比较法,绝对评估法主要包括自我报告法、业绩评定表法、因素考核法;第二类,按照评估标准的类型不同,可以分为特征导向评估方法、行为导向评估方法和结果导向评估方法。特征导向评估方法的主要应用是图解特征法,行为导向评估方法主要包括行为锚定法和行为观察法等;结果导向评估方法主要有产量衡量法和目标管理法等。

在绩效评价过程中,由于各种主观和客观的因素导致绩效考核的效果不好。主观因素是由人为因素直接造成的,经过培训可尽量避免和改善的,它主要包括考核目的不明确、绩效考核受到抵触、因考核者心理、行为而出现的偏差(如晕轮效应、趋中效应、近期效应、对比效应)等;客观因素是考核系统因素导致的,主要包括考核缺乏标准、考核方式单一、考核缺乏高级管理层的支持、考核过程形式化、考核缺乏沟通、考核结果无反馈、考核与人力资源管理的其他环节脱钩。很多公司正是在绩效管理中存在以上误区,使得公司的绩效管理始终处于一个较低的水平,浪费了公司大量的人力和物力,绩效管理得不到预期的效果,使得员工以及公司的管理层对其失去信心,进而导致整个管理上的恶性循环。因此,必须明确绩效管理理念,纠正对绩效管理的错误认识,尽快走出误区,使绩效管理发挥其应有的作用。

绩效考核中有些错误是可以改进的,在考核方案的实施过程中,可以从前馈控制、过程控制、反馈控制、正确处理和利用考核结果四个角度为保证绩效考核的公正性和公平性提供一些建议。前馈控制包括树立绩效管理的思想、明确绩效考核的目的、设计系统的指标体系和有效的考核标准;过程控制包括选择正确的考核方法和时间、加强对考核者的培训;反馈控制即重视考核过程中的沟通和反馈,绩效考核的核心就是沟通,而且整个绩效考核过程就是一个持续的沟通过程,在整个绩效管理循环中,每一个环节都少不了绩效沟通;正确处理和利用考核结果包括对考核结果进行调偏处理和正确利用考核结果。

思考与讨论

1. 相对评估法包括哪几种方法?各种方法是如何考核的?
2. 绝对评估法包括哪几种方法?各种方法是如何考核的?
3. 按照评估标准分,可分为哪几种考核方法?五种不同标准的分类法各自的优劣势是什么?
4. 绩效考核中常见的问题有哪些?
5. 因考核者的心理和行为而导致的偏差有哪些?
6. 如何提高绩效考核的有效性?

第七章

绩效反馈

- 什么是绩效反馈？绩效反馈的目的是什么？
- 绩效反馈主要分为几类？它们的区别和联系在哪里？
- 绩效面谈主要讨论哪些内容？
- 如何组织一次绩效反馈？

第一节　绩效反馈概述

绩效反馈是绩效管理的最后一步，是由员工和管理人员一起，回顾和讨论考评的结果。如果不将考核结果反馈给被考评的员工，考核将失去极为重要的激励、奖惩和培训的功能。因此，绩效反馈对绩效管理起到至关重要的作用。

一、绩效反馈的定义

运用反馈来改善组织绩效可以追溯到 20 世纪 70 年代。此后，绩效反馈就一直被运用于组织管理实践中改善绩效，反馈运用的成功性与普遍性是不容置疑的，但是关于反馈这个术语的含义一直没有定论。学术界都接受反馈是一个双向的动态过程，由三部分组成：反馈源、所传送的反馈信息、反馈接受者。由此，我们认为绩效反馈是绩效管理过程中的一个重要环节。它主要通过考核者与被考核者之间的沟通，就被考核者在考核周期内的绩效情况进行反馈，在肯定成绩的同时，找出工作中的不足并加以改进。被考核者可以在绩效反馈过程中对考核者的考评结果予以认同，有异议的向公司高层提出申诉，最终使绩效考核结果得到认可。

二、做好绩效反馈的意义

有效的绩效反馈对绩效管理起着至关重要的作用，如果不将考核结果反馈给被考评的员工，考核将失去极为重要的激励、奖惩和培训的功能，而且其公平和公正性难以得到保证。

首先，绩效反馈在考核者和被考核者之间架起一座沟通的桥梁，使考核公开化，确保考核的公平和公正。由于绩效考核与被考核者的切身利益息息相关，考核结果的公正性就成为人们关心的焦点。而考核过程是考核者的主动行为，考核者不可避免地会掺杂自己的主观意识，导致这种公正性不能完全依靠制度的改善来实现。绩效反馈较好地解决了这个矛盾，它不仅让被考核者成为主动因素，更赋予了其一定权利，使被考核者拥有知情权和发言权；同时，通过程序化的绩效申诉，有效降低了考核过程中不公正因素所带来的负面效应，在被考核者与考核者之间找到了平衡点，对整个绩效管理体系的完善起到了积极作用。

其次，绩效反馈是提高绩效的保证。绩效考核结束后，当被考核者接到考核结果通知单时，在很大程度上并不了解考核结果的来由，这时就需要考核者就考核的全过程,特别是被考核者的绩效情况进行详细介绍,指出被考核者的优缺点,特别是考核者还需要对被考核者的绩效提出改进建议。

最后,绩效反馈可以排除目标冲突,有利于增强企业的核心竞争力。任何一个团队都存在两个目标——组织目标和个体目标。组织目标和个体目标的一致,能够促进组织的不断进步;反之,会产生负面影响。在这两者之间,组织目标占主导地位,它要求个体目标处于服从的地位。有效的绩效反馈,可以通过对绩效考核过程及结果的探讨,发现个体目标中的不和谐因素,借助组织中的激励手段,促使个体目标朝着组织目标的方向发展,达成组织目标和个体目标的一致性。

第二节 绩效反馈的形式

一、绩效反馈的分类方法

1. 按照反馈方式分类

绩效反馈一般通过语言沟通、暗示以及奖励等方式进行。语言沟通是指考核者将绩效考核通过口头或书面的形式反馈给被考核者,对其良好的绩效加以肯定;对不良业绩者予以批评;暗示方式是指考核者以间接的形式(如上级对下级的亲疏)对被考核者的绩效予以肯定或否定;奖惩方式是指通过货币(如加薪、奖金或罚款)及非货币(如提升、嘉奖或降级)的形式对被考核者的绩效进行反馈。

在绩效反馈中,奖惩方式对激励的影响最为直接,它用物质的或非物质的手段刺激与强化被考核者的行为,语言沟通可满足被考核者一定的精神需要(当他的成绩被肯定时),而在负激励时可起到一定的缓冲作用(不是一棍子打死),且沟通能使彼此了解对方的意图,避免了激励不对称。但相比而言,由于被评价人得不到实惠也没失去既得的利益,激励的强度就显得较弱。暗示方式则更为间接,对被评价人不满时采用暗示方式可能会使其保持一定的自尊心,以促使其自觉改正(但这对于不自觉者无效)。暗示方式的不足是:容易引起误解,有些当事人会假装没有收到反馈,因此,暗示方式的激励效果或许最弱。在肯定被评价人的成绩时,采用前两种方式更有效。

2. 按照反馈中被考核者的参与程度分类

根据被考核者参与程度不同,绩效反馈可分为指令式、指导式、授权式。指令式是最接近传统的反馈模式,对大多数管理者来说,他们最习惯这种方式。其主要特点是管理者只告诉员工:他们所做的哪些是对的,哪些是错的;他们应该做什么,下次应该做什么；他们为什么应该这样做，而不应该那样做。员工的任务是听、学，然后按管理者的要求去做事情。一般而言，人们很容易对指令式持否定态度，因为它以管理者为中心而不是以员工为中心。指导式以教与问相结合为特点。这种方式同时以管理者和员工为中心，管理者对所反馈的内容更感兴趣。用指导式反馈同样信息时，主管会不断地问员工：为什么你认为事情做错了？是否知道怎样做更好？在各种方法中，你认为哪种最好？为什么？假如出现问题怎么办？等等。这样，员工就能在对某事取得一致意见之前，与管理者一起探讨各自的方法。授权式的特点是以问为主、以教为辅，完全以员工为中心。管理者主要对员工回答的内容感兴趣，较少发表自己的观点，而且注重帮助员工独立地找到解决问题的办法。通过不断地提出问题，来帮助员工探索和发现。这些问题与指导式所问的问题类似，但问题的内容更广泛、更深刻，很少讲授。

3. 按照反馈的内容和形式分类

内容和形式是决定一个事物最主要的两个方面。采取何种反馈方式在很大程度上决定着反馈的有效与否。根据反馈的内容和形式，绩效反馈分为正式反馈和非正式反馈。正式反馈是事先计划和安排的，如定期的书面报告、面谈、有经理参加的定期小组或团队会等。非正式反馈的形式也多种多样，如闲聊、走动式交谈等。

二、绩效面谈在绩效反馈形式中的重要地位

绩效面谈是绩效反馈中的一种正式沟通方法，是绩效反馈的主要形式，正确的绩效面谈是保证绩效反馈顺利进行的基础，是绩效反馈发挥作用的保障。通过绩效面谈，可以让被考核者了解自身绩效，强化优势，改进不足；也可将企业的期望、目标和价值观进行传递，形成价值创造的传导和放大。其作用是多方面的：企业可以提高绩效考核的透明度、突出以人为本的管理理念和传播企业文化；增强员工的自我管理意识、充分发挥员工的潜在能力等。成功的绩效面谈在人力资源管理中起到双赢的效果。

第三节　绩　效　面　谈

一、绩效面谈的步骤

绩效面谈以一对一沟通的形式展开，为了使绩效面谈真正地发挥其应有的作用，

达到绩效反馈预期的效果,在面谈中应根据面谈内容制定相应的步骤和策略,即根据面谈内容应确定哪些问题,这些问题的提问顺序应如何安排。在此引入西方高绩效教练技术中的 GROW 模型①,作为绩效面谈步骤制定的参考依据。

1. GROW 模型

高绩效教练技术关注一对一教练的模式,并认为问题是教练沟通中的主要形式,即在每一次教练沟通中都应首先决定问哪些问题,以及以什么样的顺序来提问。GROW 模型即提问的顺序应遵循以下四个步骤:

(1) 目标设定(goal):本次教练对话的目标以及教练的短期目标和长期目标。

(2) 现状分析(reality):探索当前的情况。

(3) 方案选择(options):可供选择的策略或行动方案。

(4) 该做什么(what)、何时(when)、谁做(who)以及意愿(will)如何。

GROW 模型将目标设定置于现状分析之前,即在设定目标之前了解现状,它认为基于现状的目标容易倾向于负面,变成对过去问题的总结和改进。对于员工来说,会被过去的表现所局限而缺少创新,只能实现轻微的绩效改进,而无法达到本应有的绩效水平。

2. 利用 GROW 模型制定绩效面谈的步骤

将 GROW 模型中的提问顺序运用于绩效面谈的四大内容,即可得出如下的绩效面谈步骤,填写表 7-1 所示的绩效面谈记录表。

(1) 设定此次面谈想要取得的成果。分别从考核者和被考核者两个层面去考虑,即两者分别想通过此次绩效面谈获取哪些信息、取得什么样的绩效改善等。

(2) 从软硬指标两方面分析被考核者现状。硬指标是指在上一个绩效周期内,被考核者的可量化的工作业绩完成情况。软指标是指被考核者的行为表现,包括其工作态度、工作能力、积极性、责任感、人际关系等。考核者通过引导的方式帮助被考核者分析其上一个绩效周期内的综合表现。

(3) 选择绩效改进措施。根据现状分析结果,考核者向被考核者提出可供选择的改进措施,考核者帮助被考核者在可选方案中作出选择,或者引导其进一步完善这些改进措施。

(4) 制定改进措施的执行方案。根据改进措施,制定出具体的执行方案,包括为达成绩效改善目标应做什么,以及在执行过程中分阶段的时间节点,即根据要做的事情制定出详细可行的时间进度表。

---

① [美] 约翰·惠特墨著.高绩效教练.林菲,徐中译.北京:机械工业出版社,2013.

（5）对新目标的展望。绩效面谈作为绩效管理流程中的最后环节，考核者应在这个环节中结合上一个绩效周期的绩效计划完成情况，并结合被考核者新的工作任务，与被考核者一起提出下一个绩效周期中新的工作目标和工作标准，这实际上是帮助被考核者一起制定新的绩效计划。

表7-1　绩效面谈记录表

部门/处室			时间	
被考核者	姓名：		岗位：	
考核者	姓名：		岗位：	
面谈预期成果				
被考核者现状	工作业绩：			
	行为表现：			
改进措施的选择				
改进措施的执行				
新目标展望				

二、绩效面谈的策略

在绩效反馈面谈中，管理者应针对不同类型的员工选择不同的面谈策略，才能做到有的放矢，取得良好的反馈效果。一般来讲，员工可以依据工作业绩和工作态度分为以下四种类型。

第一种是贡献型（工作业绩好＋工作态度好）。贡献型员工是直线经理创造良好团队业绩的主力军，是最需要维护和保留的。针对他们的面谈策略应是：在了解企业激励政策的前提下予以奖励，提出更高的目标和要求。

第二种是冲锋型（好的工作业绩＋差的工作态度）。冲锋型员工的不足之处在于工作忽冷忽热，态度时好时坏。究其原因，多缘于两方面：一种是性格使然，喜欢用批判的眼光看待周围事物，人虽然很聪明，但老是带着情绪工作；另一种是沟通不畅所致。对此下属,切忌两种倾向:一种是放纵(工作离不开冲锋型的人,工作态度不好就不好,只要干出成绩就行);另一种是管死(只业绩好有什么用?这种人给自己添的麻烦比做的事多,非要治治不可)。对于冲锋型的下属,采取的面谈策略应当是:(1)沟通,既然冲锋型下属的工作态度不好,只能通过良好的沟通建立信任,了解原因,改善其工作态度;(2)辅导,通过日常工作中的辅导改善其工作态度,不要将问题都留到下一次绩效面谈。

第三种是安分型(差的工作业绩+好的工作态度),安分型下属工作态度不错,工作兢兢业业、认认真真,对上司、公司有很高的认同度,可是工作业绩就是上不去。对他们面谈的策略应当是:以制定明确的、严格的绩效改进计划作为绩效面谈的重点;严格按照绩效考核办法予以考核,不能因为态度好代替工作业绩不好,更不能用工作态度掩盖工作业绩。

第四种是堕落型(工作业绩差+工作态度差)。堕落型员工会想尽一切办法来替自己辩解,或找外部因素,或自觉承认工作没做好。针对他们的面谈策略应是:重申工作目标,澄清员工对工作成果的看法。

三、绩效面谈的困惑

绩效面谈主要是上级考评下级在绩效上的缺陷,而面谈结果又与随后的绩效奖金、等级评定等相联系。一旦要面对面地探讨如此敏感和令人尴尬的问题,将给主管和员工带来关系紧张乃至人际冲突,致使绩效面谈陷入困境,有时也可能以失败而告终。绩效面谈面临的困境主要体现在以下几个方面。

第一,由于考核标准本身比较模糊,面谈中容易引起争执。有些企业用一份考核表考核所有的员工,没有根据工作的具体特点进行有针对性的考核,评判标准的弹性较大,往往导致上下级对考核标准和结果在认知上存在偏差,双方易形成对峙和僵局。

第二,员工抵制面谈,认为绩效考核只是走形式,是为了制造人员之间的差距,变相扣工资,并惧怕因吐露实情而遭到上级的报复和惩罚。因此,面谈过程中经常出现的情况是:要么员工对绩效考核发牢骚,夸大自己的优势,弱化自己的不足;要么保持沉默,主管说什么就是什么。这样虽经过面谈,主管对下属的问题和想法还是不了解。

第三,主管没有科学地认识到其在绩效面谈中的角色定位。① 主管扮演审判官的角色,倾向于批判下属的不足,包办谈话,下属只是扮演听众的角色,员工慑于主管的权力,口服心不服。② 主管的老好人倾向严重,怕得罪人,于是给下属的打分宽松,每个人的分数都很高,绩效面谈成了大家都好的走过场,让下属感觉面谈没有实际作用。③ 主管心胸狭窄，处事不公，以个人好恶作为评判标准，致使员工愈发抵触，双方矛盾重重。④ 面谈时笼统地就事论事，没有提出有针对性的改进意见，让员工感到工作照旧，自己仍不清楚今后努力的方向，感觉面谈无用，甚至是浪费时间。

四、绩效面谈困惑的解决方法

针对这些困惑，目前的解决方法集中在绩效面谈的技巧改进。比较常用的方法有汉堡法、BEST 法。

简单地来说，汉堡法就是最上面一层面包如同表扬，中间夹着的馅料如同批评，最下面的一块面包最重要，即要用肯定和支持的话语结束。也就是说，首先，应表扬特定的成就，表现再不好的人也有值得表扬的优点，千万别说"你这个人不行"，而应给予真诚的赞美，这样有助于建立融洽的气氛；然后，提出需要改进的特定行为表现，诚恳地指出不足和错误，提出让员工能够接受的改善要求，去除员工的抵触心理，表达出对员工的信赖和信心；最后，以肯定和支持结束，和员工一起制定绩效改进计划，表达对员工未来发展的期望。

在 BEST 法中，B 就是行为（behavior description），即描述第一步先干什么事；E 就是后果（express consequence），表述干这件事的后果是什么；S 就是征求意见（solicit input），问员工觉得应该怎样改进，引导员工回答，由员工说怎么改进；T 和汉堡法中最底层面包的意思一样，以肯定和支持结束（talk about positive outcomes，着眼未来），员工说他怎么改进，管理者就以肯定和支持收场并鼓励他。

困惑的改进也需要从系统上下功夫。绩效面谈的目的是实现员工绩效的改进，这个改进过程需要绩效管理的其他环节进行支持，所以，企业要完善绩效管理体系。另外，用 SMART 理念引导绩效面谈。SMART 理念指的是：S（specific）：面谈交流要直接而具体。M（motivate）：面谈是一种双向的沟通，主管应当鼓励员工多说话，充分表达自己的观点。A（action）：绩效反馈面谈中涉及的是工作绩效，是工作的一些事实表现，而不应讨论员工个人的性格。R（reason）：反馈面谈需要指出员工不足之处，但不需要批评，应立足于帮助员工改进不足之处，指出绩效未达成的原因。T（trust）：没有信任，就没有交流，沟通要想顺利进行并达成共识就必须有一种彼此信任的氛围。

除了上述方法，在绩效面谈中，最主要的是考核者要适当引导被考核者自身觉察力和责任感的提升。觉察力是收集并清晰地感知有关的事实和信息，以及确定事物之间关联的一种能力。这种能力包括事物和人之间的系统、动态和关系的理解，并包括一些心理学的知识。通过提升觉察力可以保证被考核者在面谈过程中保持专注，对考核者提出的每一个问题都保持高度的敏感性，在短时间内意识到每个问题的作用和意图,从而更准确地领会绩效面谈的意义所在。同样,当被考核者表现出很强的责任感,能够真正接受、选择或者对自己的行为和想法负责时,他对自己在面谈中所作的回答及承诺的真实性就提升了,进而绩效也会提升。

第四节　绩效反馈效果评估

一、反馈效果评估

绩效反馈面谈后,主管需要对面谈的效果进行评估,以便调整绩效反馈面谈的方式。了解绩效反馈对员工工作行为的影响后,绩效反馈效果评价应集中回答以下问题:

(1) 此次面谈是否达到了预期目的?
(2) 下次应怎样改进面谈方式?
(3) 有哪些遗漏须加以补充?哪些讨论显得多余?
(4) 此次面谈对被考核者有何帮助?
(5) 面谈中被考核者充分发言了吗?
(6) 在此次面谈中自己学到了哪些辅助技巧?
(7) 自己对此次面谈结果是否满意?
(8) 此次面谈的总体评价如何?

同时,组织实施绩效反馈后员工工作行为也会发生一些变化。通过研究发现,绩效反馈后员工在工作行为方面有以下四种反应:

(1) 积极、主动地工作。这种情况下的绩效反馈与下属自我绩效评估基本一致。在双方绩效评估均属良好时,领导常常通过情感的、奖励的、地位的等方面的激励方式来反馈下属的绩效,下属则以积极、主动的工作态度回报领导对他的绩效的认同。

(2) 保持原来的工作态度。这种情况下的绩效反馈与下属自我绩效评估既可能一致,也可能不一致。在绩效评估基本一致时,下属认为其绩效与需求相当,且无满足更高需求的可能时,常常采取保持原来的工作态度。当绩效评估不一致时,下属往往认为领导对其绩效低估了,但又不愿消极、被动地工作,也常常采取这种工作态度。

(3) 消极、被动地工作。出现这种情况的主要原因有两个方面:一是绩效反馈情况与下属自我绩效评估不一致;二是绩效反馈情况基本一致且绩效良好,但下属对绩效反馈的形式不满。

(4) 抵制工作。导致这种情况出现的原因除了绩效反馈情况与下属自我绩效评价不一致外,还有绩效反馈双方在情感交流方面发生了冲突。如某单位有一名员工,尽管尽了力，但由于主客观的原因未能按时完成任务。领导认为他工作不力，对他进行了批评，并扣发了他的薪金。该员工感到很委屈，他认为领导只重视工作结果，不考虑工作过程。由此该员工也对这位领导产生了抵触情绪。

通过问卷和员工行为观察这两种方式，可以看到绩效反馈取得的效果。作为绩效管理的最后一个重要环节，绩效反馈如果做得不好，将直接影响到绩效管理的全过程，所以，每个绩效反馈结束后，需要针对在问卷和员工行为观察中了解到的问题提出绩效反馈的改进计划。

二、改进绩效反馈

1. 强化管理者的素质

提高管理者的素质，强化责任心，统一认识，经常性地做好绩效管理培训工作，建立绩效考核面谈制度。

2. 注意沟通的方法技巧

管理者要考虑以什么方式进行沟通，使沟通的双方相互理解、相互信任、相互认同。只有用情感进行沟通，让大家在心理上能愉快地接受你，才能收到事半功倍的效果。

3. 认真做好沟通的准备工作

管理者必须高度重视面谈反馈的重要性，应该有主动与员工沟通的胸怀；认真做好面谈前的准备工作，明确面谈的目的，特别是对存在问题的绩差员工，必须有充分的考核依据。如果在考核沟通时员工得不到以事实为依据的解释说明，再好的沟通技巧也不会使下属心悦诚服。所以，事实依据在考核工作中非常重要，要解决这个问题，关键在于平时对事实依据的积累。

4. 注意双向沟通

管理者在面谈中要摆正自己的心态，坦诚沟通，必须和员工就其业务、业绩、薪酬等方面进行交谈，消除位差效应。沟通中最重要的是倾听，倾听会使了解变得全面和深入，倾听期间可以寻找到合适的切入点。认真听取员工的意见，特别是员工的委屈，鼓励下属充分表露自己的观点，然后针对其观点再有理有据地探讨，实行双向沟通，从而形成管理者和员工的互动式沟通和无边界合作，这样才能达到最好的效果。绝不能以居高临下的态度命令员工接受管理者的意见，这样做不仅起不到面谈的效果，反而会加深员工对管理者的嫉恨，产生消极影响。

5. 注意谈话的场所和环境

管理者与员工面谈时要充分选择好时间、地点。一般来讲,当绩效考核结果出来后一周内进行面谈;地点应选择在安静的场所,关掉手机,以提高面谈的效果。

6. 明确谈话的态度

面谈中管理者必须明确自己的态度,并且对员工取得的成绩给予充分肯定,对存在的问题必须明确指出,不能含糊,但是不要直接指责员工,同时诚心帮助员工制定改进计划,并有责任追踪整改效果。

7. 注意反馈意见

认真收集被考核者对考核工作、考核程序及面谈反馈人的意见,填写《面谈反馈表》。管理者要认真对反馈的信息进行分析,不断完善,以提高绩效考核的效果。

第五节 如何组织一次有效的绩效面谈

一、分析员工的注意力层次

在绩效反馈中,主管首先得理解员工工作中的行为及员工对考核结果的反应,可以把握员工需要得到什么样的反馈及自己该反馈什么信息,根据员工关注度的不同,可以将员工关注的重点分为三个不同的层次(见图7-1)。第一层次是总体任务过程的层次或称自我层次。在这个层次上,员工关心的问题是:我做的工作怎样能够为组织发展作

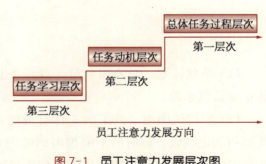

图7-1 员工注意力发展层次图

出贡献;我在组织中的位置是什么;组织对自己提出了什么样的要求。第二层次是任务动机层次,该层次的员工关心的是他所执行的工作任务本身:这项工作怎么做;有没有更好的办法来完成这项任务。第三层次是任务学习层次,员工关注工作执行过程中的细节和其具体行动。

层级越高的员工,他们对信息反馈的要求越高,接受传递的信息就越快,他们改变自身行为也就越快,相应地他们的关注层次会随之提高。这样的反馈面谈就能产

生更令人满意的效果。所以,设法提高员工关注的层次,既是绩效反馈面谈的一个重要目标,又是绩效面谈的一个重要结果。

二、面谈计划的拟定

1. 面谈方式

这主要包括两种面谈方式:针对公司各部门中的任务团队,采取团体面谈法;针对个人,采用一对一的面谈方法。

2. 面谈时间

对于季度考核,应在考核结束一周之内安排面谈,面谈时间不少于 30 分钟;对于年度考核,应在考核结束一周之内安排面谈,面谈时间应不少于 1 个小时。

3. 面谈内容

面谈内容即面谈过程中考核者向被考核者发出的问题,是面谈计划的主体部分。对于不同类型的被考核者(团队、个人),应拟定不同的面谈问题。问题的拟定要结合被考核者在上一个绩效周期内的总体表现,同时考虑其自身特点,确保提出的问题能够涵盖所有需要了解的信息。

三、资料准备

(1) 绩效计划。是公司与员工就任务目标所达成的共识与承诺,也是绩效反馈的重要信息来源。

(2) 职位说明书。员工的工作有可能在进行的过程当中发生改变,可能增加一些当初制定绩效目标时所不能预料到的内容,也有可能一些目标因为各种原因而没能组织实施,这个时候,职位说明书作为重要的补充将发挥重要的作用。

(3) 绩效考评表。这是进行面谈的重要依据;绩效档案,这是做出绩效评价的重要辅助材料。

四、主管和员工的准备

由于面谈是主管和员工共同完成的工作,只有双方都做了充分的准备,面谈才能达到良好的效果。首先,主管作为绩效面谈的考核者应认真查看被考核者的绩效档案,充分了解该员工的日常工作表现及其性格特点,并在此基础上温习面谈内容,根据面谈问题预想员工可能给出的答案或反问,做足充分的准备,确保面谈过程中能够对员工的回答给予及时的反馈并回答员工可能提出的疑问。其次,员工的事先准备也是绩效面谈能否成功的一个关键因素。在面谈计划下发时,要将面谈的重要性告知员工,让员工做好充分准备。这主要是:要求员工主动收集与绩效有关的资料,要实事求是,有明确的、具体的业绩,使人心服口服;同时,要认真填好自我评估表,其内容要客观真实、准确清晰。

五、面谈环节应遵守的原则

1. 面谈目标和未来目标的设定

每一次绩效面谈的目标以及在面谈的最后环节对未来目标的展望都属于绩效目标,这些都应是可控的,因此,在设定绩效目标时应遵循 SMART 原则(前文已对 SMART 所代表的五种要求做了详细介绍,在此不再赘述)。

2. 现状分析

现状分析最重要的标准是客观,这也是考核者在现状分析过程中必须遵守的一个原则。客观性易受考核者和被考核者的观点、判断、期待、偏见、担心、恐惧等因素的影响而发生扭曲,能否意识到因这些因素的存在而带来的扭曲就取决于考核者和被考核者的自我觉察力。

考核者的把控对于绩效现状分析的成功与否起着至关重要的作用,考核者必须具备较高的觉察力,能够时刻把握自我和他人的情绪变化。在绩效分析过程中,对于被考核者表现好的地方要"小题大做",加以表扬;对于被考核者做得差的地方要"大而化之",在理解的基础上给予帮助。只有这样,才能保证被考核者处于放松的状态,在面谈过程中传达最真实的情感和信息。

3. 选择绩效改进措施

在制定绩效改进措施时,切忌被过去的结果和行为所束缚,要制定并列出尽可能多的可供选择的方案。在这一阶段的开始,首先要保证方案的数量,其次再保证所选方案的质量和可行性。只有这样,才能最大限度地激发大脑的想象力和创造力,从而在广泛和富有创造性的各种可能性中挑选出具体的改进措施。

4. 制定改进措施的执行方案

在制定执行方案时,最重要的一个原则是确保方案的细致性和可行性。一份好的执行方案必须包含以下几点：

(1) 你要做什么？

这是考核者向被考核者发出的提问，表明被考核者决策的时间到了，必须要确定下一阶段要达成的绩效目标，并选择一个明确的改进措施。

(2) 你打算何时去做？

这一点要求被考核者必须给所选方案制定一个明确的时间节点，可以具体到月、周、天，甚至某一时刻。只有以一个完整的时间框架作支撑，才能保证执行方案在现实层面的落地。

(3) 这个方案会实现你的目标吗？

在任何行动开始之前，必须要依据绩效目标和时间计划检查现在的目标和长期目标的方向是否一致，即保证制定的目标没有偏差。

(4) 在实施过程中，你会遇到什么困难？

在方案实施过程中，会遇到来自外部和内部的各种可能阻碍目标达成的情况，外部破坏性的情况若隐若现，内部也可能会出现问题，比如员工自身的懦弱和逃避。这就需要在制定执行方案时，考核者帮助被考核者预先管理这些潜在的困难，同时对突发状况制定应急预案。

(5) 谁需要知道？

在公司中，此方案的执行需要告知的对象，明确这一点即可保证在计划有变时，相关人员能够立刻被告知。

(6) 你需要什么支持？

明确这一问题可以使你获取不同形式的支持，比如引入外部的人员、技能和资源，或者请你的同事对你进行提醒和督促。

(7) 你打算何时、如何获得这些支持？

需要某些支持，但不采取行动来获取它们是没有意义的。这就需要考核者一直坚持，直到帮助被考核者制定出清晰而明确的行动。

(8) 你还有哪些考虑？

执行方案的制定是绩效面谈的最后环节，而以上问题是保证该环节完整性的一个必要问题，也是考核者对被考核者负责任的一种表现。

为保证被考核者能够积极主动地去执行这一方案，考核者还可发出进一步的提问，如"你有几分确定自己会执行我们达成的行动方案，从1—10打分？""什么阻碍了你打10分？"等。

六、开发有效的反馈技能

(1) 及时反馈。绩效评估反馈应快速及时，切勿等到问题已趋恶化或者事情已经过去很久之后再作反馈。问题尚不严重时的善意提醒会让人更加乐意接受;如果事情发生已久,或者事情长期被容忍,往往会使人产生习惯性的心理认可;在绩效反馈时再对此提出批评,则会产生"为什么不早说"的反感与抵制心理。

(2)反馈对事不对人。反馈尤其是消极反馈,应该是描述性的而不是判断或评价性的。无论你如何失望,都应该使反馈针对工作,永远不要因为一个不恰当的活动而指责个人。当你进行反馈时,记住你指责的是工作,而不是个人。

(3)允许员工提出自己的意见。当员工对绩效评估意见不满意时,应允许他们提出反对意见,绝不能强迫他们接受其所不愿接受的评估结论,绩效反馈面谈活动也应该是对有关情况进一步深入了解的机会。如果员工的解释是合理可信的,应灵活地对有关评价作出调整修正;如果员工的解释是不能令人信服、满意的,应进一步向员工作出必要的说明。通过良好的沟通与员工达成一定的共识。

(4)确保理解,同时提出对员工的支持、帮助计划。反馈要清楚、完整,使接受者能全面正确地理解主管的意思。同时,绩效评估反馈的目的并非要对一个人盖棺定论,而是为了能够更好地改进人的工作。为此,在绩效反馈面谈时,不能简单地把问题提出了事,然后一切就让员工"自己看着办"。应该与其共同研究造成工作失误的原因,通过责任分揽、一如既往的信任表态等做法减轻员工的心理压力,以真诚的态度商议提出改进工作的意见与建议,并在工作活动各个方面为员工提供支持与帮助。

案例分析:一次失败的绩效面谈

刘经理:小张,有时间吗?

小张:什么事情,头儿?

刘经理:想和你谈谈,关于你年终绩效的事情。

小张:现在?要多长时间?

刘经理:恩……就一小会儿,我9点还有个重要的会议。哎,你也知道,年终大家都很忙,我也不想浪费你的时间。可是HR部门总给我们添麻烦。

小张:……

刘经理:那我们就开始吧。

(于是,小张就在刘经理放满文件的办公桌的对面,不知所措地坐了下来。)

刘经理:小张,今年你的业绩总的来说还过得去,但和其他同事比起来还差了许多,但你是我的老部下了,我还是很了解你的,所以,我给你的综合评价是3分,怎么样?

小张：头儿，今年的很多事情你都知道的，我认为我自己还是做得不错的呀，年初安排到我手里的任务我都完成了呀，另外，我还帮助其他同事处理了很多工作……

刘经理：年初是年初，你也知道公司现在的发展速度，在半年前部门就接到新的市场任务，我也对大家做了宣布的，结果到了年底，我们的新任务还差一大截没完成，我的压力也很重啊！

小张：可是你并没有因此调整我们的目标啊？

秘书直接走进来说：刘经理，大家都在会议室等你呢！

刘经理：好了，好了，小张，写目标计划什么的都是HR部门要求的，他们哪里懂公司的业务！现在我们都是计划赶不上变化，他们只是要求你的表格填得整好看，而且，他们还对每个部门分派了指标。大家都不容易，你的工资也不错，你看小王，他的基本工资比你低，工作却比你做得好，所以，我想你心里应该平衡了吧。明年你要是做得好，我相信我会让你满意的。好了，我现在很忙，下次我们再聊。

小张：可是头儿，去年年底评估的时候……

刘经理没有理会小张，匆匆和秘书离开了办公室。

案例评析：

绩效面谈是通过面谈的方式，由主管为员工明确本期考核结果，帮助员工总结经验，找出不足，与员工共同确定下期绩效目标的过程。通过绩效面谈，可以实现主管和下属之间对于工作情况的沟通和确认，并制定相应的改进方案。案例中的绩效面谈，是一个典型的失败案例，不仅流于形式，而且使得员工逐渐厌恶绩效面谈，造成沟通障碍，显然，这样的绩效面谈很难对员工起到积极作用。在实际管理工作中，刘经理在绩效面谈中所犯的错误是很多部门经理的通病。那么，在绩效面谈的实施过程，应该注意哪些问题呢？以下几个方面可以作为参考：

1. 绩效面谈之前双方一定要做好准备工作，在约定好的时间进行会谈，会谈持续的时间和会谈的内容都需要明确。不能像刘经理这样，让员工小张对绩效面谈完全没有准备，并且也无法保证面谈时间。

2. 保证在沟通之前的和谐互信的良好氛围。绩效面谈需要双方卸下防备，就工作中的表现进行较深入的沟通与分析。如果在沟通之前，就已经使得沟通氛围过于严肃或者拘谨，则很难通过会谈使"不知所措"的员工讲出自己工作中的问题和困惑。

3. 避免忽视员工对自身绩效情况的总结和评述，先入为主地直接抛出自己的结论。绩效面谈本身就是一个互动的过程,需要上下级之间畅快地沟通,尤其是面谈对象作为主要沟通人,应该提出自己工作过程中的问题所在,如何解决及安排等。

4. 要有充分的数据作为基础。在判断员工绩效好坏时,主管是否有可信的数据基础?案例中讲到的经理只是通过"我对你的了解"来对员工进行打分和评价。如果没有相关资料的数据积累,一方面很难让员工心服口服,另一方面更无法解决绩效面谈的真正目的——找出绩效不佳的缘由。

5. 不能将绩效面谈的评估结果跟工资混为一谈。要让员工知道绩效面谈的主要目的是讨论如何更好地改善绩效、找出工作中存在的问题和解决方法、下一步的安排、希望获得的支持等。而不是像刘经理那样,随便与他人的表现和工资直接作对比。这样很容易让员工摆错定位,产生由于害怕工资减少而故意隐瞒问题的现象。

6. 面谈要以达成共识的改进计划结束。应该让员工感受到通过面谈自己梳理清了问题所在,获得了有用的指导与建议,并且对自己下一步应该如何开展工作有了认识。这样才能使绩效面谈真正起到提高绩效的作用,让员工真正觉得对自己有帮助,愿意参与进来,而不是匆匆离去,草草收场。

资料来源:根据中人网.一个典型的绩效面谈失败案例.广西人才网,2014-5-5(https://news.gxrc.com/Article/Detail?id=7762)整理修改.

本 章 小 结

绩效面谈与反馈的重要性长期以来都被忽视,如果不将考核结果反馈给被考评的员工,考核将失去极为重要的激励、奖惩和培训的功能,因此,绩效反馈对绩效管理起到至关重要的作用。绩效反馈是绩效管理过程中的一个重要环节,它主要通过考核者与被考核者之间的沟通,就被考核者在考核周期内的绩效情况进行反馈,在肯定成绩的同时,找出工作中的不足并加以改进。

根据不同的分类依据,绩效反馈有不同的分类方式。绩效反馈一般通过语言沟通、暗示以及奖励等方式进行,根据被考核者的参与程度,绩效反馈可以分为指令式、指导式、授权式。绩效面谈是绩效反馈中的一种正式沟通方法,是绩效反馈的主要形式,正确的绩效面谈是保证绩效反馈顺利进行的基础,是绩效反馈发挥作用的保障。绩效面谈的内容主要包括工作业绩、行为表现、改进措施和新的目标四个主要方面。绩效面谈中要注意采用适当的策略,一般来讲,员工可以依据工作业绩和工作态度分为贡献型(工作业绩好+工作态度好)、冲锋型(好的工作业绩+差的工作态度)、安分型(差的工作业绩+好的工作态度)和堕落型(工作业绩差+工作态度差)。

不同企业的绩效状况不同,面临的困惑也不同,但是大都可以通过汉堡法和BEST法来改进绩效面谈的效果。简单地来说,汉堡法就是最上面一层面包如同表扬,中间夹着的馅料如同批评,最下面的一块面包最重要,即要用肯定和支持的话语结束。在BEST法中,B就是行为(behavior description),即描述第一步先干什么事;E就是后果(express consequence),表述干这件事的后果是什么;S就是征求意见(solicit input),问员工觉得应该怎样改进,引导员工回答,由员工说怎么改进;T和汉堡原理中最底层面包的意思一样,以肯定和支持结束(talk about positive outcomes),员工说他怎么改进,管理者就以肯定和支持收场并鼓励他。

绩效反馈面谈后,主管需要对面谈的效果进行评估,以便调整绩效反馈面谈的方式,取得好的面谈效果。通过研究发现,绩效反馈后员工在工作行为方面有以下四种反应:积极、主动地工作;保持原来的工作态度;态度消极、被动地工作和抵制工作。针对管理人员和员工在绩效反馈后出现的问题,可以从强化管理者素质、注意沟通方法技巧等方面来提高绩效反馈的效率、效果。

思考与讨论

1. 什么是绩效反馈?绩效反馈的目的是什么?
2. 绩效反馈主要分为几类?他们的区别和联系在哪里?
3. 绩效面谈主要讨论哪些内容?
4. 如何组织一次成功的绩效反馈?

第八章

绩效考核结果的应用

- 绩效考核结果应用要遵循哪些原则?
- 绩效考核结果主要应用于哪些方面?
- 什么是绩效改进?其指导思想是什么?
- 基于能力的绩效改进方案指的是什么?其基本流程是怎样的?
- 如何将绩效考核结果应用于薪酬奖金的分配?

当在绩效反馈面谈中双方对现状达成一致意见时，就可以根据具体情况形成书面计划了。比如，员工能力需要提高，就要安排相关的培训；员工态度需要改善，就要说服并鼓励他采取正确的态度，形成态度改善计划与目标；员工因为意外事故影响了业绩，就要给予谅解和帮助，及时帮其排忧解难。目前，绩效评价结果主要应用在通过沟通进行绩效改进、绩效导入、薪酬奖金与职务调整、是否继续聘用、培训与再教育等方面。

第一节　绩效评价结果应用的原则

绩效评估结果的应用，一般应遵循以下三大原则：

一、以人为本，促进员工的职业发展

员工绩效评价的根本目的在于调动员工工作的积极性，进而实现企业整体的目标。为此，评价者必须向员工个人反馈评价的结果，提出他们已达到或未达到预定目标的反馈信息。反馈的立足点和方式要坚持以人为本，以诚恳、坦诚、能让员工乐于接受的方式，让员工了解到自己的成绩与不足，才能更加清楚自己的努力方向和改进工作的具体做法，从而促进员工的发展。

二、将员工个体和组织紧密联系起来，促进员工与企业的共同成长和发展

企业的发展离不开员工个体的成长。企业不能单方面地要求员工修正自己的行为和价值观等来适应组织需要，企业要参与到员工的职业生涯规划的指导与管理中，将员工发展纳入组织管理的范围，从而实现组织与个人共同成长。据此，企业在评价员工工作绩效时要注意评价员工所在的各级组织的绩效，避免个人英雄主义，增强全局观念和集体观念，使员工意识到个体的高绩效与企业的高绩效紧密相关，个人成长与企业的成长联系在一起，个人的目标和企业的目标也就自然地紧密联系在一起，个人应为企业实现目标作出贡献，在企业的发展成长中自己也得到发展和成长。

三、统筹兼顾，综合运用，为人事决策提供科学依据

员工的绩效评价结果可以为企业对员工的合理使用、培养、调整、优选、薪酬发放、职务晋升和奖励惩罚等提供客观依据，从而规范和强化员工的职责和行为，促进

企业人事工作，不断强化员工的选聘、留用或解聘、培训、考核、晋升、奖罚的政策导向，建立完善的竞争、激励、淘汰机制。

第二节　绩效考核结果应用出现的问题

一、绩效评价结果反馈不及时或没有反馈

目前，我国企业在员工绩效评价实践中，管理者往往不愿意与员工讨论其绩效的不足，会使管理人员觉得不适应。虽然每个员工的工作都有可改进之处，但许多管理人员还是不愿意向员工提供消极的反馈意见，担心员工的缺点被指出来后，会进行自我辩护。事实上，确实存在有些员工不虚心接受反馈意见，反而指责管理者的评价结果有问题或者责备别人的情况。人们对自己的绩效评价往往估计过高，从统计学的角度来看，差不多一半的员工的绩效低于平均水平，但有研究表明，认为自己的绩效高于平均水平的员工占75%。但要看到，由于对绩效评价反馈存在一定程度的担忧而不实施评价反馈，其副作用更大：由于缺乏积极的结果反馈，在现行的员工绩效评价中，员工既无从申辩说明或进行补充，也无从了解自身表现与组织期望之间的吻合程度。结果员工并不知道自己的哪些行为是企业所期望的，哪些行为是不符合企业组织目标的，更不用说如何改进自己的工作。事实上，如果员工绩效经常得到评价并及时对员工个人进行反馈，员工就会认为管理者熟悉他们的工作绩效，根据反馈的情况，员工会及时调整和改进个人的行为，使得员工对评价工作有一种认同感，并积极参与自我评价。

二、绩效评价与员工的切身利益结合不紧密

绩效评价结果的应用常表现为奖惩。目前，许多企业的年度考核只是例行公事，绩效评价工作结束，任务就算完成，评价结果的使用仅限于年终奖金的发放及职称的评定，而不能与管理人员任免、职务晋升、薪酬档次等员工切身利益联系起来，使绩效评价工作失去了其应有的意义和价值。根据激励的期望模型，如果员工认为他们的绩效目标完成后，组织也不会给予他们期望的报酬，员工就不可能充分发挥个人潜能。要使激励作用最大化，就要让员工认识到，他们的努力能够导致良好的绩效评价成绩，而这种成绩会给他们带来相应的报酬。为提高评价的激励效果，企业的绩效评价应加大结果的应用范围和力度，从而最大限度地实现员工绩效评价的激励效果。

三、员工的绩效评价与员工培训和个人发展没有很好结合

企业应根据绩效评价结果,以满足员工的需要为宗旨,以高效、实用为目标,有目的、有计划地进行企业内部培训活动,是企业造就高素质员工队伍的有效举措。总之,根据员工绩效评价的结果,对员工个人进行有针对性的培训,这正是员工评价的最终落脚点,它不仅会得到员工的认可,也会为企业的发展培养更多高素质的员工。

四、绩效考核结果应用方式单一

绩效考核结果应用方式单一,缺乏绩效管理的有效手段,如绩效奖励、精神补偿、增益分享、共享节余、绩效工资、绩效合同等。

五、绩效考核结果应用形式化倾向严重

当前的考核多以领导的主观评价而非客观事实为基础,严重影响了结果的客观公正。而且部门领导对考核结果的重视程度不够,往往是一评了事,没有采取措施将考核结果落实到工作中,评与不评一个样,评好评坏一个样,使考核结果的应用流于形式。

第三节 绩效考核结果的具体应用

一、绩效改进

绩效改进是绩效管理过程中的一个重要环节。传统绩效考核的目的是通过对员工的工作业绩进行评估,将评估结果作为确定员工薪酬、奖惩、晋升或降级的标准。现代绩效管理的目的不仅仅如此,员工能力的不断提高以及绩效的持续改进才是其根本目的。所以,绩效改进工作的成功与否,是绩效管理过程能否发挥效用的关键。

1. 绩效改进的指导思想

绩效改进是这样一个过程:首先,要分析员工的绩效考核结果,找出员工绩效中存在的问题;其次,要针对存在的问题制定合理的绩效改进方案,并确保其能够有效地实施,如个性化的培训等。要做好绩效改进工作,首先必须明确它的指导思想。绩

效改进的指导思想主要体现在以下几点：

（1）绩效改进是绩效考核的后续工作，所以，绩效改进的出发点是对员工现实工作的考核，不能将这两个环节的工作割裂开来考虑。由于绩效考核强调的是人与标准比，而非人与人比，因此，绩效改进的需求，应当是在与标准比较的基础上确定的。

绩效标准的确定应该是客观的，而不是主观随意的，只有找到标准绩效与实际绩效之间的差距（而非员工与员工之间绩效的差距），才能明确绩效改进的需求。通过员工之间比较进行的考核，只能恶化员工的关系，增加员工对绩效考核的抵触情绪；通过人与标准比较进行的考核，由于有了客观评判的标准，员工从心理上更能接受绩效管理，因为他们明白绩效管理的目的确实是为了改进他们的绩效。

（2）绩效改进必须自然地融入部门日常管理工作之中，才有其存在价值。绩效改进不是管理者的附加工作，不是企业在特殊情况下追加给管理者的特殊任务，它应该成为管理者日常工作的一部分，管理者不应该把它当成一种负担，而应该把它看作一项日常的管理任务来对待。当然，这种自然融入的达成，一方面有赖于优秀的企业文化对管理者和员工的理念灌输，使他们真正认可绩效改进的意义和价值；另一方面有赖于部门内双向沟通的制度化、规范化，这是做好绩效改进工作的制度基础。

（3）帮助下属改进绩效、提升能力，与完成管理任务一样都是管理者义不容辞的责任。管理者不应该以"没有时间和精力""绩效改进效果不明显"等各种理由来加以推脱。

2. 基于能力的绩效改进方案

当人们设定并努力去实现一个具有挑战性的目标时，他们的个人绩效将会得到改善。当员工在质量关注意识、以服务为导向、主动性等相关能力方面完善自己时，他们对顾客的服务质量将会得到提高，绩效也会因此改进。这是因为他们运用他们的才智和能力更好更有效率地去完成工作，从而使企业的劳动生产率和利润率得到提高。

如果管理者们更好地指导下属、将下属视为独立的个体，鼓励他们竭尽所能，改善自我，员工的满意度将会得到提高，组织更容易吸引优秀人才，流动率将会减少，组织也会发生转变。

因此，一个有效的基于能力的绩效改进应该是一个动态的过程，这个过程应该包括以下活动：

（1）明确绩效改进的前提和理念。

绩效改进方案的设计需要一些前提和理念，这些前提和理念可适用于下面所要描述的所有管理行为。它们是：

① 人们渴望学习并提高自身的能力。从内心深处讲，人们宁愿受到激励和挑战，也不愿意感到无聊和无所事事。

② 意识和觉悟能够让人们作出不同的选择。一旦意识到以前那些处于无意识状态的态度、信念、动机和行为，人们能够使用意志和清醒的头脑去改变他们的行为。

③ 给予他人关爱以及帮助他人时也可以使自己受益。

④ 如果人们作为团体中的一分子加入有建设性的互动行为中，他们的能力提高更快，学到的东西更多，获得的满足感更强。

这些观念本质上应该是完全正确的，但它们还是会和人们对自己和对他人的固有看法发生冲突。因此，通过对这些理念进行阐述和讨论，可以充分暴露那些可能使指导和监督行为无效的问题。

（2）目标设定。

为了改进绩效、提高能力，理想的情况是既要设定绩效目标，又设定能力发展目标。绩效目标指的是和经营业绩挂钩的目标，如销售额提高20%、离职率降低3%等。能力发展目标指的是那些和提高员工完成工作以及创造业绩的能力有关的目标，如提高人际关系能力、提高影响力等。

① 设定绩效目标。

设定绩效目标时，要解决好以下问题：

A. 绩效目标由谁设定。

不同的组织对此有不同的政策和观点，而且，不同的环境也需要不同的反应。如果员工参加了其绩效目标的设定，他们将更有可能投入必要的时间、精力和情感来完成这些目标。但高层发现他们制定的某些绩效目标要比员工自己制定的明智得多。例如，一个公司正处在实施某一将损耗率降低10%的计划的第3年，一位已经将损耗率降低了7%的经理也许会被告之今年再把损耗率降低3%。让经理接受目标是很重要的，但是，他（或她）不一定就是目标的制定者。

有一点必须保证，公司的管理层应该成为目标的最终决定者。管理层必须得知道员工正努力在工作中取得业绩来帮助公司完成它的总体目标。组织应具备一种程序，通过该程序，组织能够审核员工的目标，以保证他们都在致力完成共同目标，并且尽可能快地调整行动方向。

B. 优秀绩效目标的特点。

最好的情况是绩效目标应该和岗位规范中规定的工作目标相互关联。例如，在岗位规范中采购经理的工作目标之一是保证生产部门的原料供应，采购经理的绩效目标就应该参照这一目标。这样一来，他的绩效目标就可以从减少因原料缺乏而导致的生产延误次数的角度来描述。

缩写词 SMART 常被当作一个记忆口诀来帮助员工制定绩效目标,即明确具体的(S)、可量化的(M)、可实现性(A)、以业绩为导向(R)、有时间界限(T)。其具体内容前文已有详述,故不再赘述。

如果公司的每一个绩效目标都符合 SMART 标准,公司文化将变得更以业绩为导向。然而,现实的情况是,无论你提及哪个目标,就立即会有员工挑出目标所缺乏的要素,如"什么时候完成目标?""完成多少?""我们怎样才能知道自己已经完成了目标?"设定绩效目标的技巧对于一个强有力的绩效计划过程是非常重要的。

C. 区分绩效目标的优先次序。

许多公司在策划过程中并没有区分绩效目标的优先次序,这也许会向员工暗示所有的绩效目标都同等重要。因为绩效计划过程的目的之一,是让员工知道对他们的期望是什么,所以,定出每个绩效目标的优先权重是一个很好的方法,这样可以让员工知道目标的重要性。例如,销售人员的一个目标是把销售额提高10%,另一个目标是及时完成所有的文书工作。很明显,第一个目标比第二个目标重要得多。让他们知道这些目标的相对重要性是十分重要的。

区分优先次序的一个办法是用百分比计算出每一目标的权重,所有目标的权重之和为100%,如表8-1所示。

表8-1 权重分配表

绩效目标	权重百分比	绩效目标	权重百分比
销售额提高20%	45%	及时完成所有文书工作	10%
增加四位新客户	20%	用其他方式完成经营目标	10%
提高与生产部门的联络	15%		

另一种区分优先次序的方法是用3—4个档次进行衡量——从最重要到最不重要。分档方式是多样化的,但无论使用何种分档方式,让员工了解组织确定的优先次序是很重要的,因为这样员工能够相应地调整其行为。

如果组织对每一位员工都有一个总体的业绩考核,让员工了解业绩的优先次序更重要。业绩考核至少部分地和绩效目标的完成相关,而且,让员工知道他们不同的工作职责和工作目标的相对重要性,也是一种合理而常用的经营意识。

D. 评估绩效目标的完成情况。

有些绩效目标很容易评估,如提高税收、按时完成某个项目、招聘若干人员,但有些目标的评估要困难些,如提高招聘过程的质量、使工作环境更加宜人、提高工作效率。评估这些软目标的办法之一是制定一个等级(如1—5),然后让其他人来评估目标的完成情况。

一旦确定了绩效目标的评估方式后,员工和经理们就不得不详细检查他们想要取得的业绩以及通过怎样的方式才能知道已经取得了成功。在绩效计划制定初期投入足够的时间,将大大减少实施阶段和评估阶段可能出现的模糊性和不确定因素,工作会更有重点,目标会更为清晰。

② 设定能力发展目标。

设定能力发展目标,要解决好以下问题:

A. 能力发展目标由谁制定。

每个员工都应该设定自己的能力发展目标,无论他是首席执行官还是采购员。提高工作中最重要的能力可以使每位员工把工作做得更好。

B. 员工一次可以提高多少能力。

能力提高不是一件容易的事,因为能力行为的改变需要付出努力和关注,所以,一次提高许多方面的能力几乎是不可能的。我们建议一次提高2—3方面的能力。这些能力的提高将对绩效产生连锁反应,其他方面的能力通常也能够得到提高。

C. 员工应该设定多少能力发展目标。

在每一个能力方面设定1—3个发展目标已经足够帮助其改善绩效了。设定的目标不能太多,否则,员工会感到压力太大。发展目标的多少取决于员工想要提高的能力的多少。当然,员工提高多少能力,也应该考虑组织的现状和发展需要。

D. 怎样选择员工的能力发展目标。

如果员工愿意承担风险,接受必要的挑战来提高他们的能力水平,他们就必须愿意改善自我。如果员工所有要发展的能力都由他们的经理说了算,他们就不大可能把这些目标当作自己的目标。能力发展目标根据不同的目的和不同的环境可以用不同的方式来确定。有时候,组织可以让所有员工都来发展同一方面的能力,这样做可以使组织迅速发生变化,因为大家都朝着同一方向努力。

通常所使用的方法是把两种方法结合起来:一是由管理者决定;二是由员工自己决定。这样做可以带来两方面的好处:一是员工会感到他们对于发展过程有了某种掌控;二是管理者可以让其下属去提高管理者所认为的对于工作的成功最为重要的能力。

E. 怎样设定能力发展目标。

同绩效目标一样,能力发展目标也应该满足SMART标准。除了SMART标准外,能力发展目标还应该极大地提高所要发展的能力的水平。大部分能力发展目标可被归入以下四类:

- 提高以行为为标准的得分:"我的目标是把主动性的分数从'4'提高到'5'。"
- 提高某一方面的能力而不改变相关的评分尺度:"我的目标是更有影响力。"

- 开发属于能力方面的主要行为:"我的目标是从头到尾对某一复杂项目负完全责任。"
- 和能力有直接关系的一份解释清楚的工作项目:"我的目标是为工厂减少10%的耗损承担完全责任。"

能力发展目标的模式可由组织来决定,也可由管理者或员工来决定。只要符合SMART标准,这些目标都会发挥作用。

F. 能力发展目标同绩效目标的关系。

绩效目标即员工的工作"是什么",能力发展目标则是员工的工作"怎么样"。能力发展目标的完成可以帮助员工完成他们的绩效目标。如果能力发展目标既不能改善目前的绩效,又不能让员工为未来的绩效做准备,这样的能力发展目标就不是一个合适的目标。

G. 评估能力发展目标的完成情况。

除了利用以行为为标准的评分标准作为评估成功的手段外,能力发展目标的其他评估方式与绩效目标的评估方式相同。如果评分标准本身就被当作一种评估手段,对于分数等级的规定就成了用来评估行为方面提高的标准。

(3) 制定完成目标的行动步骤。

"行动步骤"这一词语描述了用来完成目标的策略。假如用一次旅行来作类比,评估过程确定的是目前的位置,能力发展目标和绩效目标确定的是目的地,而行动步骤确定的是从一个地方到另一个地方的路线。尽管殊途同归,但对路线的策划却可以使旅行更快捷、更直接。制定行动步骤时也是如此。只有在作为实现目标的手段时,行动步骤的重要性才得以显现。如果员工们从来没有采取过任何行动步骤却还是完成了目标,他们当然算完成了既定目标。然而,大多数人还是需要行动步骤去帮助他们完成目标。

行动步骤只有在符合 SMART 标准时才最有威力。实际上,只有符合 SMART 标准的行为或行动才能被称作行动步骤。下面用两个例子来加以说明。

① 绩效目标:使公司在接下来的 5 个月内销售额达到 200 万元。

行动步骤:每周走访客户 15 次。

行动步骤是明确具体的:工作内容规定得很明确。行动步骤是可量化的:员工们能够数出走访客户的次数。行动步骤与企业目标及经营目标一致:走访客户可以促进销售。在这个例子中,假设员工和经理都认为每周走访客户 15 次是可以实现的。如果行动步骤的实施可以帮助员工完成目标,这些行动步骤可以说是以业绩为导向的。如果每周走访客户 15 次已足够使销售额达到 200 万元,这些行动步骤也是以业绩为导向的。行动步骤也是有时间界限的:每周进行。

② 能力发展目标:更好地指导下属,提高培养他人的能力。评估标准是看下属

是否将我视为他们的导师。

行动步骤：每周完成指导一名下属的任务，每周一早晨的全体人员会议上定出具体时间。

一种检查行动步骤的方法是退后一步，考虑一下采取这些行动步骤是否有助于目标的完成？这些行动步骤是否构成达到目的的重要手段？总之，在实施了所有行动步骤的情况下，目标的实现应该能够得到保障。

如果没有达到 SMART 标准，常常会在行动步骤的制定中造成问题。行动步骤常常缺乏时间界限：

"我将对我的部门进行调查以确定部门的主要需求是什么。"（到什么时间为止？）

"我将对我的下属开展指导工作。"（多久一次？）

有些行动步骤无法量化：

"我将同工厂经理有更多的接触。"（多少次接触或多久接触一次？）

有些行动步骤缺乏可实现性：

"我每天上午的九点到十点间要打 100 个推销电话。"（这并不现实。）

通过在组织中引进行动步骤的制定，你可以创造出一种行为规范，从而培养出以业绩为导向的企业文化。

针对能力发展的目标，利用关键行为可以使行动步骤的制定更为容易。过程如下：

- 首先，对员工与能力相关的关键行为进行评分；
- 其次，评估哪些关键行为在得到改善的情况下将最能提高总体能力；
- 最后，制定具体的针对那些关键行为的行动步骤。

以影响力为例，以下列举的是与影响力相关的一些关键行为：

- 说明一个人的职位怎样使周围的人受益；
- 发现他人的忧虑、愿望和需求；
- 引出反对意见，并对反对意见作出有效反应；
- 确定主要决策者以及决策者的主要影响人；
- 对反应和反对意见作出预测并计划怎样予以克服。

假设一位员工在第二项关键行为方面能力比较弱——发现他人的忧虑、愿望和需求，那么正确的行动步骤也许是：每天向一名合作者、老板、下属或客户提问，找出某人的忧虑、愿望和需求。

利用关键行为指导工作步骤的制定，员工可以把自身的发展集中在将会提高他们总体能力水平的因素上。

(4) 解决能力发展中存在的问题和障碍。

在理想状态下,目标确定后,能力的发展应该是很容易的事。只需要先找出我们应该掌握的知识、技能和方法,然后开始学习即可。但事情显然并非如此简单。当发展员工能力的时候,可能会遇到这样那样的障碍。大部分障碍可以归入:知识障碍、技能障碍、过程障碍、情感障碍。

如果员工没有掌握完成工作的必要信息,知识障碍就会发生。比如,公司的新员工不知道谁是公司的决策者、谁是主要影响人等。

如果员工知道怎样完成工作,却缺乏把工作按要求自始至终地迅速做好的技能,技能障碍就会发生。例如,员工也许已经学过怎样操作新设备,但因操作时间不够而无法进行有效率的操作。

如果员工们不能有效地处理一系列的任务或事件来取得某一业绩,过程障碍就会发生。员工也许很善于处理每个单独的任务,但他们缺乏把所有的任务按正确的次序排列好,并用适当的方法在适当的时间完成任务的能力。和这一类障碍有关的例子包括项目管理、复杂的销售任务、建筑、产品开发等。

情感障碍指的是那些和心理因素有关的问题。比如,一些员工担心产生矛盾而不愿意坚持他们认为是正确的东西;一些员工担心会失败而不敢设定有挑战性的目标;还有一些员工害怕被责怪或遭到不好的待遇,不愿意承认失败或为他们的行为承担责任,等等。

分析绩效障碍属于哪一类范畴十分重要,因为克服障碍的方法来自这些分析。如果问题因技能不足所致,获得技能就是正确的解决方法。如果员工具备了技能却因为情感障碍而无法使用技能,获得技能对于问题的解决将无济于事。解决方法得适合问题本身。

在能力发展的过程中,必须充分了解员工的技能和能力目前所处的状态、妨碍员工获得更好绩效的因素,以及员工的事业目标和他们的愿望。根据这些信息,员工才能在经理的支持下制定出目标和行动步骤来改变他们的行为,取得他们所期望的绩效成果。

(5) 明确指导者的行动。

如果管理者们能够激励并指导他们的员工改进绩效,绩效改进方案就能够发挥良好作用。然而,很多管理者缺乏这些能力。实际上,许多管理者甚至不知道一位优秀指导人员该具备什么样的行为。下面列举了成为一名优秀指导人员应该具备哪些行为以及需要哪些步骤。

① 利用能力框架传达你对员工的期望。通过语言、能力以及主要行为传达员工身上可挖掘的潜力。

② 倾听。倾听员工的诉说,不要老想着去控制他们或让他们把事情做完;努力

去了解他们,了解什么事情对他们很重要,了解他们的感情和他们的忧虑;同情他们,使你自己认同他们以及他们的感情;设身处地地想象一下他们的感觉,然后再和他们谈话;把你对于他们的境遇和感情的理解告诉他们。

③ 给予反馈信息。让他们知道你是怎样看待他们的;直接、诚实地告诉他们你对他们的行为以及他们的行为所带来的后果的看法;避免那些轻蔑的判断和指责,请记住,反馈的目的是让他们了解能够帮助他们改变行为的有关信息。

④ 让员工自己认同一个更高的目标。帮助员工表达他们的希望和理想,与他们一起努力把他们的理想和组织对他们的期望结合起来。如果他们把自己在公司所起的作用看作实现个人抱负的途径,就能在自身发展中做出更多的投入。

⑤ 利用能力概念来判断问题。能力和主要行为可以有效地把当前行为与理想行为进行比较,从中可以找出差距和发展道路。

⑥ 看清障碍。确定阻碍绩效发展的因素是信息、技巧、过程还是情感方面的障碍,利用以上分析找出解决方法。

⑦ 确定目标。利用手头一切信息(组织目标、个人抱负、远景规划、问题的分析、能力的发展等)确立能力发展目标和绩效目标。

⑧ 制定行动步骤。制定符合 SMART 原则的行动步骤来完成目标,要能够支持能力发展目标和其他行动步骤顺利完成。

⑨ 跟踪并监控目标和行动步骤的进展情况。跟踪并传达出目标和行动步骤的进展情况,目的是确保员工能够取得成功,问题能够被迅速解决。

⑩ 让员工了解你的目标和行动步骤。让他们看到他们的工作在你的目标中处于什么位置,向他们示范如何跟踪目标和行动步骤的进展。如果你的员工经常看到你在使用你要求他们使用的程序,他们就会更自觉、自愿地去使用这一程序。

(6) 绩效改进方案的实施。

实施绩效改进方案应该遵循一系列指导方针,这些指导方针同样适用于引进涉及培训和指导的基于能力的人力资源管理实践。然而,绩效管理本身的性质使我们必须强调以下要点:从情感方面来讲,绩效改进是一个在情感上十分脆弱的过程。员工的弱点要被暴露出来,员工得去谈论并解决那些影响能力的、已经被隐藏多年的难以解决的行为方面的问题。解决了这些问题,可以让员工感到骄傲和自信,但这一过程也许也会让他们产生恐惧、尴尬以及被伤害的感觉。如果处理不当,员工会产生抵触和不满的情绪。

要遵循的重要原则之一是,高层管理者应该把他们自己的绩效改进当作实施内容的一个组成部分。员工如果知道首席执行官和高层管理班子也在像其他每个员工一样努力提高自己,没有什么比这所传达的信息更强劲有力了。反之,另一条信息也可以用同样的方式令人丧失前进动力:"如果高层管理人员不努力去提高他们能力,他们希望我们提高能力的目的仅仅是为了为他们所用。"

绩效改进方案的实施需要细致的策划以及有组织的培训和指导。如果组织想要提高新的能力，在最初使用这一体系时得尽量保持简单。

今天的员工对引进任何旨在改进绩效的人力资源实践都抱着相当大的嘲讽和怀疑态度。该方案内部支持者的可信度将对员工是否接受并愿意为这一方案的实施付出努力起到关键作用。如果管理层并不真正支持这一方案，或不为大部分员工所信赖，这一方案的实施就会困难重重。

二、薪酬奖金的分配

现代管理要求薪酬分配遵循公平与效率两大原则，这就必须要对每一名员工的劳动成果进行评定和计量，按劳付酬。绩效评价结果则能够为报酬分配提供切实可靠的依据，因此，进行薪酬分配和薪资调整时，应当根据员工的绩效表现，运用考评结果，建立考核结果与薪酬奖励挂钩的制度，使不同的绩效对应不同的待遇。合理的薪酬不仅是对员工劳动成果的公正认可，而且可以产生激励作用，形成积极进取的组织氛围。

不同的公司所采取的薪酬体系也有所不同，甚至存在许多差异，但薪酬体系基本上可分为固定部分和动态部分，岗位工资、级别工资等决定了员工薪酬中的固定部分，绩效则决定了薪酬中变动的部分，如绩效工资、奖金等。下面重点分析绩效加薪、绩效奖金、特殊绩效奖金认可计划三种最为常见的薪酬制度。

1. 绩效加薪

绩效加薪是将基本薪酬的增加与员工所获得的评价等级联系在一起的绩效奖励计划。员工能否得到加薪以及加薪的比例高低通常取决于两个因素：第一个因素是员工在绩效评价中所获得的评价等级；第二个因素是员工的实际工资与市场工资的比率。当然，在实际操作中，由于很难得到真实的市场工资数据，大部分企业大体上以员工现有的基本工资额作为加薪的基数。比如，在某公司人力资源部门的绩效管理体系中，把员工的评价结果分为 S、A、B、C、D 五个等级，相应的加薪比例为 10%、8%、5%、0、-5%，假如一个员工的基本工资为 2 000 元，年终的评价等级为 S，则这个员工在下年度的基本工资就变成 2 200 元（获得了 200 元的加薪）。然而，企业采取绩效加薪后，新增加的工资额就会变成员工下一时期的基本工资，随着时间的延续，这种情况很可能会导致员工的基本工资额在缓慢积累的基础上大幅度提高，甚至会超出企业盈利能力所能够支付的界限。因此，为了弥补绩效加薪制度的缺陷，越来越多的企业采取绩效奖金的方式而不是绩效加薪的方式来激励优秀员工。

2. 绩效奖金

绩效奖金是企业依据员工个人的绩效评价结果,确定奖金的发放标准并支付奖金的做法。绩效奖金的类型有很多种,常用的公式是:

$$员工实际得到的奖金 = 奖金总额 \times 奖金系数$$

奖金总额的确定没有一个统一的标准,一般以基本工资为基数,确定一个浮动的绩效奖金额度。奖金系数则是由员工的绩效评价结果决定的。绩效奖金和绩效加薪的不同之处在于,企业支付给员工的绩效奖金不会自动累计到员工的基本工资之中,员工如果想再次获得同样的奖励,就必须像以前那样努力工作,以获得较高的评价分数。由于绩效奖金制度和企业的绩效考核周期密切相关,所以,这种制度在奖励员工方面有一定的局限性,缺乏灵活性,而当企业需要对那些在某方面特别优秀的员工进行奖励时,特殊绩效奖金认可计划就是一种较好的选择。

3. 特殊绩效奖金认可计划

特殊绩效奖金认可计划,是在员工努力的程度远远超出工作标准的要求,为企业创造了优异的业绩或者作出了重大贡献时,企业给予他们的一次性奖励。这种奖励可以是现金,可以是物质奖励,也可以是荣誉称号等精神奖励。与绩效加薪和绩效奖金不同的是,特殊绩效奖金认可计划具有非常高的灵活性,它可以对那些出乎意料的、各种各样的单项高水平绩效表现进行奖励。比如,某造纸集团公司人力资源部职员 A 根据自己多年人事档案管理的经验,设计了一套系统软件,对全公司专业技术人才分类统计、分专业保存,建立了电子人才储备库,为公司进行专业人才调配提供了快速、方便的通道,受到部长和同事们的充分肯定,部里拿出 20 000 元现金作为对他发明设计这套软件的奖赏。

三、员工职业发展

绩效评价结果与员工职业发展结合起来,可以实现员工发展与部门发展的有机结合,达到本部门人力资源需求与员工职业生涯需求之间的平衡,创造一个高效率的工作环境。

职业生涯发展是吸引和留住员工的重要因素。针对员工,人力资源部门应为其量身定做职业生涯发展规划,并定期与员工一起对其职业生涯发展规划进行修正,保证员工的职业生涯成功发展。如依据绩效结果实行岗位轮换,做到人尽其才,才尽其用,如此,就能有效提高员工的积极性,激发员工的潜能。反之,如果人力资源部门不注重员工的工作流动,不注重为员工提供发展的平台,也没有绩效考核、激励机制来保证员工按业绩、按贡献正常晋级、加薪等,就会严重挫伤工作人员的积极性,影响工作业绩和效率。

绩效评价结果可以为员工的工作配置提供科学依据。工作配置分为晋升、工作轮换、淘汰三种主要形式。人力资源部门在对员工进行绩效评价时,不能只评价他目前工作业绩的好坏,还要通过对员工能力的考察,进一步确认该员工未来的潜力。对那些绩效优秀而且大有潜力的员工,可以通过晋升的方式给他们提供更大的舞台和施展才能的机会,帮助他们取得更大的业绩。对那些绩效不佳的员工,应该认真分析其绩效不好的原因。如果是员工自身的素质和能力与现有的工作岗位不匹配,可以考虑对其进行工作调动和重新安排,以发挥其长处,帮助其创造更佳业绩。如果是员工个人不努力工作,消极怠工,可以采取淘汰的方式。人力资源部门在对业绩不佳的员工进行淘汰时要慎重,要认真分析造成员工绩效不佳的具体原因,然后再作决定,且淘汰比例不宜太大。

绩效评价结果还可以为企业对员工进行全面教育培训提供科学依据。当员工的绩效较差时,就要对其原因进行分析。因此,除了可以通过绩效评价衡量员工的绩效业绩外,还可以利用绩效评价来提供一些信息,从而实现对其能力进行有针对性地开发和培训的目标。

四、其他应用

1. 开发员工潜能

其实,企业建立绩效管理体系,除了要区分出员工绩效的优劣之外,还有一个很重要的功能,就是通过分析绩效评价的结果来提升员工的技能和能力。培训的一个主要出发点就是员工绩效不良或者绩效低于标准要求,也就是说,当员工的现有绩效评价结果和企业对他们的期望绩效之间存在差距时,管理者就要考虑是否可以通过培训来改善员工的绩效水平。这时就需要对绩效较差的员工进行分析,如果员工仅仅是缺乏完成工作所必需的技能和知识,就需要对他们进行培训。因此,除了可以通过绩效评价衡量员工的绩效业绩外,也可以利用绩效评价的信息来对员工能力进行开发。绩效评价系统必须能够向员工提供关于他们存在的绩效问题,以及可以被用来改善这些绩效问题的方法等方面的一些信息,其中包括使员工清楚地理解他们当前的绩效与期望绩效之间所存在的差异,帮助他们找到造成差异的原因以及制定改善绩效的行动计划。目前,我国许多企业接受并采用国外流行的360度绩效考核方法。在360度绩效评价系统中,一个员工的行为或技能不仅要受到下属人员,而且还要受到其同事、顾客、上级以及本人的评价。不过，国外的企业往往是将360度绩效考核用于员工培训与技能开发，而不是直接与薪酬挂钩，因此，这种概念的准确说法是360度绩效反馈，而不是360度绩效考核。360度绩效反馈系统的好处，是它从不同的角度搜集关于员工绩效的信息，同时还可以使员工将自我评价与他人对自己的评价进行比较，帮助员工进行自我能力的评估。

2. 为"奖对罚准"提供标准

奖对是基础，罚准是水平。奖为主，罚为辅，奖惩结合历来是企业管理中的激励原则。只有通过绩效评价，对那些忠于职守、踏实工作、成绩优异者给予物质或精神上的奖励，对那些不负责任、偷工减料、绩效低下者给予惩戒，才能真正鼓励员工向优秀者学习，防止不负责任的现象蔓延。当然，这种惩处并不意味着不允许犯错误，也并不是说凡是犯了错误的都要予以惩罚。实际上，对于有上进心的人来说，失败乃成功之母。许多优秀的经理和其他管理人员的优点并不是他们没犯过错误，而是他们往往由于勇于创新而犯错误。他们犯错误的次数越多，他们所积累的经验就越丰富，而他们继续创新获得的成果就可能越大。因此，对不同的人所犯的错误要区别对待。相反，对那些工作平庸、毫无上进心的人，即使不犯错误，也要将其从较高的领导职位上调离。

任何一个业绩突出的人力资源部门，它的管理人员之所以能尽到管理责任，主要是因为它能及时和公正地对管理人员进行评价。同时，又能以此评价为依据，对他们作出恰当的奖励或惩处，让他们保持旺盛的工作热情，很自然地在工作中展开竞赛。久而久之，在本部门中就会形成一种良好的工作作风和传统习惯：以上进为荣，以消极、平庸为辱。这种优良传统的形成，是企业的精神财富，是无价之宝。

对一个管理人员的评价，必须是全面的和系统的，不能草率地根据一两件事就对某个管理人员的品质、责任心和工作能力作出判断。要知道，正确而恰当的奖罚，会营造出一个欣欣向荣、团结向上的集体风气；错误的、不公平的奖罚，则会令一个人、一个部门甚至一个单位陷入涣散、颓废的泥潭。作为一个部门的领导，最大的失误是根据自己的好恶来决定对下属的奖罚，这种方式会让自己的周围留下一些溜须拍马之人。提拔了这些人，就等于惩罚了那些真正一心为公司工作、认真负责的人，大多数工作人员就会失去工作的主动性、创造性和积极性。

案例分析：华为的末位淘汰制

末位淘汰制是指工作单位根据本单位的总体和具体目标，结合各个岗位的实际情况，设定一定的考核指标体系，以此指标体系为标准对员工进行考核，根据考核的结果对得分靠后的员工进行淘汰的绩效管理制度。现实中,实施末位淘汰制的企业不在少数,特别是在互联网企业中,包括一些国内外的名企。今天为大家分享的就是华为的末位淘汰制。

任正非曾在一次内部讲话中指示:"每年华为要保持5%的自然淘汰率。"这在华为内部被称为末位淘汰制。

末位淘汰制与裁员有着本质区别,前者是为了激励员工,使他们觉醒,不要落后于时代,后者主要是企业为了摆脱包袱,迫不得已而采取的手段;前者过滤的是一些无法接受挑战或不愿作出改变的人,后者很多时候是一刀切。

一、给华为带来了活力

在华为,实施末位淘汰与其要求员工要保持强烈的危机意识,目的是一致的。"华为的危机以及萎缩、破产是一定会来到的",任正非在他那篇著名的《华为的冬天》中如是说。而当觉察到这种萎缩就要到来时,保持每年5%的自然淘汰率比进行裁员更有利于华为的人员管理。

任正非认为,通过淘汰5%的落后分子能促进全体员工努力前进,让员工更有危机感,更有紧迫意识。员工为了不被淘汰,就必须不断地提高自己、调整自己,以适应公司的要求和发展形势,这种能上能下、有进有出的竞争机制也给华为带来了活力。任正非在其文章《能工巧匠是我们企业的宝贵财富》中写道:"由于市场和产品已经发生了结构上的大改变,现在有一些人员已经不能适应这种改变了,我们要把一些人裁掉,换一批人。因此,每一个员工都要调整自己,尽快适应公司的发展,使自己跟上公司的步伐,不被淘汰。只要你是一个很勤劳、认真负责的员工,我们都会想办法帮你调整工作岗位,不让你被辞退,我们还在尽可能地保护你。但是我们认为这种保护的能力已经越来越弱了,虽然从华为公司总的形势来看还是好的,但入关的钟声已经敲响,再把公司当成天堂,我们根本就不可能活下去。因为没有人来保证我们在市场上是常胜将军。"

对于被排在末位的员工,对于不能吃苦受累的员工,任正非的态度非常坚决——裁掉走人。在2002年的《迎接挑战,苦练内功,迎接春天的到来》一文中,任正非写道:"排在后面的还是要请他走的。在上海办事处时,上海的用户服务主任跟我说,他们的人多为独生子女,挺娇气的。我说独生子女回去找你妈妈去,我们送你上火车,再给你买张火车票,回去找你妈去,我不是你爹也不是你妈。各位,只要你怕苦怕累,就裁掉你,就走人。"

二、有利于干部队伍建设

对于"老资格"的干部,华为同样实施严格的淘汰制度。任正非曾说:"我们非常多的高级干部都在说空话,说话都不落到实处,'上有好者,下必甚焉',因此产生了更大一批说大话、空话的干部。现在我们就开始考核这些说大话、空话的干部,实践这把尺子一定能让他们扎扎实实干下去,我相信我们的淘汰机制一定能建立起来。"

在任正非看来,末位淘汰制有利于干部队伍建设,可以让员工更有效地监督领导干部,使领导干部有压力,更好地运用权力,使清廉又有能力的干部得到应有的晋升。华为实行干部末位淘汰制,其目的也是在干部中引进竞争的机制,增强干部的危机意识。

作为一个庞大的集团,华为要想能够使其始终保持高速运转的形势,就必须构建一支优秀的管理队伍。因此,在华为,不管员工以前做过多么大的贡献,都不会享受干部终身制,而是坚持干部末位淘汰制度,建立良性的新陈代谢机制,不间断地引进一批批优秀员工,形成源源不断的干部后备资源;开放中高层岗位,引进具有国际化运作经验的高级人才,加快干部队伍的国际化进程。

三、消灭泡沫化,提高人均效益

虽然有些人认为华为的末位淘汰制过于残酷,使员工缺乏安全感,也不符合人性化的管理思想。但任正非认为,实行末位淘汰还是有好处的,是利大于弊的。任正非在华为例会上说道:"事实上我们公司也存在泡沫化,如果当年我们不去跟随泡沫,当时就会死掉,跟随了泡沫未来可能也会死掉。我们消灭泡沫化的措施是什么?就是提高人均效益。"

"队伍不能闲下来,一闲下来就会生锈,就像不能打仗时才去建设队伍一样。不能因为现在合同少了,大家就坐在那里等合同,要用创造性的思维方式来加快发展。军队的方式是一日生活制度、一日养成教育,就是要通过平时的训练养成打仗的时候服从命令的习惯和纪律。如何在市场低潮期间培育出一支强劲的队伍,这是市场系统一个很大的命题。要强化绩效考核管理,实行末位淘汰,裁掉后进员工,激活整个队伍。"

"实行末位淘汰走掉一些落后的员工也有利于保护优秀的员工,我们要激活整个组织。大家都说美国的将军很年轻,其实了解了西点的军官培训体系和军衔的晋升制度就会知道,通往将军之路就是艰难困苦之路,西点军校就是坚定不移地贯彻末位淘汰的制度。"

一位已经离职的员工表示,末位淘汰制受到了员工相当程度的诟病,为了达到5%的末位淘汰硬性指标,华为公司内部一些部门的确有可能利用公司规则漏洞淘汰一些根基不深的新员工。

但一位在华为工作了6年的老员工刘先生(化名)表示,虽然他离开华为已经5年了,但对末位淘汰制依然持肯定态度。刘先生说,裁掉的人一般有两种:一种是无法接受华为的企业文化,没法适应快节奏、高压力、常加班;另一种是在华为待的时间长了,工作的能力和积极性下降,工作效率达不到要求。

四、规避劳动纠纷的风险

需要注意的是,末位淘汰制有多种形式。如果末位淘汰的结果是将处于末位的劳动者调离开某一职位,换一个岗位后工作,或者对处于末位的劳动者进行培训后再工作。这样形式的末位淘汰制度就不违反我国的劳动法律。如果根据考核排名结果直接把处于末位的员工从岗位上辞退,则是违反劳动法的。

事实上,华为那些被淘汰下来的员工并不完全是被解雇,有一部分可以进入再培训,或选择"内部创业"。《华为公司基本法》规定:"利用内部劳动力市场的竞争与淘汰机制,建立例行的员工解聘和辞退程序。"《华为公司基本法》还规定:"公司在经济不景气时期……启用自动降薪制度,避免过度裁员与人才流失,确保公司渡过难关。"

可以看出,华为虽然一直在执行末位淘汰,但其原则正如任正非所言,目的在于提高人均效益,打造一支善于冲锋陷阵、无往而不胜的"铁军"。

资料来源:文丽颜,张继辰.华为的人力资源管理(第3版)[M].深圳:海天出版社,2012.

本 章 小 结

绩效反馈之后,需要管理人员运用绩效考核结果来实现员工和企业的发展目标。

绩效考核结果的应用要遵循一些原则来完成,如以人为本,促进员工的职业发展;将员工个体和组织紧密地联系起来,促进员工与企业的共同成长和发展;统筹兼顾,综合运用,为人事决策提供科学依据。

目前,绩效考核结果的应用出现了很多问题,这些问题影响了绩效管理整体效果的提升,如绩效评价结果反馈不及时或没有反馈;绩效评价与员工的切身利益结合不紧密;员工的绩效评价与员工培训和个人发展没有很好的结合;绩效考核结果应用方式单一,缺乏绩效管理的有效手段;绩效考核结果应用形式化倾向严重。

绩效考核结果被广泛应用到人力资源管理的不同方面。绩效改进是这样一个过程:首先,分析员工的绩效考核结果,找出员工绩效中存在的问题;其次,针对存在的问题制定合理的绩效改进方案,并确保其能够有效地实施。绩效改进是

> 绩效考核的后续工作,是为了帮助下属改进绩效、提升能力,与完成管理任务一样都是管理者义无反顾的责任。
>
> 薪酬奖金分配是绩效考核结果一种非常普遍的用途。不同的公司所采取的薪酬体系有所不同,甚至存在许多差异,但薪酬体系基本上可分为固定部分和动态部分,岗位工资、级别工资等决定了员工薪酬中的固定部分,绩效则决定了薪酬中变动的部分,如绩效工资、奖金等。
>
> 员工职业发展是关注员工长远发展的一个计划。绩效评价结果与员工职业发展结合起来,可以实现员工发展与部门发展的有机结合,达到本部门人力资源需求与员工职业生涯需求之间的平衡,创造一个高效率的工作环境。
>
> 绩效考核结果还有其他方面的应用,如开发员工潜能、为奖对罚错提供标准等。

思考与讨论

1. 绩效考核结果的应用要遵循哪些原则?
2. 目前,绩效考核结果主要应用于哪些方面?
3. 什么是绩效改进?其指导思想是什么?
4. 基于能力的绩效改进方案指的是什么?其基本流程是怎么样的?
5. 如何将绩效考核结果应用到薪酬奖金的分配?

第三部分　绩效考核技术

第九章

基于目标管理的绩效考核

- 什么是目标管理法？
- 目标管理给现代绩效管理带来什么样的影响？
- 如何在企业中推行目标管理考核法？
- 目标管理考核法的优势和不足体现在哪些方面？
- 目标管理考核法对我国管理实践的影响有哪些？

第一节　目标管理的起源

一、目标管理产生的背景

自20世纪初泰罗提出科学管理以来，西方资本主义国家的经济得到了长足发展，在企业经营管理方面也有了很大的进步。第二次世界大战结束后，世界各国一方面因为蒙受战祸而迫切谋求经济的振兴；另一方面由于企业经营管理的环境发生变化，人们参加工作的行为动机发生了相应的改变，原来泰罗的科学管理的严格监督、控制的管理方式，已不能充分调动员工的工作积极性。当时美国的一般企业，由于组织机构臃肿，管理组织僵化，工作效率不高，影响职工积极性的发挥。因此，亟须一种新的、更有活力的管理制度取而代之，在此情况下，目标管理应运而生。

1954年，彼得·德鲁克在《管理实践》一书中首先使用了"目标管理"的概念。所谓目标管理，乃是一种程序或过程，它是组织中的上级和下级一起协商，根据组织的使命确定一定时期内组织的总目标，由此决定上、下级的责任和分目标，并把这些目标作为组织绩效考核以及考核每个部门和个人绩效产出对组织贡献的标准。

目标管理实行以来，有力地激发了员工的积极性，许多企业得以起死回生。因而，这种方法迅速普及于美国各大企业，不久风行于欧洲和日本。目标管理之所以能起到很好的效果，究其根本原因在于它的科学理论依据。

1. 系统论——全局、整体的管理组织系统

系统论的基本思想方法，就是把研究和处理的对象当作一个系统，分析系统的结构和功能，研究系统、要素、环境三者的相互关系和变动的规律性。系统论对目标管理的影响主要体现在：为目标管理的过程提供一种理论上的指导，使人们从战略角度对目标管理进行全面研究，帮助人们在研究目标管理各个具体问题时注重它们之间的关系及相互影响。

2. 控制论——宏观管理与自我管理

控制是一种有目的的主动行为，管理控制行为的目的就是实现组织系统的目标，目标控制就是从这一要点出发的。一方面，领导者站在宏观角度对被控系统输入目标要求，再通过其输出的目标状态与原输入要求进行比较，找出偏差，采取措施，保证目标实现，并以目标达成度为依据来考评管理活动的效果。

3. 激励理论——目标管理的核心和动力

人本原理告诉我们：人是管理的核心和动力，能否调动人的积极性，发挥人的创造性和主动性，是管理活动成败的关键。正是从这个关键问题出发，目标管理需要强调目标的激励作用，理论演进和实践经验都表明，一个单位如果没有明确的目标，是不可能激励集体及其成员去积极工作的。

目标是激发人们动机的诱因。心理学家马斯洛（Abraham Maslow）认为，人的需要是多层次的，其中，成就需要是最高层次的需要。凡是有事业心的人，都遵循这样的活动规律，即"选定合适的目标——努力奋斗去实现——达到目标——制定更高的目标——再奋斗……"，不断循环，不断提高目标层次。因此，运用激励理论解决好目标激励作用，是一个十分重要的问题。

二、目标管理广泛而深入的应用

目标管理开始于20世纪50年代，尤其在60、70年代经济发达的美国应用广泛，风靡一时。目标管理的思想不断发展，目标管理理论也逐渐完善并适应企业的内外部环境，如项目管理理论就是目标管理的延伸和发展。

经过几十年的发展，目标管理的理论体系从单纯的单项、片面的目标管理体系到基于战略和管理的角度不断发展，企业网络化、信息化的发展使现代企业的目标管理工作从成本和效率上提供了更多的管理和技术支持，如著名企业爱普生（Epson）、英特尔（Intel）、丰田（Toyota）等企业实现了目标管理的成功。

我国企业于20世纪80年代引入目标管理，得到了很好的应用，很多高校、企业、事业单位都采用了目标管理法。目前，在国内成功实施目标管理的企业有蒙牛、联想、海尔、TCL等知名民企以及众多的大型国有企业。

第二节　目标管理：现代绩效管理的思想基石

一、目标管理的基本内容

目标管理是一种科学的管理方法，它通过确定目标、制定措施、分解目标、落实措施、安排进度、组织实施、考核等企业自我控制手段来达到管理目的。目标管理的主要特点是它十分注意从期望达到的目标出发去采取能保证管理目的和成果实现的措施，以调动各方面的积极性，使每个人都为达到自己的目标而主动采取各种可能奏效的方法，成为管理的主动者，这个特点贯穿于整个目标管理过程中。

目标管理是一种反复循环、螺旋上升的管理方式，因而它的基本内容具有一定的周期性。目标管理正是通过其管理内容的周而复始，实现了管理效果的不断提高。究其每一个周期而言，它的基本内容如下。

1. 制定和分解目标

目标包括企业总目标、部门目标和个人目标。总目标确定之后，各部门就要为实现企业总目标而提出本单位的目标。然后，每个员工又要为实现本单位的目标而提出自己的个人目标。

在制定和分解目标过程中，目标管理思想鼓励下级自主提出目标，以配合上级目标的达成。而主管为符合企业经营策略，整合企业力量，应以尊重下级的心态，沟通、讨论下级所提出的目标。借助相互讨论的过程，定出理想的目标成为制定目标最为关键的一点。

2. 实现目标过程中的管理

目标设定之后，各级主管就要按照目标制定工作计划，并负责推行。目标的完成不仅仅是目标责任人自己的事，它需要上级协助完成。那么，上级要怎么协助下级执行目标呢？

首先，要有适当的授权。授权就是使下级具有决定权。目标及达到目标的基本方针一经确定，上级就要对下级大胆放手，给每一个基层部门与每一个员工以实现目标所应有的权限，任由他们自行选择为实现目标所采取的措施和手段，不要擅自指挥与横加干涉，上级要自始至终地不断检查，对各项工作进行有重点的管理，促进目标执行者实现"自我控制与调节"，独立自主地实现目标。

适当的授权有利于减少上级管理人员的负担，提高企业的生产经营效果，同时，培养了下级管理人员，不断提高他们的管理水平。目标管理的特点之一，就是注重对各级管理人员的培训、锻炼和提高。实行授权，可以使下级管理人员对自己的目标任务自觉负责，并自行判断和处理问题，自我教育及自我提高。

其次，给予下级支援和协调。在实施目标管理的过程中，主管要根据下级在目标卡上所列的工作条件，给予必要的人力、物力上的支援与协助。此外，下级要完成所定的目标，需要其他部门的支援，主管应协助进行"横向联系"，以协调部门间的团队合作，共同完成目标。

最后，适时适地地交换意见。目标管理要求执行人以自动自发的精神去推动工作，并不代表主管可以放手不管。为使目标执行正确，身为主管应主动与下级交换意见，更应表示欢迎下级提意见，以便掌握情报。

3. 目标成果评价

期末进行目标成果评价，主要是检查目标实现的情况，根据不同的情况对执行者给予相应的奖励、表彰、批评与惩罚，达到激励和鼓励的目的。通过成果评价，也为下一个周期的目标制定工作做好准备。

二、目标管理的特点

通过对上述提到的目标管理的三项基本内容的分析，可以看到，由于目标管理重视人性，它以人为中心来进行管理，因此，目标管理具有以下特点：

首先，目标管理主张在整个管理过程中实现自我，即实现管理中的自我控制和自我调整，因此，它具有强烈的自觉性，是一种自觉的管理。目标管理不论在制定目标、实施目标或成果评价阶段，都十分注重人性，始终把握以目标来激励人们，去尽量发挥自我的各项能力，最终通过自我控制去实现整体与个人的目标。在目标制定中，目标管理以人为中心确定目标，特别是在实施目标中，目标管理注重给予执行者相当的自主权限而不任意干涉的方式，鼓励个人以实现自我的方式实现目标，也就是通过自我控制来实现目标，因而是一种以主动代替被动的管理方式。以自觉地努力追求目标的实现去取代麻木地完成工作指标，以自我努力取代被动附属，以自我控制取代任人支配，这就是目标管理的一种自觉的管理的重要特征。

其次，目标管理鼓励全体员工都参与管理，都成为管理者集团的一员，因而具有广泛的民主性，是一种民主的管理。目标管理在任何阶段，都十分尊重人，为了调动员工的积极性和主动性，它在实施过程中注意使管理群体化，让全体员工都参与管理，实行管理的民主化。目标管理十分注重协商、讨论、对话、交流这些方式，厌倦命令、干预、指挥及独断，特别是在制定个人目标时尊重目标执行者的意愿，以目标执行者为主制定目标，使员工提高努力工作实现目标的兴趣与积极性，这使目标管理成为一种民主的管理。

再次，目标管理以目标实现的程度进行管理成果的评价，注重管理的实际成效，因而具有极强的现实性，是一种成果的管理。目标管理也被称作根据成果进行管理的方法，这是因为这种管理最终是以目标的实现作为奖惩的唯一标准，把企业的业绩提高与员工的个人利益密切结合起来，强调成果的取得，主要是个人的能力、知识和努力，它注重成果，不只看资历、年限，使目标管理成为一种注重实效的管理。

最后，目标管理是一种反复循环、螺旋上升的管理方式，要求管理效果不断提高，在这个过程中目标成果信息的反馈保证了管理效果的不断提高。目标管理的执行按照确定的目标监督过程，不断地将执行结果反馈给各级目标负责人，及时纠正偏差，完善目标及实现目标的措施，以最高效率取得最佳效果。目标成果反馈是绝对必要的。这有两个极其重要的理由：第一个理由与以成就为方向的管理人员的要求有关；第二个理由是在目标阶段，管理人员通过临时决定或修正，使自己始终朝向预定的目标进行工作。

大量的实际经验证明下述两个前提是正确的：第一，管理人员越以成就为方向，越需要对自己工作的反馈。他自始至终地要了解他的工作做得好不好，他不愿意在采取行动后对行动的结果一无所知。第二，管理人员越以成就为方向，越不能容忍日常文书工作，以及不必要的日常事务和原始数据。他需要最小量的、经过组织的、有质量的、着重于采取行动的数据，他可以据此决策和采取行动。

三、目标管理的优势

1. 形成激励

当目标成为组织的每个层次、每个部门和每个成员未来欲达成的一种结果，且实现的可能性相当大时，目标就成为组织成员们的内在激励。特别是当这种结果实现时，组织还有相应的报酬，目标的激励效用就更大。

2. 有效管理

目标管理方式的实施可以切切实实地提高组织管理的效率。目标管理方式相比计划管理方式在推进组织工作进展、保证组织最终目标完成方面更胜一筹。因为目标管理是一种结果式管理，而不仅仅是一种计划的活动式工作。这种管理迫使组织的每一层次、每个部门及每个成员首先考虑目标的实现，尽力完成目标，这些目标是组织总目标的分解，所以，当组织的每个层次、每个部门及每个成员的目标完成时，也就是组织总目标的实现。

3. 明确任务

目标管理的另一个优点就是使各级主管及成员都明确组织的总目标、组织的结构体系、组织的分工与合作及各自的任务。一方面，这些职责的明确，使得主管人员也知道，为了完成目标，必须给予下级相应的权利，而不是大权独揽，小权也不分散。另一方面，许多着手实施目标管理方式的公司或其他组织，通常在目标管理实施的过程中会发现组织体系存在的缺陷，从而帮助组织对自己的体系进行改造。

4. 控制有效

目标管理也是一种控制的方式，即通过目标分解后的实现最终保证组织总目标实现的过程就是一种结果控制的方式。目标管理并不是目标分解下去便没有事了，事实上，组织高层在目标管理过程中要经常检查、对比目标，进行评比，看谁做得好，如果有偏差就及时纠正。从另一个方面来看，一个组织如果有一套明确的、可考核的目标体系，其本身就是进行监督控制的最好依据。

四、目标管理对现代绩效管理思想的影响

1. 目标管理为现代绩效管理带来自我管理思想

大力倡导目标管理的德鲁克认为，员工是愿意负责的，是愿意在工作中发挥自己的聪明才智和创造力的。目标管理的主旨在于，用"自我控制的管理"代替"压制性的管理"，它使管理人员和员工能够控制他们自己的成绩。这种自我控制可以成为更强烈的动力，推动他们尽自己最大的力量把工作做好，而不仅仅是"过得去"就行了。

现代绩效管理借鉴了目标管理中的自我管理思想，通过事前沟通、事中调控、事后考评等一系列工作，让每一个人都自觉动起来，自总经理到基层员工，就像齿轮一样，实现自我计划、自我执行、自我确认和自我调整的自我管理的最高境界。这样，既实现了有据此可以进行科学考评的绩效标准，又实施了真正的动态绩效管理。

2. 员工参与管理为现代绩效管理思想在企业成功运作提供支持

目标管理强调参与式的目标设置，这些目标是明确的、可检验的和可衡量的；强调把组织的整体目标转化为各部门和员工个人的具体目标，在这个转化的过程中，组织的总体目标是逐层分解的，由组织总体目标先转化为分公司目标，再转化为部门目标，最后到员工个体目标。所以，目标管理体制既不是由上而下也不是由下而上的，而是形成一个各层次目标相衔接的目标层次。对个体员工来说，目标管理提出了明确的个体绩效目标。如果所有人都实现了他们的目标，他们部门的目标就能实现，组织的总体目标也就成为现实。因此，每个人都可以为他所在单位的绩效作出明确而具体的贡献。

这种员工参与式的管理理念不仅提高了员工的积极性，也使制定的目标更具操作性。现代绩效管理思想引入员工参与管理，尤其是关键绩效指标考核法（KPI）。在关键绩效指标考核法设置目标的过程中，各个层次的管理者和员工共同制定关键业绩指标。关键绩效指标考核法认为，通过员工与管理者在关键绩效指标上达成的承诺，他们之间可以在工作期望、工作表现和未来发展等方面进行沟通。

3. 目标管理的系统思想使绩效管理能自我发展、自我提高

目标管理吸收了系统论的精华，强调企业的目标管理要具有集合性、层次性和相

关性。集合性是指系统至少由两个或两个以上的子系统构成，目标管理包括目标的制定、目标的实施和目标成果的考核。层次性使得目标管理在目标结构上具有层次性，包括组织目标、部门目标和个人目标三个层次。相关性是指系统各要素之间相互依存、相互制约的关系，目标管理突出了制定目标、实施目标和考核成果之间的相互关系。考核成果经过反馈后为下一个周期的目标制定提供依据，目标的制定也给考核设定了标准。

平衡计分卡克服传统绩效考核方法单纯利用财务指标来进行绩效考核的局限，从财务、顾客、内部流程和学习与成长四个方面来反映企业的整体绩效。就平衡计分卡的实际设计理念而言，它引入了目标管理的系统论思想，财务、顾客、内部流程和学习与成长四个方面之间相互联系，构成一个整体绩效指标体系，同时，不同层次管理人员和员工根据自身工作不同分解到不同的指标，在绩效指标上又具有层次性。

第三节 目标管理考核法的实施

一、导入目标管理法的必要条件

1. 要有明确的战略

目标管理建立在战略管理的基础上。目标管理强调的不是短期目标，而是注重长期目标，与企业的战略相结合。首先，应根据企业经营目标制定出完整的战略；其次，根据企业战略目标进行人力资源开发与规划。很多企业实行目标管理时只注重结果，从而导致员工只注重短期行为，给企业发展带来弊端。以目标管理来衡量员工绩效，并不是用一种强制性的方式来考核，而是要不断提升员工自身的素质，发现其不足之处，从而对员工培训提供有益参考，增加企业的核心竞争力。

2. 组织要具有团队精神

目标管理的有效实施基于具有团队精神的企业文化。目标管理要帮助员工提高效率从而增加满意度，目标的制定与完成需要彼此协调、相互合作。团队精神表现为员工之间相互团结、共同努力完成既定的目标。目标管理在实施过程中的主要困难是各行其是，所以，团队精神具有重要的基础作用。束缚目标管理的使用，是由于并不是每个组织都具有团队精神，组织结构和体制、机制以及文化背景和社会环境的影响极大。如果各部门和员工只关注自身目标的实现而忽视相互协作和组织目标的实现，滋长本位主义和急功近利的倾向，缺乏互相沟通和协商，势必影响总体目标的实施和实现。

3. 开放式的组织结构

开放性组织是指在组织中的领导者建立一种与员工互动的平台,使员工能够在合适的时间,以合适的方式针对某一问题发表自己的见解。在确定绩效目标时,一方面,员工认为目标是有价值的;另一方面,组织对执行和实现这些目标却没有给予足够的重视。造成这个差距的原因是没能及时与员工进行沟通和给员工提供反馈的机会。这样,难免会有员工认为目标管理作为绩效考核的工具就是一个监督工具。所以,组织必须能够提供一个双向沟通的平台,使员工了解自己目前在做什么、已经做了什么和下一步将要做什么。

4. 有效的反馈机制

工作的反馈是绝对必要的,具体的理由前文已有详述,在此不再赘述。

二、目标管理考核法的推进步骤

目标管理法是众多国内外企业进行绩效考核的最常见方法之一。之所以能得以推广,原因在于这种做法是与人们的价值观和处事方法相一致的,例如,人们都认为有必要依每个人所作的贡献而给予一定的回报、奖励。目标管理法得以推广的另外一个原因在于它能更好地把个人目标和组织目标有机地结合起来,达到一致,而减少下述这种可能性,即员工们每天在忙忙碌碌,但所做的事却与组织目标毫不相干。目标管理法的具体操作可以分为以下四个步骤(见图9-1)。

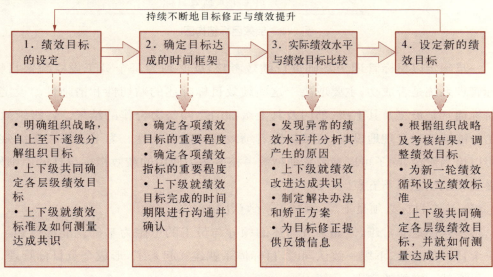

图 9-1　目标管理法的实施步骤

1. 绩效目标的设定

绩效目标的设定是目标管理程序的第一步,实际上是上下级共同确定各个层级所要达到的绩效目标。在实施目标管理的组织中,通常是上级考核者与被考核者一起来制定目标。目标主要指所期望达到的结果,以及为达到这一结果所应采取的方式、方法。

根据德鲁克的观点,管理组织应遵循的一个原则是:"每一项工作必须为达到总目标而展开。"因此,衡量一个员工是否称职,就要看他对总目标的贡献如何;反过来说,称职的员工应该明确地知道组织期待他达到的目标是什么。否则,就会指错方向,浪费资源,使组织遭受损失。在目标管理法中,绩效目标的设定开始于组织的最高层,他们提出组织使命和战略目标,然后通过部门层次往下传递至具体的各个员工(见图9-2)。个人的绩效目标如果完成,它就应代表最有助于该组织战略目标实现的绩效产出。在大多数情况下,个人目标是由员工及其上级主管在协商一致下制定的,而且在目标设定的同时,他们也需要就特定的绩效标准以及决定如何测量目标的完成达成共识。

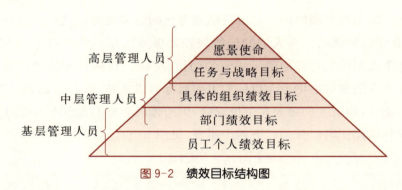

图9-2 绩效目标结构图

一旦确定以目标管理为基础进行绩效考核,就必须为每个员工设立绩效目标。目标管理系统是否成功,主要取决于这些绩效目标陈述的贴切性和清晰性。设定绩效目标通常是员工及其上级、部门及其上级部门之间努力合作的结果。各级绩效目标是否能够清晰合理地设置,直接决定着绩效考核的有效性。为了确保各级绩效目标得以恰当设定,除了可以参考其他绩效考核方法中使用的绩效指标设计的原则外,还必须特别注意以下五点。

(1)这个目标必须是上、下级员工一致认同的。

很多人说这非常难,但如果有前述的领导与员工的思想为基础就能够做到。当每一个目标都是上、下级一致认同时,目标体系就建立起来了,形成全员目标管理,企业的目标就一定能够实现。

(2) 这个目标必须符合 SMART 原则。

人们常说的目标有两个含义：一是一般意义的目标，就是要做成什么事，只能是愿望而已，它不是目标管理的目标；二是对做成这件事有准确的定义和完成时间限制，也就是符合 SMART 原则的目标[①]。

(3) 目标最好有个人努力的成分。

个人有收益，包括个人学习知识、训练技能、克服困难、改正错误等。让目标管理的应用者在工作中有所提高，符合其个人发展方向和个人需要的成果，或者是让个人觉得争了"一口气"，这样也是在增强个人的工作动力。

(4) 目标最好存在于一项完整的工作任务中。

这样一来，工作者可将工作精力集中在一件事情上，便于完成目标。

(5) 目标越少越好。

让目标集中，这样可以集中精力，解决一件完整的事，哪怕这个目标再进行多项分解。比如，对一个公司而言，一项 EVA 就可代替收入、利润、回收率等多个指标；对以生产为中心的制造业而言，一个单位产品成本就可以代替产量、劳动生产率、费用等多项指标。

2. 确定目标达成的时间框架

这是实施目标管理的第二步，即当他们为这一目标努力时，可以合理安排时间，了解自己目前在做什么、已经做了什么和下一步将要做什么。目标管理强调自我控制、自我突破，但绝不是放弃管理控制，只不过是用双向沟通代替了专制管理，通过确定绩效目标达成时间的有效约束，可以更有效地保证组织目标的实现。

在第一步和第二步的过程中，难免会有些员工认为目标管理作为绩效考核的工具就是一个监督工具。这样一来，他们在填写目标时，就会把容易完成的工作定为主要目标，并在确定绩效目标的时间框架上将自身利益凌驾于组织利益之上。更为有害的是，员工或部门可能为了体现业绩，用短期见效的目标取代意义重大但长期见效的目标。因此，作为管理者在推进以目标管理为基础的绩效考核时，在设计绩效考核指标时一定要把好绩效目标的"权重"关，把工作按照重要性和迫切性划分为四个象限，即重要又迫切、重要但不迫切、迫切但不重要、既不重要又不迫切的四类绩效指标，通过各方面的彼此协调，减少资源浪费，尤其是时间资源。

3. 实际绩效水平与绩效目标比较

这是实施目标管理的第三步。这样考核者就能够找出以下问题的答案：为什么

---

① 关于 SMART 原则的具体内容前文已有详述，如仍不清楚的读者朋友可参阅前文。

未能达到既定的绩效目标？为何实际达到的绩效水平远远超出了预先设定的绩效目标？这一步骤不仅有助于决定对于培训的需求，还有助于确定下一个绩效考核周期的各级绩效指标。也能提醒上级考核者注意到组织环境对下属工作表现可能产生的影响，而这些客观环境是被考核者本人无法控制的。目标管理的考核不是考核行为或其他，而是考核绩效。如果目标确立是具体的、可验证的，考核过程就简单。管理者与员工讨论他们是否完成了目标，并研究为什么能完成或不能完成，组织将这些检查考核的工作情况记录下来并成为正式的绩效考核。

4. 设定新的绩效目标

这是实施目标管理的第四步。凡是已成功实现绩效目标的被考核者都可以被允许参与下一个考核周期新的绩效目标的设置过程。对那些没有达到既定的绩效目标的被考核者，在与其直接上级进行沟通、判明困难的出现是否属偶然现象、找出妨碍目标达成的原因并制定相应的解决办法和行动矫正方案后，才可以参与新一轮考核周期绩效目标的设置。

尽管在对员工进行绩效考核的过程中，目标的使用对于激发他们的工作表现、工作热情等方面是很有效的，但有时却很难确定有关产出方面的工作衡量标准。比如，工作的过程、工作行为可能与工作结果同样重要。如果说一个员工通过一种不道德的或非法手段达到他（她）的目标，这对组织来说是非常有害的。仅仅以目标管理所确定的目标作为绩效考核的依据，在一定程度上会忽视员工的技术、知识和态度等其他方面，员工的绩效水平却是这些方面的综合作用。

第四节 目标管理考核法存在的问题以及对我国企业的影响

一、目标管理考核法发展中出现的问题及改进方法

1. 强调短期目标

大多数的目标管理中的目标通常是一些短期的目标，如年度的、季度的、月度的等。短期目标比较具体，易于分解；长期目标比较抽象，难以分解。短期目标易迅速见效，长期目标则不然。所以，在目标管理法的实施中，组织似乎常常强调短期目标的实现而对长期目标不关心。这种概念若深入组织的各个方面、所有员工的脑海和行为中，将对组织发展没有好处。

2. 目标设置困难

真正可用于考核的目标很难设定,组织实际上是一个产出联合体,它的产出是一种联合的、不易分解出谁的贡献大小的产出,即目标的实现是大家共同合作的成果,这种合作中很难确定你该做多少,他应做多少,因此,可度量的目标确定也就十分困难。一个组织的目标有时只能定性地描述,尽管我们希望目标可度量,但实际上定量是困难的。例如,让后勤部门有效服务于组织成员,虽然可以采取一些量化指标来度量,但可以肯定地说,完成了这些指标未必就达成"有效服务于组织成员"这一目标。

3. 目标商定可能会带来管理成本的增加

目标商定需要上下沟通、统一思想,这是很费时间的;而且在具体目标确定的时候,每个单位、个人都关注自身目标的完成,很可能忽略了相互协作和组织目标的实现,滋长本位主义、临时观点和急功近利倾向。

4. 对员工的动机过分乐观

目标管理倾向于 Y 理论,对于员工的动机作了过分乐观的假设。而在实际中往往是机会主义的,尤其是在监督不力的情况下,这种矛盾更为突出。因此,许多情况下,目标管理所要求的承诺、自觉、自治气氛难以形成。

5. 缺乏必要的"行为指导"

尽管目标管理使员工的注意力集中在目标上,但它没有具体指出达到目标所要求的行为。这对一些雇员尤其是需要更多指导的新雇员来说,是一个问题,需要给他们提供行为指导,具体指出他们需要做什么才能成功地达到目标。

二、目标管理考核法对我国管理实践的具体意义

目前,中国企业中普遍使用了目标管理法来对企业的绩效进行管理。目标管理不仅在中国生根发芽,而且还形成了独特的中国式目标管理。

(1) 中国传统文化具有强烈的人本主义色彩,这与目标管理隐含"有责任心的工人"的假设是相通的。儒家文化向来被视为正统的传统文化,儒家文化强调"以人为本、以德为先、人为为人"的"三为"思想,其"诚、信、和"的实质内涵和孟子的"性善说",与德鲁克的有责任心的工人并无根本性的区别。目标管理其"有责任心的工人"的假设是与儒家思想相通的。故其一引入中国,就表现为一种人性的召唤,在人们心

中激起了强烈的归属感和认同感。

（2）中国传统文化中的道家文化主张"无为而治"，因而在我国企业实践中缺乏目标、定额、限额、计量和原始记录等，管理的基础工作非常薄弱，实际工作中面临着泰罗所说的"如何有效地衡量工人合理的劳动量"的问题。这说明我国企业还需要补上科学管理这一课。目标管理引入中国，对我国企业的上述问题具有极强的针对性，目标管理和绩效考核极大地推动了我国企业管理基础工作的完善。今天，完善管理基础工作已经成为改进质量、提高管理水平与提高生产率的重要手段。从某种意义上说，目标管理更好地体现了道家文化"君无为、臣有为"的主张，反映了企业领导者高屋建瓴地制定企业战略目标的管理思想。

（3）中国几千年封建制度所形成的金字塔式科层制结构和人们对上级无条件服从的意识，已经转化为人们的一种责任感和使命感，有力地推动了目标管理在我国组织中的实施。加拿大管理学家明茨伯格指出："机械化"组织（科层制组织）的一个显著特征就是对控制的热衷，控制思想自始至终地贯穿于整个组织的各个层级。在目标管理中，德鲁克引导组织控制从管理者控制向员工自我控制的转变。德鲁克用圣贤式的"责任心"标准来代替失业危机感、思想操纵以及秒表控制的独裁式管理工人和工作的方法。从本质上讲，这意味着把经理所用的自我控制方法推广到基层。目标管理既是一种有效的控制手段，提高了管理控制的质量，又加强了人性化管理，帮助管理者进一步凝聚员工。

（4）目标管理与我国企业所崇尚的全面管理有着天然的联系。我国已故著名管理学家蒋一苇教授认为，全面计划管理、全面质量管理、全面经济核算和全面人事劳动管理等"四全管理"是中国式管理的核心内容。而这些方面的工作可以与目标管理有机地结合在一起。我国推广目标管理，不仅应用于工商企业组织，而且还把它推广到学校、医院和政府机构等非营利性机构。

（5）目标管理与科学发展观相结合，强调目标管理的生命力在于不断地质疑目标，这是中国式目标管理在新世纪所表现出来的特色。不断地对目标提出质疑，从根本上说是试图把握不断变化的社会需求。目标管理是一个有机的过程，它的运行原则是导向具体目标的自我控制。通过个人的发展最终求得组织的平衡发展。个人在组织中既保留了自己的尊严和自由，又要为组织履行职责，所有这些最终将有助于创造一个自由和以人为本的社会。

我们认为，目标管理对我国组织管理水平的提高，特别是对我国企业生产力的提升和促进作用是有目共睹的。组织创新和管理创新是组织管理的永恒主题。随着组织的发展和管理的进步，管理者需要克服目标管理在组织管理中的思维惯性，在组织的发展过程中不断地运用新的维度对目标管理在组织中的适用性进行分析，与时俱进地发展目标管理的理论与方法。

案例分析：向华为学习目标管理

目标管理能极大地调动员工的积极性以提高企业的竞争能力，遂被广泛应用，并很快为日本、西欧国家的企业所仿效。华为作为我国优秀的企业之一，在目标管理上也有自己的心得，下面我们就来看看华为公司的目标管理案例。

目标管理（MBO）是管理专家彼得·德鲁克所提出的，并且为此制订了SMART标准。那么，华为在执行目标管理的时候，是怎么契合SMART标准的呢？

一、先有目标，再工作

国内有些企业的员工一大早上班，就来到办公桌前开始埋头苦干，虽然工作态度值得肯定，实则处于盲目的状态，像无头的苍蝇一样。华为也遇到过类似的问题。员工工作都非常努力，还经常加班，但就是工作结果离预期的目标相差甚远，这不得不引起企业管理者的深思。他们进行深入调查后发现，大多数华为员工都是坚定的指令接受者，接受任务后就埋头苦干，却很少思考自己的工作目标究竟是什么。因此，他们往往不清楚何时应该完成什么样的任务，任务完成的程度如何以及有没有合理的操作手段等。就是这种毫无目的性的工作方式导致了员工工作的混乱，选择错误的工作方法，擅自改变工作目标，做了很多无用功。

针对这种情况，任正非提出"先瞄准目标，再开枪"，也就是永远不能"先干起来再说"。因此，员工个人也拥有自己的工作目标，而且这个目标应该是和企业目标一致的，这样才能让员工明白自己目前做什么才能满足企业的发展需要。华为公司在培训员工的时候，让每一名员工在开始工作之前必须弄清楚五件事：做什么？如何做？做多少？在哪儿做？为什么做？明白这五点才是员工做好工作的前提，这样才能引导员工正确地去做工作。

二、目标要切实可行

企业中绝大多数员工还是希望自己能够做得更多更好，从而能更大限度地证明自己，但从现实来讲，在制定目标的时候，他们总会对于目标缺乏基本的判断，他们只知道自己想要什么，而不知道自己究竟能够做什么。虽然我们说目标要高于现实，但不能超出范围，否则，目标就变成空中楼阁，甚至是天上的星星而无法触及。正因为如此，华为公司在进行目标管理时，为员工在制定目标之前，总是会先进行一番调查，同时做好可行性研究，了解目标工作的难度，了解目标是否能够完成。任正非认为,任何目标必须是可执行的,任何缺乏执行性或者无法达到的目标都毫无用处。在华为内部,很少会有人提出一些不切实际的计划,公司也绝对不赞成、不鼓励员工提出此类计划,在他们看来,目标不是越大越好,一旦遥不可及,就会变成负担。

三、工作目标要明确、要量化

目标管理的原则要求目标必须是可度量的。华为员工都有明确、可执行的工作目标,都明白各自的工作任务。在执行目标时,他们通常会根据员工具体的工作过程,按照基本的流程设定相对独立的工作步骤或者是工作单元,指定三个量化指标——时量、数量、质量。比如,对于产品的数量、检查次数等直接可量化的目标,完全可以用数量指标去衡量;对于无法直接量化的指标,可以从质量、时量的角度去考虑。比如,人员投诉率、服务及时性可以反映出员工对于职能部门的满意程度;文件的通过率可以反映出文件起草的好坏。

上述三个量化指标,既是布置工作的要求,也是衡量工作效果的指标。它们贯穿于工作的全过程,有了这三个指标,员工才能确保工作执行到位。华为公司在进行考勤统计时,要求"3小时内完成15 000人的考勤统计,形成考勤表,并及时上报行政主管"。在这个工作目标中,就包含三个量化指标:时量是3个小时,数量是15 000人的考勤统计,质量是形成考勤表上报行政主管。任何一个量的未完成或者缺失,都会影响目标的实现。这种工作方法有效保证了员工的工作目标不会过多地偏离现实,更不会变得遥不可及。

四、目标要一步一个脚印

华为在发展的过程中,虽然采用的是群狼战术,但它并不是暴发户式的增长,而是通过一小步、一小步,一步一个脚印扎扎实实地走出来的。20世纪90年代,任正非提出"农村包围城市",使得华为慢慢地在城市站稳脚跟,接着华为瞄准国内市场,等到占据大部分国内市场份额后,开始将目光转向海外市场。在拓展海外市场时,华为先从俄罗斯入手,然后是非洲、欧美等。华为一步步走来,每个目标都很明确,而且是逐步实现每个目标,并没有进行跳跃式发展,确保了华为在总体战略方向上稳步前进。

华为的发展有迹可循,而且一直以来都在循序渐进,它的扩张绝对不是一两天就完成的,它所有的目标也不是一两天内实现的。这种逐步扩张壮大的方式在日常工作中也得以体现出来,华为的每个员工平时都严格按照"制定目标—执行—完成目标—制定新目标"的方式进行工作。

以华为市场部员工为例,市场销售人员通常会接到任务,要求第一年完成多少销售额,紧接着第二年会增加多少,第三年接着增加更多,而到了第五年要确保市场份额占到多少,第十年的市场份额又增加多少。这些都会纳入工作计划,成为工作的核心。此外,在华为的会议上,无论是领导还是员工都会提出一个短期计划和中期计划,这些计划通常都是相对稳健的。每个人都知道自己在短期内应该做什么,接下来应该做什么,以此来推进自己的工作。

华为公司通常会制订一个五年计划和十年计划,对于公司部门以及团队内部之间,目标与计划则控制在两三年以内。因为短期目标和短期计划的存在能够有效保证管理者以及工作者不会冒进,不会采取"大跃进"的姿态。对于其他企业和员工来说,他们常常欠缺自制力和耐心,也没有充分考虑到目标实现的难易程度,因此常常会急功近利,总是想着一蹴而就,在短时间内就实现目标。这样一来,往往会让自己陷入困境。

华为人常常将公司的发展比作马拉松长跑,一般的跑步者在跑步过程中很容易因为路程太远而放弃,如果跑步者能够将目的地进行切割,将路程中的大树、房子、河流等作为标志,每当跑步者通过一个标志时,就会产生一种实现目标的成就感,从而带来更多的动力。所以,低着头硬撑的人往往难以坚持到最后,沿途上做好标记并随时进行观察的人,则能够更好地完成长跑计划。

资料来源:张继辰.华为的绩效管理[M].深圳:海天出版社,2016.

本 章 小 结

目标管理通过确定目标、制定措施、分解目标、落实措施、安排进度、组织实施、考核等企业自我控制手段来达到管理目的。它是一个反复循环、螺旋上升的管理方式,它的基本内容有制定和分解目标、实施目标过程中的管理、目标成果评价。

目标管理具有一些明显的特点,首先,目标管理主张在整个管理过程中实现自我,即实现管理中的自我控制和自我调整,因此,它具有强烈的自觉性,是一种自觉的管理;其次,目标管理鼓励全体员工都参与管理,都成为管理者集团的一员,因而具有广泛的民主性,是一种民主的管理;再次,目标管理以目标实现的程度进行管理成果的评价,注重管理的实际成效,因而具有极强的现实性,是一种成果的管理;最后,目标管理思想是一个反复循环、螺旋上升的管理方式,要求管理效果不断提高,在这个过程中目标成果信息的反馈保证了管理效果的不断提高。

目标管理的这些优点不仅影响了企业管理,还给现代绩效管理思想带来了新的血液。现代绩效管理借鉴了目标管理中的自我管理思想,通过事前沟通、事中调控、事后考评等一系列工作,让每一个人都自觉行动起来。目标管理强调参与式的目标设置,这些目标是明确的、可检验的和可衡量的,这种员工参与式的管理理念不仅提高了员工的积极性,也使制定的目标更具操作性。

企业要想在目标管理考核法上取得好的效果,需要了解其导入的必要条件。通过对一些目标管理法实施效果好的企业的调查,我们发现:明确的战略、良好的团队精神、开放式的组织结构和有效反馈机制的建立是应用目标管理考核法的前提。

目标管理也有其不足之处,如强调短期目标、目标设置困难、目标商定可能会带来管理成本的增加等,企业管理者应该清楚这些问题的存在,并不断减少它们的影响。

思考与讨论

1. 什么是目标管理法?
2. 目标管理给现代绩效管理带来了什么样的影响?
3. 如何在企业中推行目标管理考核法?
4. 目标管理考核法的优势和不足体现在哪些方面?
5. 目标管理考核法对我国管理实践的影响是什么?

第十章

基于 KPI 的绩效考核

- KPI 是如何产生的?
- 什么是 KPI？KPI 设计的基本思想是什么？企业在导入 KPI 时有哪些必要条件？
- 确定 KPI 有哪四大原则?
- 如何设定知识型员工的 KPI?
- 构建 KPI 考核体系有何价值？KPI 体系有什么特征?
- 如何构建一套科学的、合理的 KPI 体系?
- 应用 KPI 过程中应该注意哪些问题以及如何应对?

第一节　KPI 的起源

1897年,意大利经济学家帕累托在研究中发现一件奇怪的事情:19世纪英国人的财富分配呈现一种不平衡的模式,大部分的社会财富流向了少数人的手里。后人对他的这项发现有不同的命名,"二八法则"是其中的一个说法,还有帕累托法则、最省力法则等。尽管帕累托首先发现了"二八法则",但是直到第二次世界大战后,一位罗马尼亚裔的美国工程师朱伦才开始应用它。朱伦将"二八法则"应用于日本企业的实践,受到日本企业的大力欢迎,并对第二次世界大战后日本工业的崛起起到很大的推动作用。后来,美国经济受到威胁,"二八法则"才受到西方的尊重。

劳伦斯·彼得在研究美、日知名企业成功运用"二八法则"的经营实践中,得到两点启示:其一,明确自己企业中20%的经营要务是哪些;其二,明确应该采取什么样的措施,以确保20%的重点经营要务取得重大突破。那么,"二八法则"对管理者而言意味着什么?这就要求经营管理者在平常的经营管理上,不应事无巨细,而要抓住管理的重点,包括关键的人、关键的环节、关键的岗位、关键的项目等。

KPI是关键绩效指标的意思,这是根据英文"Key Performance Indicator"直接翻译的汉语意义,在评价工作、管理工作任务时经常用到它。KPI的理论基础是"二八法则"。具体体现在KPI上,即一个企业在价值创造过程中,每个部门和每一位员工的80%的工作任务是由20%的关键行为完成的,抓住20%的关键,就抓住了主体。

对管理比较重视的企业,或者接受过绩效管理咨询的企业,其大部分员工都知道KPI这三个字母。KPI是战略导向的绩效管理系统,它不同于其他绩效管理方法的地方在于,KPI能够很好地分解组织的战略目标。以往的绩效评价是"有什么考什么",一般是评价工作者的品德怎么样、工作能力如何、工作态度是否好、工作量做了多少。所谓"德能勤绩"考核法,往往容易脱离企业、团队的目标,没有系统性。

KPI坚持的是"要什么考什么",具有计划性、系统性。首先,明确企业的战略目标,并在企业会议上利用头脑风暴法和鱼骨分析法找出企业的业务重点,也就是企业价值评估的重点。然后,找出这些关键业务领域的关键业绩指标,即企业级KPI。KPI是从战略目标或者说是从总目标上分解而来的,各部门的主管需要依据企业级KPI建立部门级KPI,并对相应部门的KPI进行分解,确定相关的要素目标,分析绩效驱动因素(技术、组织、人),确定实现目标的工作流程,分解出各部门级的KPI,以便确定评价指标体系。然后,各部门的主管和骨干员工再将KPI进一步细分,分解为更细的KPI——包括各职位的业绩衡量指标。这些业绩衡量指标就是员工考核的要素和依据。

这种对KPI体系的建立和测评过程本身,就是统一全体员工朝着企业战略目标努力的过程,也必将对各部门管理者的绩效管理工作起到很大的促进作用,因此,KPI是一种先进的绩效管理方法。

第二节　KPI的核心思想

一、KPI的概念

KPI,即关键绩效指标,是通过对组织内部某一流程的输入端、输出端的关键参数进行设置、取样、计算、分析,从而衡量流程绩效的一种目标式量化管理指标,是一种把企业的战略目标分解为可运作的远景目标的工具,是企业绩效管理的基础。KPI考核可以使各级主管明确各部门的主要责任,并以此为基础,明确各部门人员的业绩衡量指标。

KPI是基于企业经营管理绩效的系统考核体系。我们可以从以下三个方面来理解其深刻含义:

(1) KPI是用于评估和考核被评价者绩效的可量化或可行为化的系统考核体系。也就是说,KPI是一个指标体系,它必须是可量化的,如果难以量化,也必须是可行为化的。如果可量化和可行为化这两个特征都无法满足,就不符合KPI的要求。

(2) KPI体现绩效中对组织战略目标起增值作用的绩效指标。这就是说,KPI是连接个体绩效、部门绩效与组织战略目标的一个桥梁。KPI是针对对组织战略目标起到增值作用的工作产出来设定的,基于这样的关键绩效指标对绩效进行评价,就可以保证真正对组织有贡献的行为受到鼓励。

(3) 通过在KPI上达成的承诺,基层员工与中高层管理人员都可以进行工作期望、工作表现和未来发展等方面的沟通。KPI是进行绩效沟通的基石,是组织中关于绩效沟通的共同辞典。有了这个辞典,管理人员和员工在沟通中就可以有共同的语言,共同为实现组织战略目标而努力。

二、KPI设计的基本思路

建立关键绩效指标体系,其基本思路如下:

(1) 企业的战略是什么? 首先要明确企业的愿景和战略,并且形成企业的战略方针。同时,它还必须回答"如何去实现愿景与战略"。

(2) 根据岗位业务标准,哪些是导致企业成功的重要因素? 关键成功因素是指公司擅长的、对成功起决定作用的某个战略要素的定性描述。同时，找到"我们如何去抓住它"。

（3）确定关键绩效指标、绩效标准与实际因素的关系。在提取 KPI 的过程中，不仅要包含财务 KPI，还应该包含非财务 KPI。所以，既要有销售额、利润率等财务性 KPI，也要有客户满意度等非财务性 KPI。

（4）KPI 的分解。通常，企业的 KPI 由以下几个层级构成：一是公司级 KPI，它是由公司的战略目标演化而来的；二是部门级 KPI，它是根据公司级和部门职责来确定的；三是由部门 KPI 落实到工作岗位的业绩衡量指标。

三、KPI 导入的必要条件

1. 搜集并分享背景资料

高质量而又充分的信息对 KPI 的成功开发是非常重要的。需要搜集的信息主要包括：

- 企业的使命、愿景和战略；
- 企业的经营环境、经营模式以及组织管理模式；
- 企业的运营情况以及人员状况；
- 行业资料以及竞争对手资料等。

通过对这些资料的广泛搜集、精心整理和深度分析，将为 KPI 开发的后续工作提供一个很好的基础。例如，对企业战略的准确理解将有助于 KPI 与企业长远而持续的发展相一致；了解内部经营管理状况将保证 KPI 的切实可行；对竞争对手做一些基准研究不仅能为 KPI 的设立带来灵感，也为制定 KPI 的目标值提供依据。

值得注意的是，在准备阶段应搜集、整理一些有关 KPI 的相关资料（最好既能有理论知识，也能包含其他企业的成功案例），并应用这些材料在本企业进行宣传和分享，使从基层员工到中、高层管理者都能对 KPI 有一个较为正确的初步认识，从而为本企业制定和推行 KPI 打好基础。

2. 确认使命、愿景和战略

首先应该弄清什么是使命、愿景和战略。不同的人对此有不同的理解和定义，从而造成一些混乱。本书试图综合一些看法来对这些概念进行简单的描述：使命界定了一个企业的核心目标，说明企业为什么而存在；愿景描绘了一份未来的蓝图，指出企业在未来五年或十年想要成为什么样子；战略则是为了达到预期的结果，而采取的与众不同的措施和行动。

3. KPI 考核的支持环境

有了关键绩效考核指标体系，也不能保证这些指标就能运用于绩效考核，达到预期的效果。要想真正达到效果，还要看企业是否有 KPI 考核的支持环境。如果没有支持其实施的环境，KPI 也只是空中楼阁，无法达到预期的效果。所以，建立这种支持环境，同样是 KPI 设计时必须要考虑的。

（1）以绩效为导向的企业文化的支持。建立绩效导向的组织氛围，通过企业文化化解绩效考核过程中的矛盾与冲突，形成以追求优异绩效为核心价值观的企业文化。

（2）拥有良好的人力资源管理平台的基础建设。清晰地界定职位边界，实现权责对等，不同责任主体对目标实现的贡献相对明确，能够支持 KPI 的分解。

（3）绩效管理不仅仅是人力资源部的事情，各级主管人员都肩负着绩效管理任务。分解与制定 KPI 是各级主管应该也必须承担的责任，专业人员起着技术支撑作用。

（4）重视绩效沟通的制度建设。在 KPI 的分解与制定的过程中，其建立与落实分别是自上而下、自下而上的制度化过程。没有良好的沟通制度作保证，KPI 考核就不会具有实效性和挑战性。

（5）绩效考核结果与价值分配挂钩。实践表明，两者挂钩的程度紧密，以 KPI 为核心的绩效考核系统才能真正发挥作用，对企业有价值的行为才会受到鼓励。

第三节 KPI 的设计原则

一、确定 KPI 的四大原则

设立 KPI 应着重贯彻以下四大原则。

1. 目标导向原则

依据公司总体目标及上级目标设立部门或个人具体目标。KPI 是对公司及组织运作过程中实现战略的关键成功要素的提炼和归纳，是把公司的战略目标分解为可运作的远景目标和量化指标的有效工具。KPI 一般由财务、运营和组织三大类可量化的指标构成。KPI 是基于战略与流程制定的，对企业长远发展具有战略意义的指标体系。设置 KPI 应将公司远景和战略与部门、个人运作相连接，与内外部客户的价值相连接，体现企业的发展战略与成功的关键要点。

2. SMART 原则

指标要少而精，可控、可测，具体明确，并且要有有效的业务计划及目标设置程序的支持。具体说来，设定 KPI 指标，要遵循所谓的 SMART 原则。其中，S 是指 KPI 指标要切中特定的工作目标，不能笼统空泛，而是要适度细化，并且要随情境变化而变化；M 是指 KPI 指标或者要数量化，或者要行为化，衡量这些指标的数据或其他信息要能够比较容易获得；A 是指 KPI 指标既不能定得太低，也不能定得太高，而是要在付出努力的条件下能够实现或达到；R 是指 KPI 指标要实实在在，可以证明和观察，而不是基于假设或预期；T 指的是在 KPI 指标中要使用一定的时间单位，即设定完成这些指标的期限。

3. 执行原则

KPI 考核能否成功的关键在于执行，所以，企业应该形成强有力的执行文化，不断消除在实施 KPI 考核过程中的各种困难和障碍，使 KPI 考核真正成为推动企业管理创新和提升效益的有效手段。

4. 客户导向原则

强调市场标准与最终成果责任，对于使用关键绩效指标体系的人来说，应该有意义，并且对其进行测量与控制。如何为客户创造价值是公司的首要任务。客户导向原则体现了企业对外界变化的反应。对于企业来说，应该明确这些方面所应达到的目标，然后把这些目标转化为 KPI。

此外，在设定 KPI 的过程中，应该明确责任，强调各部门的连带责任，促进各部门的协调，不迁就部门的可控性和权限，应做到主线明确、重点突出、简洁实用。

二、设定知识型员工 KPI 的原则

知识经济时代已经到来，知识发挥着重要作用，越来越多的脑力劳动者服务于企业。确定 KPI 的过程，其实就是确定知识员工考核指标的过程。他们的工作指标难以量化，从现实的工作岗位来看，或多或少都需要运用一定的知识。如今即便是清洁工也不仅仅是纯体力劳动，需要掌握各种清洁工具的使用以及扫地的技巧等。这些都是知识运用的体现，正如詹姆斯·科塔达在《知识工作者的兴起》一文中提到，"每个人都是知识工作者"，只是员工之间知识含量的高低不同而已。所以，对知识员工的考核，应从工作知识含量的高低入手。

1. 考核知识含量较高的员工以结果性指标为主

对于知识含量较高的员工如企业中高层管理者、部门经理等，他们没有固定的工作流程和步骤，工作内容多以脑力劳动为主，需要的是自主性和创新性。其工作产出只能从工作的最终结果中反映，所以，对知识含量较高的员工的考核应该以结果性指标为主，主要考核其能力和最终业绩。能力考核是对员工在岗位实际工作中发挥出来的能力的考评，具体包括学识、智能和技能等内容。业绩考核是对知识员工履行职务职责或对工作结果的考评，它是对组织成员工作贡献程度的衡量和评价，直接体现出员工在企业中的价值大小。

2. 考核知识含量较低的员工以过程性指标为主

对于知识含量较低的员工，如基层工作者，由于他们的工作有一定的流程和标准，一般从事日常事务，多为支持性的、工作性质较为简单的工作，对创新性要求相对较低，工作过程易于监控，且他们对工作结果的影响主要是通过其完成任务的过程中表现出来的行为决定的。所以，对知识含量较低的员工的考核应该以过程性的行为指标为主。行为指标主要是对员工工作过程阶段性的考核，主要考察被考核人完成工作的总体质量、效率、态度、合作精神等。例如，专职会计相对于财务经理来说知识含量偏低，对其的考核可以从财务报告完成的及时性、发票发放和检查工作完成情况、各种报表汇总与报送的及时性、资料归档装订和分类保管情况、培训出勤率等过程性指标来反映。这些指标都是对工作的具体过程和工作态度的反映，便于对员工完成任务过程的了解和监督。

在设定知识型员工 KPI 时，存在不少问题。由于知识型员工的工作过程难以监控和工作结果难以衡量，导致传统的绩效管理在运用于知识型员工管理时存在一定困难。从企业的战略出发，按照企业战略→部门目标和重点业务流程的逻辑顺序，根据员工知识含量的高低，分别设置不同特点的考核指标，形成一个自上而下能够反映知识型员工真实绩效的绩效体系，员工的业绩与企业战略和部门的目标紧密结合，实现企业与员工的双赢。

第四节　KPI 体系的构建

一、构建 KPI 考核体系的价值

KPI 是根据公司战略目标的分解，有效反映关键业绩驱动因素变化的衡量参数。

关键业绩指标考核体系则是一个通过考核KPI完成情况进而有力推动公司战略执行的，能对企业起到纲举目张作用的体系。其价值主要体现在以下五个方面。

（1）企业关键绩效指标体系的建立有利于企业创建以责任成果为导向的企业管理体系，落实企业战略目标与管理重点，不断强化与提升企业整体核心竞争力，使高层领导清晰了解对公司价值最关键的经营操作情况。

（2）通过关键绩效指标体系的牵引，使得个人目标、部门目标与企业目标保持一致，从而保证企业的长足发展。

（3）通过企业关键绩效指标体系，可以传递市场压力，使工作聚焦、责任到位、成果明确，能及时诊断经营中的问题并采取行动。

（4）通过关键绩效指标体系，使不同功能领域的员工相互合作，集中在共同成果上；使各职能部门、业务单元主管明确各部门的主要责任，并以此为基础，明确各部门每一人员的任务，为业绩管理和上下级沟通提供一个客观基础。

（5）通过关键绩效指标体系，建立激励与约束员工行为的管理系统，为企业价值评价与价值分配体系的建立提供系统的框架；使经营管理者将精力集中于对业绩有最大驱动力的方面。

二、KPI体系的特征

KPI有如下三个主要特征。

（1）具有系统性。KPI是一个系统。公司、部门、班组有各自独立的KPI，但是必须围绕公司使命、愿景、战略、整体效益展开，而且是层层分解、层层关联、层层支持。KPI考核是一个完整的系统，在这个系统中，组织、管理人员和员工全部参与进来，管理人员和员工通过沟通的方式，将企业的战略、管理者的职责、管理的方式和手段以及员工的绩效目标等管理的基本内容确定下来，在持续不断沟通的前提下，管理人员帮助员工清除工作过程中的障碍，提供必要的支持、指导和帮助，与员工共同完成绩效目标，从而实现组织的愿景规划和战略目标。

（2）可操作性与可管理性。绩效考核指标的设计是基于公司的发展战略与流程，而非岗位的功能。可操作性即指标必须有明确的定义和计算方法，易于取得可靠和公正的初始数据，同时指标能进行有效量化和比较。

（3）价值牵引和导向性。下道工序是上道工序的客户，上道工序是为下道工序服务的，内部客户的绩效链最终体现在为外部客户的价值服务上。

三、构建KPI体系的程序

建立KPI指标的要点在于系统性、计划性和流程性。各个层级的绩效考核指标，

无论是应用于组织、部门、团队还是个人的绩效考核,其指标体系应该达到这样一种状态:

- 能清晰地描述出绩效考核对象的增值工作产出;
- 针对每一项工作产出提取了绩效指标和标准;
- 划分了各项增值产出的相对重要性等级;
- 能追踪绩效考核对象的实际绩效水平,以便将考核对象的实际表现与要求的绩效标准相对照。

按照这样的指标体系标准,每年可以从以下几个步骤设计基于关键绩效指标体系思想的绩效考核体系(见图 10-1)。

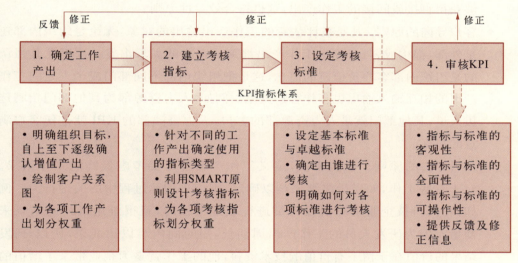

图 10-1　设计关键绩效指标体系

1. 工作产出的确定

所谓确定工作产出,主要是界定某个个体或团队的工作结果是什么。工作产出是设定关键绩效指标的基础。工作产出可以是一种有形的产品,也可以是某种作为结果的状态。例如,总经理的秘书的工作产出可能是"打印录入好文件""起草报告信函的草稿""差旅安排、会议服务的情况"等;对于一名客户服务经理来说,工作产出可能是"获得了满意的客户""获取与客户服务有关的数据和报告""下属的生产力和工作满意度"等。

通常来说,以客户为导向来设定工作产出是一种比较适宜的方法。凡是被评估者工作产出输出的对象,无论是组织外部还是内部,都构成客户,定义工作产出需要从客户的需求出发。这里尤其强调的是组织内部客户的概念,这是把组织内部不同部门或个人之间工作产出的相互输入输出也当作客户关系。在设定工作产出的时候，我们需要问这样一些问题：
- 被考核者面对的组织内外客户分别有哪些？
- 被考核者分别要向这些客户提供什么？
- 组织内外客户需要得到的产品或服务是什么样的？
- 这些工作产出在被考核者的工作中各自占多大比重？

(1) 确定工作产出的四个原则。

为使工作产出的确定更加符合组织的战略目标，促进组织工作绩效的改进，在确定工作产出时，应该遵循以下四个基本原则：

- 增值产出的原则。工作产出必须与组织目标相一致，即在组织的价值链上能够获得直接或间接的工作产出，这也符合效益性原则。
- 客户导向的原则。凡是被评估者的工作产出输出的对象，无论是组织内部还是外部，都构成客户，确定工作产出都须从客户的需求出发。这里尤其强调的是组织内部客户价值链的概念，这是把组织内部不同部门或个人之间工作产出的相互输入输出也当作客户关系。例如，人力资源部为其他部门招聘选拔人员，其他部门就是人力资源部的客户，人力资源部的KPI就是使客户满意的指标。
- 结果导向的原则。一般来说，定义工作产出首先要考虑最终的工作结果。对于有些工作，如果最终结果难以确定，则应采用此过程中的关键行为。例如，在高科技企业里对研发人员进行绩效考核时，就很难用最终的结果来衡量。因为研发人员的工作产出周期长，短时间内难以出成果，所以，研发结果的价值在于留下有价值的技术资料，他的工作就是为企业带来了增值的行为。
- 确定权重的原则。对以上说到的各项工作产出必须设定相应的权重，在设置权重时要根据各项工作产出在组织目标中的相对重要性，而非花费的时间多少来设定，要区分关键的少数指标和无关紧要的多数指标。例如，总经理秘书的，主要职责有为总经理起草报告文件、收发传真、接听电话、接待来客等，其中，起草文件可能花费的时间不是最多，而后面几项工作所花费的时间更多，但是从重要性来说，为总经理起草公文的重要性程度更高，因此，对这项工作产出应设定较高的权重。

(2) 绘制客户关系图示，明确工作产出。

通常将某个个体或团队的工作产出提供的对象当作这个个体或团队的客户，这样的客户通常包括内部客户和外部客户。客户关系图示就是通过图示的方式表现一个个体或团队对组织内外客户的工作产出。在这个客户关系图示中，我们可以看到一个个体或团队为哪些内外客户提供工作产出，以及对每个客户提供的工作产出分别是什么。在进行绩效考核时,就可以考虑内外客户对这些工作产出的满意标准,以这些标准来衡量个体或团队的绩效。

例如,某销售部秘书的客户关系如图10-2所示。这个销售部秘书的主要工作职责有:

- 协助销售部经理处理日常事务,包括起草文件、收发信件、接待客人等。
- 协助销售部的业务人员处理日常事务,包括会议后勤、差旅安排和其他一些日常事务。
- 汇总部门的财务票据和数据,提供给财务部门。

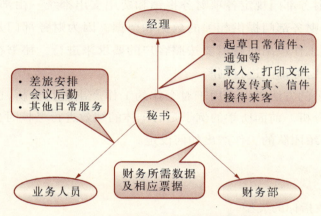

图 10-2 销售部秘书的客户关系图示

从图10-2中我们可以看出,销售部秘书面对的客户主要有三类:一是部门经理,二是部门内的业务人员;三是财务部门的相关人员。

秘书向部门经理提供的主要工作产出有:

- 起草日常信件、通知等;
- 录入、打印文件;
- 收发传真、信件;
- 接待来客。

经理是秘书的上司,在客户关系图示中,也将其作为秘书的一个客户。在衡量秘书对部门经理的工作完成得怎么样时,就可以考虑在这四项工作产出上经理的满意度。秘书的绩效标准也就是这几项工作产出的质量、数量、时效性等。例如,文件的录入、打印准确性如何;起草的文件是否能达到经理对质量的要求等。

秘书向部门中的业务人员提供的工作产出主要是:

- 差旅安排;
- 会议后勤;
- 其他日常服务。

秘书向业务人员提供的工作产出主要是为业务人员的业务工作提供一些辅助性的支持。秘书为业务人员的差旅安排提供的服务主要有预订机票、酒店、安排车辆等,在这方面判断一个秘书的工作做得怎么样时,主要会考虑他/她的服务是否给业务人员的工作带来了方便,这主要通过业务人员的满意度来体现。秘书为业务人员提供会议的后勤服务,主要包括预定会议室、安排会议设备、会议过程中为参会者提供会场服务等,在这方面衡量秘书的工作做得怎么样时,主要可以通过会议是否顺利进行以及参会人员的满意度来体现。作为部门秘书,还要为业务人员提供其他一些日常服务,如与行政部门协调借用设备等有关事宜。

由于该公司财务部门规定各项财务报销和费用支出都统一由部门秘书经手,因此,部门秘书要向财务部门提供相关的数据和票据。因为财务部门是秘书所面对的客户,所以在提供工作产出时就需要按照客户的要求来进行。秘书在这个方面工作做得怎么样,需要财务部门进行判断。

客户关系图示的方法不仅适用于对个体的工作产出进行分析,也适用于对团队的工作产出进行分析。前面所举的例子是对个体的绩效进行考核时分析个体的工作产出过程,下面介绍团队的工作产出如何设定。

2. 设定评价指标

(1) 关键绩效指标的类型。

在确定了工作产出之后,我们需要确定对各项工作产出分别从什么角度去衡量,从哪些方面评价各项工作产出。通常来说,关键绩效指标主要有四种类型:数量、质量、成本和时限。表10-1中列出了常用的关键绩效指标的类型、一些典型的例子以及从哪里可以获得验证这些指标的证据来源。

表10-1 关键指标类型的示例

指标类型	举 例	证据来源	指标类型	举 例	证据来源
数量	产量 销售额 利润	业绩纪录 财务数据	成本	单位产品的成本 投资回报率	财务数据
质量	破损率 独特性 准确性	生产记录 上级考核 客户考核	时限	及时性 到达市场的时间 供货周期	上级考核 客户考核

在制定具体的绩效评估指标时,一般从两方面进行考虑:对结果的关注和对过程行为的关注。对处于不同层次的人员,由于他们各自承担的责任范围不同,结果指标和行为指标所占的权重也是不同的。处于企业高层的管理者,往往更多的是对结果承担责任,工作内容更多的是决策和管理,需要的是灵活性和艺术性,对其在达成

结果的过程中的行为很难进行严格规范,因此,绩效指标也应该是以结果指标为主。基层员工往往不能直接对结果承担责任,或者说基层员工对结果的影响主要是通过其完成任务过程中表现出来的行为规范性来决定的,对基层员工来说,过程控制就显得非常重要,在设计绩效指标时,对基层员工来说往往行为指标占了较大权重,结果指标占的权重则较小。并且,越是高层管理的KPI数目越少,结果性越强,量化性越高;越是基层管理的KPI数目越多,过程性越强,数量与质量性皆有,指标一般比较稳定。即如果业务流程基本未变,则关键指标的项目也不应有较大的变动。

另外,在确定关键绩效指标时,仍然要坚持前文多次提到的SMART原则。

(2) 提炼评估指标的方法。

一般来说,可以用以下几种方法来提炼评估指标:以战略为导向设计评估指标、以工作分析为基础设计评估指标、综合业务流程设计评估指标。前面的章节对此已有介绍,这里不再重复。

3. 设定评价标准

(1) 绩效指标与绩效标准。

一般来说,指标指的是从哪些方面来对工作产出进行衡量或评价;标准指的是在各个指标上分别应该达到什么样的水平。指标解决的是需要评价"什么"的问题,标准解决的是要求被评价者做得"怎样"、完成"多少"的问题。表10-2是一些绩效标准的实例。

表 10-2 指标和标准的区别实例

工作产出	指标类型	具体指标	绩效标准
销售利润	数量	● 年销售额 ● 税前利润百分比	● 年销售额在20万—25万 ● 税前利润率18%—22%
新产品设计	质量	上级评估: ● 创新性 ● 体现公司形象 客户的评估: ● 性价比 ● 相对竞争对手产品的偏好程度 ● 独特性 ● 耐用性 ● 提出的新观点的数量	上级评估: ● 至少有3种产品与竞争对手不同 ● 使用高质量的材料、恰当的颜色和样式,代表和提升公司的形象 客户的评估: ● 产品的价值超过了它的价格 ● 在不告知品牌的情况下对顾客进行测试,发现选择本公司产品比选择竞争对手产品的概率要高 ● 客户反映与他们见到过的同类产品不同 ● 产品使用的时间足够长 ● 提出30—40个新的观点

续表

工作产出	指标类型	具体指标	绩效标准
零售店销售额	数量	● 销售额比去年同期有所增长	● 销售额比去年同期增长 5%—8%
竞争对手总结	质量	上级评估： ● 全面性 ● 数据的价值	上级评估： ● 覆盖了所有已知竞争对手的所有产品 ● 提供的数据包括对产品的详细描述，如产品的成本、广告费用、回头客的比例等
	时限	● 预定的时间表	● 能在指定的期限之前提供关于竞争对手的总结数据
销售费用	成本	● 实际费用与预算的变化	● 实际费用与预算相差 5% 以内

(2) 基本标准与卓越标准。

在设定绩效指标时，通常需要考虑两类标准：基本标准与卓越标准。此部分内容在本书经四章已有详细介绍，在此不再赘述。需要温故的读者朋友可翻阅前文。

4. 审核 KPI

确定了工作产出，设定了关键指标和标准后，还需要对 KPI 进行审核。这样做的目的主要是确认这些 KPI 是否能够全面、客观地反映被评价对象的工作绩效，以及是否适合于评价操作。审核 KPI 主要可以从以下 7 个方面进行：

(1) 工作产出是否为最终产品？通过 KPI 进行考核，主要是对工作结果的考核，因此，在设定关键指标时主要关注的是与工作目标相关的最终结果。在有最终结果可以界定和衡量的情况下，尽量不去追究过程中较多的细节。

(2) KPI 是否是可以证明和观察的？在设定了 KPI 之后，就要依据这些 KPI 对被考核者的工作表现进行跟踪和考核，所以，它们必须是可以观察的。

(3) 多个评价者对同一个绩效指标进行评价，结果是否能取得一致？如果设定的 KPI 真正是 SMART 的，它就应该具有清晰明确的行为性考核标准，在这样的基准上，不同的考核者对同一个绩效指标进行考核时就有了一致的考核标准，能够取得一致的考核结果。

(4) 这些指标的总和是否可以解释被评价者 80% 以上的工作目标？KPI 是否能够全面覆盖被考核者工作目标的主要方面，也就是所抽取的关键行为的代表性问题，也是非常关注的一个问题。因此，在审核 KPI 的时候，需要重新审视一下被考核者主要的工作目标，看看所选的 KPI 是否可以解释被考核者主要的工作目标。

(5) 是否从客户的角度来界定 KPI？在界定 KPI 的时候，充分体现出组织内外客户的意识，很多 KPI 都是从客户的角度出发来考虑的，把客户满意的标准当作被考核者工作的目标。所以，需要审视一下在设定的 KPI 中是否能够体现出服务客户的意识。

（6）跟踪和监控这些 KPI 是否可以操作？不仅要设定 KPI，还需要考虑如何依据这些指标对被考核者的工作行为进行衡量和考核，因此，必须有一系列可以实施的跟踪和监控 KPI 的操作性方法。如果无法得到与 KPI 有关的被考核者的行为表现，它们也就失去了意义。

（7）是否留下超越标准的空间？需要注意的是，KPI 规定的是要求被考核者达到工作目标的基本标准，也就是说是一种工作合格的标准。因此，绩效标准应该设置在大多数被考核者通过努力可以达到的范围之内，对于超越这个范围的绩效表现，就可以将其认定为卓越的绩效表现。

经过这样四大步骤，就可以得到能够衡量和验证的 KPI。这样，采取措施对绩效表现进行跟踪和记录，就可以得到被评估对象在这些绩效指标上的表现。

第五节　KPI 实施过程中的问题

一、应用 PKI 过程中应注意的问题

KPI 固然是一种先进的绩效管理思想，在实际应用中应该注意以下六大问题。

（1）不同岗位应有不同的 KPI 指标组合，不同部门的 KPI 指标应有不同的特点和着重点。例如，某公司财务部门的 KPI 指标有总利润、成本（费用）降低率和存货周转率，以利润、成本为中心；生产部门的 KPI 是总产量和品种产量，以产量为重点；销售部门的 KPI 是销售收入、产销比和资金回收率，以收入和资金回收为中心；人力资源部门的 KPI 是全员劳动生产率，以人员投入和劳动效率为核心。

一般而言，公司高层决策管理人员应对组织的战略目标负责，中层管理人员要重点保证组织的正常运营，而基层人员的工作重心是完成其承担的各种具体指标。某公司对公司总裁、研发负责人和销售人员进行量化管理的 KPI 指标结构见表 10-3。

表 10-3　某公司 KPI 的示例

	效益类（%）	运营类（%）	组织类（%）	工作目标类（%）
公司总裁	70	20	10	
研发负责人	10	50	10	30
销售人员	60	10	10	20

(2) KPI 指标与绩效目标的衡量。KPI 指标是自上而下分解的关键绩效指标,是指标而不是目标。除了 KPI 指标外,绩效目标的衡量还包括时限性指标、数字化指标和描述性指标等。

(3) 可量化的量化,难以量化的细化,但评估手段要量化、可操作。对管理部门、服务部门和后勤部门服务质量的考核就难以量化,但是可以根据部门的业务属性、工作特点进行细分,细分后要确定相应的量化指标。例如,某公司供应部门的一项 KPI 是确保按时供货,不得发生因供货不及时而影响生产的事故发生,对该项指标的评估是通过考核最低库存和不同品种的供货周期来进行的。

(4) 激励指标与控制指标相结合。例如,某公司对研发人员的 KPI 设计,其激励指标为新产品销售额、老产品毛利总额,约束指标为研发人员人均毛利、因设计质量发生的费用、BOM 准确率、内部客户满意度等。

(5) 指标设定固化。通常,KPI 指标设定之后,应该具有一定的稳定性,不应轻易更改。否则,整个 KPI 系统的操作将失去其系统的连续性和可比较性。正常情况下,一套合理的 KPI 指标设定之后应适用于整个经营周期。但是,这并不是说,KPI 指标设定之后就具有了刚性,不能改变。实际上,公司阶段性目标或工作中的重点不同。相应各个部门的目标也随之发生变化,在阶段性业绩衡量上的重点也不同,因此,KPI 存在阶段性、可变性或权重的可变性。如果 KPI 与公司战略目标脱离,它所衡量的职位的努力方向也将与公司战略目标的实现产生分歧。KPI 与实际工作不对应是绩效考核流于形式的一个重要因素。

(6) 应用 KPI 系统考核之后,缺乏必要的沟通过程。在企业里,基层员工对绩效考核有莫名的惧怕和抵触情绪,觉得绩效考核就是"管制""束缚""惩罚"的代名词;某些中高层人员只把绩效考核与工资待遇等同起来,或者使考核流于形式,单纯为考核而考核。这种情况的出现与 KPI 设置的初衷相悖,绩效考核是激励的手段,是为了发现工作中的不足并弥补不足,以促进绩效的改进和提高。为扭转这种状况,就要求沟通在先。高层管理者要做的是,在工作过程中与下属不断沟通,不断辅导与帮助下属,记录员工的工作数据或事实依据,保证目标达成的一致性,这比考核本身更重要。

简而言之,就是要在考核之后,让被考核者清楚地知道,在上一个考核期间内他的工作在哪些方面存在不足,以及下一个阶段应该如何改进。另外,考核结果不能束之高阁,更不能成为恫吓员工、刺激中层的工具。在许多有关绩效考核的书籍中也或多或少地提出了一些 KPI 相关的注意问题,但是,在实践中这些问题仍在反复出现,这说明对 KPI 的本质与特点的理解与把握需要一个过程,正确而有效地进行 KPI 实务,需要对经验教训的认真总结与思考。

总之,运用 KPI 方法进行公司关键量化指标的设立和分解,要遵循 SMART 原则,在对公司价值链进行分析的基础上,根据公司使命和愿景确定公司的关键成果领域；针对每一个关键成果领域制定流程级 KPI；对每一个流程级 KPI 设计下一层 KPI，直至岗位 KPI，从而保证公司战略的层层分解和层层落实；分析和构建指标之间的逻辑关系，并对指标进行属性测试，建立指标辞典。

二、企业实施 KPI 考核的对策思考

以上，我们讨论了实施 KPI 过程中可能遇到的问题。针对可能会出现的问题，企业实施 KPI 考核时可以从以下四点着手应对：

（1）作为一个持续成长的企业，必须制定清晰明确的战略目标，并将战略目标进行有效分解。建立 KPI 指标的要点在于流程性、计划性和系统性。企业在日常的 KPI 管理工作中，应抓住那些亟须改进的指标，提高绩效考核的有效性。KPI 一定要抓住关键而不能片面与空泛。

（2）KPI 考核的实施必须以优化流程和组织结构、培育 KPI 企业文化为前提。首先，KPI 必须以顾客为导向，所有指标的制定必须以顾客的需求为起点和终点。以顾客的需求为起点，是强调所有考核指标的设定都应从顾客的需求考虑；以顾客的需求为终点，则是指所有指标的设定甚至是考核就是为了满足顾客的需求，在顾客满意的前提下，使企业也能得到持续的发展。其次，企业应该根据 KPI 的指标设计对其工作流程和组织结构进行优化，以适应 KPI 考核的要求。善用 KPI 考评企业，将有助于企业组织结构集成化，提高企业的效率，精简不必要的机构、不必要的流程和不必要的系统。再次，公司应该建设 KPI 企业文化。良好、和谐的企业文化是企业成功的保障。KPI 考核是典型的结果管理手段，竞争非常激烈，指标考核下是没有人情可讲的，所以，要求员工能正确面对差距，敢于竞争，敢于创新和突破，不断实现自我、超越自我。这就要求公司建立一种 KPI 文化，让所有员工拥护 KPI 考核，受益于 KPI 考核。

（3）通过绩效考核，建立良性考评关系。KPI 考评办法中，使考评者与被考评者成为一种平等、良性的考评伙伴关系，大家共同学习、共同进步，目的都是使被考评者尽快提高能力，达到业绩标准的要求。这种伙伴关系首先表现在制定考评计划方面，KPI 强调任何一个考评计划必须是经过双方共同讨论达成一致后的结果。通过探讨业绩标准的内涵，使双方有了统一的理解，便于被考评者明确目标，按照标准要求去开展自己的本职工作，也便于日后对照标准作相应的判定。此外，取得证据的方式、时间、证据类型及数量等内容也是事先由双方商定的，连取得证据之后将履行什么样的判定程序和方法，都是事先沟通约定的。这种通过绩效面谈制定考评计划的全过程，充分体现了考核双方相互信赖、团结合作的精神。

（4）重视 KPI 的创新，时刻保持管理优化的理念。事实上，KPI 考核也是一个

动态的管理过程。KPI 在考核中并不是一成不变的,在保持相对稳定的情况下,根据环境的变化、时间的推移和被考察者职位能力的变化,适当调整 KPI 是相当必要的。不过,变与不变都是相对的,目的是相同的,就是要达到管理优化、提升效率的目的。

案例分析:海底捞在 KPI 绩效考核实践中走过的一些弯路

作为国内成功的餐饮企业之一,有人总结海底捞的成功秘诀就是两招:一是把员工当家人看,二是把顾客当上帝看。但我们今天不和大家分享它的成功经验,而是谈一谈海底捞在 KPI 绩效考核实践中走过的一些弯路,也许这些弯路、失败的经验更能让朋友们获得有益的启发。海底捞在 KPI 绩效考核实践中走过的一些弯路主要表现在以下四点。

一、事与愿违的 KPI

1. 对服务员考核点台率

海底捞曾经将点台率作为考核服务员的关键指标。根据该指标,客人如果来店就餐时,点哪个服务员的次数越多,就代表客人的满意度越高,从而那个被点名服务的服务员的奖金也就越高。这听上去挺合理。但是结果事与愿违。很多服务员为了赢得更高的点台率,不惜利用手中的赠品权给客人免费赠送黄豆、豆浆、小菜等食品,而且服务员之间相互攀比,看谁给客人送的东西多。结果可想而知,以点台率为指标的客观绩效考核导致服务员之间的恶性竞争,服务员的点台率是上去了,奖金拿的也多了,但是整个分店的成本也上去了,利润率便下来了。

2. 对分店考核利润

由于海底捞的管理模式是总部控制了选址、装修、菜式、定价和工资等大项,分店为了提高利润,就只能拼命在小项支出上节约成本,结果导致该换的扫把没有换,该送的西瓜没有送,给客户提供的毛巾也没有及时更新。为了短期利润考核指标,导致分店变相地降低了服务质量,短期利润是上去了,但长期来看减少了客人,实际上是"捡了芝麻,丢了西瓜"。

3. 对分店考核翻台率

为了提高客户的满意度,海底捞曾经对分店考核翻台率。翻台率越高,证明客户满意度越高。可是这样一来,分店为了追求翻台率,又闹出了一些麻烦。海底捞生意火爆,不预订肯定没有位置,但是预订了,客人晚到了几分钟,结果发现还是没位置。因为预订客人晚到,意味着空台,翻台率就会下降,这时候分店就会把预订好的位置让给别的客人。这就造成分店考核翻台率,反而造成了客户满意度的下降。

二、啼笑皆非的 KPI

为了提高服务员的服务质量,海底捞曾经在考核服务员时设置了非常细化的 KPI。比如客人杯子里的水不能低于多少,客人戴眼镜一定要给眼镜布,客人的手机一定要拿套装上,否则,就会被扣分。结果却演变成只要来一个客人服务员都送眼镜布。客户说豆浆我不喝了,不用加了,不行,必须给你加上。最好笑的是手机套。有的客人说不用,服务员却说我给你套上吧,客人说真不用,结果服务员会趁客人不注意的时候,把手机抓过去给套上。

三、难以落地的 KPI

海底捞在给员工提供住宿方面有一个 KPI:员工从餐厅到宿舍步行不能超过 20 分钟。因为员工下班很晚,如果走得远的话就太累了。餐厅一般都设在繁华地段,离繁华地段 20 分钟的地方都是很贵的小区,而海底捞依然坚持在高档小区给员工租房子。网上很多文章对于海底捞这个指标的设置都是一片赞誉,认为是对员工关怀的管理典范。但是从绩效考核的角度来讲,这实在是很奇怪的一项 KPI。繁华闹市区的房子房租高暂且不谈,更为突出的问题是往往一房难求,海底捞一家分店这么多员工,上哪儿能找到这么多房源呢?这项指标真的是看上去很美,实则很难落地。

四、走向极端的绩效考核

正因为海底捞在 KPI 设置上走过这么多的弯路,因此,海底捞的张勇干脆去掉了所有量化客观的绩效考核指标,走向了极端。他主要选取三个主观评价指标:顾客满意度、员工积极性和干部培养数量。对顾客满意度的考核方式,是派小区经理去分店巡查,询问店长关于客人的满意情况;对员工积极性的考核方式,是以上司评价为主,以抽查和派遣"神秘访客"为辅;对干部培养数量的考核方式,是看管理者培养了多少个分店店长和一级店店长。上述所有的考核,全都是上级的主观评价。这种完全主观的绩效评价,非常容易导致争议,会给企业带来大量的管理成本。

案例评析:

通过海底捞在 KPI 绩效考核实践中的问题的总结,我们能够发现,企业在设置 KPI 时要有几点值得重视:

(1)指标不能太过单一。既要有客观量化的,也要有主观定性的。这些 KPI 结合工作岗位,合理设置,科学分配权重,让它们彼此配合,才能发挥真正的作用。

（2）指标设置要合理。让员工或部门承担超出其职责和权限范围的指标会让他们觉得不公平，这就要求管理者找出能真正起作用、能落地执行的指标。

资料来源：根据 HRsee.海底捞在 KPI 绩效考核实践中走过的一些弯路.HR案例网，2018-11(http://www.hrsee.com/?id=867)整理修改。

本 章 小 结

KPI(Key Performance Indicators)中文翻译为"关键绩效指标"，是通过对组织内部某一流程的输入端、输出端的关键参数进行设量、取样、计算、分析，衡量流程绩效的一种目标式量化管理指标，是一种把企业的战略目标分解为可运作的远景目标的工具，是企业绩效管理的基础。

建立关键绩效指标体系的主要流程是：首先，企业的战略是什么？其次，根据岗位业务标准，哪些重要的导致企业成功的因素？再次，确定关键绩效指标、绩效标准与实际因素的关系。最后，分解关键绩效指标。

设立关键绩效目标着重贯彻以下四大原则：第一，目标导向原则；第二，SMART 原则；第三，执行原则；第四，客户导向原则。KPI 是对组织运作过程中关键成功要素的提炼和归纳。一般有如下特征：① 具有系统性；② 可操作性与可管理性；③ 价值牵引和导向性。

建立 KPI 的要点在于系统性、计划性和流程性。各个层级的绩效考核指标，无论是应用于组织、部门、团队或是个人的绩效考核，绩效考核的指标体系应该达到这样一种状态：能清晰地描述出绩效考核对象的增值工作产出；针对每一项工作产出提取了绩效指标和标准；划分了各项增值产出的相对重要性等级；能追踪绩效考核对象的实际绩效水平，以便将考核对象的实际表现与要求的绩效标准相对照。

KPI 固然是一种先进的绩效管理思想，在实际应用中应该注意以下六大问题：不同岗位应有不同的 KPI 组合，不同部门的 KPI 应有不同的特点和着重点；KPI 与绩效目标的衡量；可量化的量化，难以量化的细化，但评估手段要量化、可操作；激励指标与控制指标相结合；指标设定固化；应用 KPI 系统考核之后，应有必要的沟通过程。

针对可能出现的问题，企业实施 KPI 考核时可以从以下四点着手应对：① 作为一个持续成长的企业，必须制定清晰明确的战略目标，并将战略目标进行有效分解；② KPI 考核的实施必须以优化流程和组织结构，培育 KPI 企业文化为前提；③ 通过绩效考核，建立良性考评关系，KPI 考评办法中，使考评者与被考评者成为一种平等、良性的考评伙伴关系，大家共同学习、共同进步，目的都是使被考评者尽快提高能力，达到业绩标准的要求；④ 重视 KPI 的创新，时刻保持管理优化的理念。

思考与讨论

1. KPI 是如何产生的？
2. 什么是 KPI？KPI 设计的基本思想是什么？企业在导入 KPI 时有哪些必要条件？
3. 确定 KPI 有哪四大原则？
4. 如何设定知识型员工的 KPI？
5. 构建 KPI 考核体系有何价值？KPI 体系有什么特征？
6. 如何构建一套科学、合理的 KPI 体系？
7. 应用 KPI 过程中应该注意哪些问题以及如何应对？

第十一章

基于 OKR 的绩效考核

- OKR 是如何产生的?
- OKR 的特征和要点是什么?
- 相对于 KPI,OKR 具有哪些特点?
- OKR 体系的实施流程是什么?
- 在应用 OKR 的过程中,应该注意哪些问题?

第一节 OKR 的产生

大多数人认为 OKR 起源于 20 世纪 90 年代的谷歌（Google），但事实上它的历史可以追溯到 60 多年前的目标管理时期。1954 年，彼得·德鲁克的《管理的实践》出版，书中记载了三个石匠的故事。故事中，有人让三个石匠描述自己的工作，第一个人说自己在养家糊口，第二个人说自己在做全国最好的石匠活，第三个人说自己在建造一座大教堂。显然，多数人更加认可第三个石匠所具有的管理潜质，对第二个石匠的评价比较低。德鲁克认为第二个石匠追求高超的技艺，致力于成为所在领域的专业人士固然重要，但必须以企业的整体目标为前提。德鲁克多次表示对管理者在评估绩效时，过度关注自己的专业水平而忘记企业的终极目标的担忧。为了解决这一问题，他提出了著名的目标管理理论，提倡企业的所有工作须围绕它想要达到的绩效目标进行，而且管理者必须了解企业的目标是什么，如何在自己负责的板块为这个目标的实现作出贡献。德鲁克希望借助目标管理集众人力量以实现公司的目标，这便是 OKR 的雏形。

目标管理理论诞生之后，时任英特尔总裁的安迪·格鲁夫（Andy Grove）敏锐地发现它背后隐藏的巨大价值。格鲁夫是一名精明的商人，对目标管理推崇备至，并将其引入英特尔公司推行。他在目标管理理论的基础上提出了现在所强调的高产出管理，主要强调：① 聚焦少数重要目标；② 目标的设定兼顾自上而下和自下而上两种方式；③ 目标设定应该具有挑战性；④ 提高目标设定的频率。格鲁夫对目标管理理论的改进为 OKR 的发展奠定了重要基础。

在格鲁夫的影响之下，谷歌公司的两位创始人约翰·杜尔（John Doerr）与拉里·佩奇（Larry Page）在公司大力推广高产出管理理念。此后，这套理论被不断完善，逐渐发展成了现在人们所熟知的 OKR 模型。在这一模型中，谷歌将 OKR 分为公司、部门、团队与个人四个层级。其中，每一层级的 OKR 都是基于上一层级形成，并且都与企业的战略目标相一致，这样可以有效保证企业所有成员的努力方向是统一的。在 OKR 的帮助下，谷歌公司实现了 10 倍的利润增长，进一步接近"整合全球信息"这一伟大目标。

虽然谷歌公司率先使用 OKR 并取得了很好的效果，但其他企业对于这一管理方法并不熟悉。直到 2013 年谷歌风投合作者瑞克·克劳（Rick Klau）发布了一段 OKR 培训视频后，直接促使 OKR 风靡全球。此后，OKR 被全球数千家企业采用，其中不乏知名企业。

第二节　OKR 的核心思想

OKR 先后在英特尔和谷歌的成功实践，促使越来越多的公司开始效仿，包括脸书（Facebook）、推特（Twitter）、领英（LinkedIn）等新兴科技公司无不是 OKR 的推崇者。世界知名高科技公司的这股 OKR 实践风也随着互联网大潮飘到国内，当下方兴未艾的国内高科技公司尤其是互联网新贵创业者们，也开始尝试使用 OKR 作为企业管理和创新的发动利器。

一、OKR 的概念

OKR（Objectives and Key Results）中文翻译为"目标与关键结果"，是企业在适应动态变化的环境中发展出来的管理方法。在《OKR：源于英特尔和谷歌的目标管理利器》一书中，OKR 被定义为"一套严密的思考框架和持续的纪律要求，它旨在确保员工紧密协作，把精力聚焦在能促进组织成长的、可衡量的贡献上"。学界普遍将 OKR 定义为"一种沟通与设计公司、团队及个人目标，并评估在目标上所取得工作成果的方法与工具"。

我们可以从以下五个方面来理解 OKR 的深刻含义。

1. 严密的思考框架

OKR 旨在提升企业绩效，但如果只是简单地跟踪考核结果，将无法达到目的。对于管理者，真正具有挑战的目标是如何超越那些代表 OKR 结果的数字。管理者应该像人类学家那样，深入思考这些数字背后的本质，找到解决问题的突破口。

2. 持续的纪律要求

企业如果想从 OKR 模型中受益，必须严格执行它的要求。OKR 所代表的是员工时间和精力上的承诺，一旦被确定，就要防止不遵守目标规定的现象发生。

3. 确保员工紧密合作

由于 OKR 对每个员工都充分共享，强调企业内全体成员随时看到 OKR 的达成情况，这使 OKR 必须为企业成员最大化协作以及促进企业战略目标达成而服务。

4. 精力聚焦

OKR 的功能是用于识别企业中最关键的业务目标,并通过量化结果去评价关键目标的达成情况。所以,OKR 是呈现组织最重要的关注点,不能被当成一张未完成的任务清单。

5. 可衡量的贡献

关键结果(Key Results,KR)通常是定量的,这是它的自然属性。为了精确衡量关键结果的达成对业务的促进作用,任何情况下都应该避免主观描述这些关键结果。

二、OKR 的特征

从名称上看,OKR 由目标及关键结果构成。目标是企业将在期望方向取得成果的简洁描述,它要回答的是"我们希望做什么";关键结果则是用来衡量指定目标成果的定量描述,它要回答的是"我们如何知道是否实现了目标"。通常,实施 OKR 的企业会根据具体情况设置 2—4 个目标,以确保组织可以快速聚焦重点;每个目标下又会设置 3—5 个关键结果,以明确衡量目标的实现程度。例如,如果 A 公司以"高客户体验"作为阶段目标,首先要明确的问题应该是如何了解客户体验。A 公司为了保证目标的达成,选取净推荐值和回购利率作为衡量指标。在两个关键结果的激励下,公司员工会努力达成目标,甚至不惜一切代价让客户满意。这时,A 公司为控制获取客户所需的成本,适时地加入了新的关键结果,从而让企业达到了既保持成本控制又让客户满意的目标。

OKR 要求企业对组织运作过程中的重要目标和关键结果进行提炼与归纳。一般须具备如下特征:

1. 目标的特征

(1) 挑战性。好的目标必须具有挑战性,能够激励员工完成更高层次的业绩,而不是企业要达成的简单任务期望。

(2) 现实性。理想与现实之间的平衡对于设置目标至关重要。目标应是基于现有能力的挑战,不能脱离实际,否则,会失去它的激励性。

(3) 结果的可控性。虽然目标的完成需要多个部门的合作,但针对执行者的 OKR,必须由执行者完全掌控,避免出现由于其他团队或个人的过失导致没有完成目标的情况出现。

2. 关键结果的特征

（1）价值性。关键结果的设置是为了实现企业绩效目标而服务，它必须能够转化为对企业有益的价值。基于价值而设置关键结果可以评价员工活动的成果，衡量目标对组织或其客户的价值。关键结果不一定是衡量企业最终目标的指标，但必须是评价员工达成目标所产生的价值的一个组成部分。

（2）可量化。有效的关键结果必须是可量化的，要么是已衡量的任务指标，要么是加入的新指标。它必须是具体明确的单一指标，不能是模糊的指标分类。例如，用户留存率提升 10% 是不具体的关键结果，提升次日留存 10% 才是。

（3）自下而上制定。通常，越是自发制定的 OKR，越能够有好的结果。关键结果需要由下而上制定的另一个原因是它的专业性。例如，企业用次日留存率还是次月留存率提升作为关键结果，只有日常专门从事运营增长工作的团队才能把握。

（4）易跟踪。好的关键结果通过客观的方式评估任务进展，确保定期跟踪任务开展的程度。

三、OKR 与 KPI 的区别

在绩效管理的过程中，KPI 属于当下最普遍的管理工具之一，已成为很多企业最重要的管理手段。但是，随着 OKR 的逐渐兴起，且在谷歌与西尔斯这样的世界知名企业中发挥巨大作用，我们不禁开始思考：OKR 是否会逐渐取代 KPI？OKR 与 KPI 的主要区别在哪里？

从前面的内容不难看出，OKR 与 KPI 存在一些相同点，比如，它们都关注企业的关键绩效目标，强调通过聚焦关键绩效目标来引导员工的高绩效行为。然而，相对于 KPI，OKR 又具有新的特点，主要体现在以下四个方面。

1. OKR 更加关注具有挑战性和战略意义的目标

OKR 强调企业通过对自己业务、资源、竞争对手等情况的分析，找到企业发展的方向，并持续聚焦，以寻求突破。所以，OKR 倾向于通过激发员工的热情，使他们在正确的方向上保持努力，进而得到超出预期的绩效结果。相比 KPI 关注员工有能力完成的指标，衡量 OKR 设计得是否理想很大程度上取决于目标是否具有挑战性与超越性。员工在极具挑战性的目标激励下，更愿意付出更多努力，尝试多种实现目标的方法，这不仅有利于员工对目标的持续性关注，更有助于引导高绩效行为。换句话说，如果这个"看似不可能完成"的目标没有实现，但是得到的结果也好于实现一个常规性目标。

2. OKR更强调员工的自我激励

它主要通过激发员工自觉自愿的积极行为达到提高绩效表现的目的。产生这一现象的主要原因有两个：第一，员工的工作行为很大程度上取决于他们的参与度。从心理学角度来看，人们更愿意在自己参与程度高的活动中投入更多的关注。因此，企业在OKR的设计过程中，需要员工进行全方位的参与，确保每个目标与关键结果都承载着个人的心血，这样他们努力实现目标的热情更容易被激发出来。第二，OKR不单单是企业的愿景，更是每个员工价值的充分体现。对于企业成员来说，OKR可以更加有效地激发他们的自驱力，因为实现OKR的过程就是自我价值实现的过程。

3. OKR的设计更加注重上下左右的多向互动

从彼得·德鲁克的目标管理到安迪·格鲁夫的高产出管理，再到谷歌公司的OKR模型，始终强调多向互动、员工主动与跨部门协作，这三个特征也代表了在设计OKR过程中的三种沟通模式。员工应当积极参与企业目标的制定，并在执行过程中加强自我管理。OKR反映了企业成员对于企业的责任感与对自身价值的期望值，它应该由评价对象根据自身能力和能否作出贡献主动设定，而不是由上级进行强行委派。随着分工精细化程度的持续加深，仅仅依靠个体或团队来完成工作越来越难，跨部门之间的相互协作已经成为一种常态，而决定各部门能够有效协作的前提是它们能否在目标、职责与工作方法等方面达成一致。有效的OKR体系应当具有公司层面、部门层面以及个人层面的目标与关键结果。每一层次的OKR需要相互贯通，以明确部门间的协同关系，提升协作效率，而不是被限制在相应的区域内。这可以帮助企业各部门以及团队明确工作方向，统一工作目标，划分工作职责，形成协助关系。因此，OKR的设计必须要求各部门在设计目标与关键结果时进行充分的沟通，获得其他协助部门的认可。

4. OKR更加强调方向一致性

方向的一致性是指企业及其成员的努力方向是相同的，避免内耗。而且，方向的一致性也要求OKR的设计需要自上而下产生，即先有公司目标，再有团队与个人目标。OKR首先是一个对准工具。只有当团队彼此建立对话来设置优先级，达成相互协作关系时，团队之间才能实现方向一致。为了避免团队会孤立地创建OKR，企业可以使用三种不同的对齐方式：公开透明、共享OKR和360度对齐。首先，OKR必须对所有员工都是可见的，使得每个人都可以访问其他人的OKR和当前的结果。企业的透明度有助于提高各个团队之间的一致性，因为如果一个区域的业务不与其他区域的保持一致,就会很快被其他团队孤立进而无法开展工作。其次,共享 OKR 是实现多个团队之间对齐的最有效工具。在共享 OKR 中,两个或更多的团队共享相同的 OKR,每个团队都有不同的计划。一个单一的共享 OKR 是各团队共同创建的,而不是在团队之间分裂一个目标,并让他们设置单独的 OKR。最后,OKR 注重 360 度的对齐,即上下左右的一致性,以此提高团队之间的协同效率。如果一个团队需要另一个团队的协同,他们就可以讨论并设定共享的 OKR 优先级,从而有效地解决团队之间相互依赖和统一竞争的关系,促进团队间的相互协作和目标一致性,最终实现战略的执行。

任何一种管理工具都存在两面性,OKR 也不例外,它的兴起并不意味着 KPI 必将被淘汰。对于许多传统行业,KPI 依然是十分有效的绩效管理工具。企业应基于行业环境、组织结构、人员特征等方面进行考虑,选择合适的管理方法。

四、OKR 的适用环境

1. OKR 的支持环境

在实施 OKR 的过程中,企业要想真正达到效果,取决于是否满足 OKR 实施的基本环境。如果没有支持其实施的环境,OKR 的导入就是空中楼阁。因此,要成功地建立这种支持环境,企业需要从以下五个方面考虑:

(1)扁平化的组织。传统的科层组织应对外部客户的响应、内部信息的传递以及管理者的决策时,需要庞大的中间层进行"上传下达",这对于 OKR 的实施是非常不利的。为了解决这一问题,组织结构扁平化至关重要,比如设置 3—4 个层级,保证业务单元的规模不会特别大,使组织朝着自我管理、扁平高效的方向运作。

(2)结果导向的企业文化。要使用 OKR 的管理机制进行运作,"以结果为导向"的企业文化非常重要。这要求企业轻资历看能力、轻苦劳看产出,最大程度地符合 OKR 中的关键结果。基于此,企业的绩效成果不能是内部随口汇报的"表面文章",而应是真正的业绩、口碑等关键结果。只有简化过程管理,强化结果认定才能真正实现。

(3)利益与风险共享的激励机制。只有实行利益与风险共享机制,才能从根本上解决企业中团队激励的问题。利益风险共享机制能够使团队的核心骨干目标达成一致,相互协助能力进一步提高,进而形成实行 OKR 所需要的共同目标。

(4)精英的团队。实施 OKR 所形成的共同目标在有效解决团队内部推诿责任的同时,却忽视了从外部市场中获得更多收益的机会,甚至出现"内部大锅饭"的现象。为了解决上述问题,具备敏捷与精英的团队是保证 OKR 得到成功执行的必要条件。以软件开发领域的敏捷团队为例,团队中任何一人偷懒、水平低或者内部协作不畅,都会导致无法完成任务。而且,由于团队规模小,每个人都在团队中扮演关键角色,必须"来之能战、战之能胜"。

(5)项目化运作的能力。随着扁平化组织与敏捷、精英化团队的形成,企业就会打破原有经营方式,形成一个个项目任务。当涉及复杂的项目时,需要调动多个团队的资源解决问题,这要求组织须具有较强的项目运作能力。在复杂变化的市场环境下,只有通过项目化的运作才能使得企业各种个性化的问题得到有针对性的解决,实现组织高效运作,保证OKR的达成。

2. OKR的适用企业

OKR起源于硅谷,借助谷歌、推特等著名公司的推动,被大家熟知,进而推广至全球。通过众多成功的案例可以发现,互联网公司依然是适用OKR的主要群体。但是,实践已经证明OKR不仅仅适用于互联网行业,对于以下企业也可将其作为工具:
- 需要灵活应对不确定市场的互联网等创新型企业;
- 需要建立跨部门协作的业务转型期企业;
- 需要提高团队协作能力的知识服务型企业。

第三节 OKR体系的构建

一、构建OKR体系的价值

OKR是企业在适应动态变化环境的实践中发明出来的绩效管理方法。它在发展的过程中汲取了目标引导、关键指标设定和聚焦以及组织协同和战略管理的思想,又具有快速调整、简单实用的优点,给企业管理者带来了新的管理思路。具体来说,其价值主要体现在以下四个方面。

1. OKR体系的建立可以使企业更加敏捷,更有效地应对外部环境的变化

随着企业内外部竞争的加剧,开展业务的节奏将会越来越快,企业必须快速获取新信息并将其转化成有用的知识,用于战略调整和业务规划。但是,对于以年度为考核周期的企业而言,频繁地设定目标是十分困难的。OKR强调建立一套可以自我更新的组织机制,从而更好应对环境变化,进行相应创新。比如,企业可以通过以季度为周期,不断学习,根据内外部变化积极作出调整。

2. OKR体系的建立有利于企业把精力聚焦在最重要的事情上

在信息极为丰富的时代,对于一个公司而言,员工的注意力是非常稀缺的资源,公司目标、个人目标、各种会议、职业生涯考虑、家庭琐事都会不同程度地分散员工的注意力。OKR可以帮助员工识别最重要的事项,集中精力在公司当下最关注的战略目标上。这能够促使员工有效地识别什么是当下最重要的事情,快速拒绝与目标不一致的事项。

3. OKR体系的建立增强员工沟通,提高敬业度

OKR并非严格意义上的自上而下的管理体系,它的设定更加包容,提倡自上而下和自下而上的融合,甚至在选择权上员工更具有话语权,有助于提升员工的敬业度。此外,当结果出来时,员工有充分的机会参与讨论,从而提升士气,培养探索精神,也让管理者明白员工在下个职业阶段的准备情况。例如,西尔斯控股公司(Sears Holdings)从2014年实施OKR以后,员工被提拔的概率是没有应用OKR时的3.5倍。

4. OKR体系的建立有利于促进组织前瞻性思考

对企业而言,只有培养成长型思维模式,容忍失败,以快速学习的做法,拥抱快速变化的机会,才能在激烈的市场竞争中胜出。采用成长型思维模式,意味着企业要勇敢地走出舒适区,大胆设定战略目标。OKR的建立不仅可以用来提升组织能力,防止积极寻求工作意义与目标的人才流失,更能激发员工从根本上思考完成目标的更好方法。

二、OKR体系设计的基本原则

设计OKR须着重贯彻以下基本原则:

1. 聚焦重要的、有挑战的目标

相对于传统的绩效管理工具,OKR首先强调企业应聚焦挑战性目标,即OKR系统应该为组织提供最卓越的价值。正如彼得·德鲁克针对时间管理所强调的原则一样,卓越的领导者应聚焦于重要而不紧急的任务。只有企业将目标的数量保持很少时,聚焦的力量才会真正发挥出来。企业的资源是有限的,每次作出目标承诺时都意味着会丧失投入在其他事项的机会。因此,设计OKR要求领导者必须具有勇气和担当,敢于直面企业发展现实,找到影响其成长的关键因素,将目标聚焦于企业最重要

的任务上。只有这样,才能找到企业发展的优先级,将资源与精力投入最重要的目标上。

OKR 并不是企业包罗万象的目标清单,也不是日常任务的总和,而是一系列精心策划、值得特别关注的目标。企业中每个人的 OKR 必须与组织期望实现的战略目标相联系。安迪·格鲁夫强调,OKR 代表的是一种管理艺术,它的要点在于企业能否在看似同样重要的事情中选择一个、两个或者三个,以此充分发挥杠杆作用。只要目标的设定足够科学,通常 3—5 个关键结果就可以确保它的达成。如果目标设置太多,往往导致焦点淡化,这会阻碍预期的进展。

在 OKR 的设计过程中,需要充分考虑目标与关键结果的不同作用。目标应与长期价值、鼓舞人心相联系,而关键结果需更接地气并且依靠测量驱动。关键结果是拉动目标完成的杠杆、实现目标的里程碑。如果员工可以轻而易举地达到某些成果,只能说明企业设立的目标还不够远大。所以,对于个人来说,每个关键结果都需要具有挑战性。

2. 注重长期目标

许多企业在实施目标管理的过程中,太强调短期目标,比如将周度、月度的考核结果与薪酬挂钩,以此调动员工的积极性。但是,研究表明,如果企业过于强调短期目标的达成,将会影响对员工的长期目标导向。和许多绩效管理工具相比,OKR 的设计比较注重长期目标,鼓励员工在制定目标时聚焦工作重点,尽量着眼于未来。而且,OKR 并不是否定短期目标的重要性,而是将短期与长期目标相平衡。通常,OKR 以季度作为关键结果的审核周期。例如,谷歌公司在每一季度末都会评估员工是否达到关键结果,如果没有达到,则会深入分析原因,找出差距,制定改进方案。对于一年或者更长时间的目标,关键结果将随着任务的开展进行调整。

为了长期目标的达成,OKR 应当提倡将关键结果的达成情况与短期的薪酬、奖金分开,鼓励员工将注意力放在企业或团队的整体目标上,而不是急功近利,只关注短期结果,这并不意味着 OKR 体系和薪酬体系是脱节的。OKR 目标和结果的达成应和长期的薪酬激励相关联,如年度的薪酬和奖金、限制性股票计划以及期权计划等。

3. 将团队目标与个人目标相联系

拥有高绩效团队是企业走向卓越的必要条件。企业在制定团队目标时,确定团队目标与个人目标的优先级十分重要。企业过于注重个人的贡献,可能影响团队达成共同目标,而只关注团队目标,有可能导致个人"搭便车",影响团队成员的积极性。为解决这一问题,OKR 的设计须建立公开、透明的目标管理体系,将个人目标与组织、团队的总目标相联系,明确相互交叉与依赖的部分,强化团队成员之间的合作。企业应当通过个人目标与团队目标的链接,增强个人促进企业整体目标的贡献体验,提升员工工作价值,启发其积极性与创造力。OKR的制定提倡基于上下级之间的相互协商,让所有人的努力都围绕着公司的战略目标。正如约翰·杜尔所强调的那样,通过协商,将企业、团队和个人的目标体系完整融合,有利于员工在目标完成的过程中实现价值,平衡工作与生活。

4. 定性目标与定量目标相结合

在绩效管理的过程中,OKR需要恰当地平衡定性指标与定量指标。目标更像定性指标,是企业、团队和个人想要达成的事情,应该是重要的、具体的、具有行动导向且能鼓舞人心。既设计合理又实施得当,目标才能有效防止思维和执行过程中出现的模糊情况。关键结果用于监督目标如何达成,是一个定量指标。有效的关键结果具有限制性、挑战性和具体性等特点,而且它们是可检验、可衡量的。例如,MyFitnessPal 公司在制定 OKR 时将定量和定性指标充分融合。该公司以"北极星"代称目标,它代表公司的核心价值。在"帮助全世界更多的人"的"北极星"目标牵引下,该公司定量了如下关键结果:第一,当年新增用户 2 700 万;第二,注册用户达 8 000 万,以此实现定量结果对定性目标的衡量。

OKR 的设计只有很好地平衡定性与定量之间的关系,才能发挥最大的绩效管理价值。这要求企业以定性的目标作为牵引力,以定量的结果监督各项活动,以数据驱动定量的结果,持续性地对 OKR 的执行情况进行定期检查、客观评价和重新评估。

5. 将OKR与绩效奖金弹性结合

OKR 是一种管理工具,而不是员工评价工具。它的导入是为了解决企业的目标设置以及每个员工如何为这些目标作出贡献。绩效评估则是为了评估员工在特定时期的表现,这与他们的 OKR 无关。所以,放弃 OKR 与薪酬和晋升的紧密结合是实现宏大目标的关键。员工需要知道,如果他们制定并且实现了雄心勃勃的目标,就可能获得更多的奖金。但是,如果企业未能设置恰当的绩效评价工具,OKR 的持续实行将无从谈起。例如,有两个员工在同一个团队,他们分别是员工 A 和员工 B。员工 A 受金钱奖励的驱动,总是想办法获得更多的钱,所以,他尽量设置容易达成的目标。员工 B 更容易受成就感的驱动,他相信只要达到更具挑战性的目标,就会获得更多的奖励。该企业实行将目标与奖励挂钩的制度,以雇员工资等级与员工达到的百分比的乘积来决定奖金的大小。到了季度末,员工 A 实现了 110% 的简单目标,员工 B 实现了 80% 的有挑战性的目标,并且超越了公司的绝大多数人。

但是，根据公司的绩效奖金设计，员工 A 将会得到更高的奖金。显然，对于企业来说，更加希望获得更多像员工 B 一样的员工。所以，如果企业想创建一种高绩效文化，促使员工设置并达到有挑战性的目标，就应该考虑放弃将 OKR 的结果与绩效奖金的紧密结合。

为了促进员工设置更具挑战性的目标并努力达成，企业可以建立一个弹性的绩效评价模型。在这个模型中，奖金和晋升被界定，目标达成情况和奖励是弹性结合的。而且，模型的设置不仅要考虑实现目标程度的百分比，还要考虑目标本身的困难度以及对业务的影响。例如，我们可以把它想象成体操的难度得分。这样，当员工的目标完成情况输入这个业绩评价模型中后，会得到与之努力相适应的奖励。但是，为防止评价模型的主观性，企业最好采用基于"公式"的评价模型，并且保证任务与资源的分配相对公平。

三、OKR 体系的设计步骤

OKR 的设计流程主要由以下五步构成：

第一步，确认 OKR 成员。率先确定 OKR 成员有助于企业明确 OKR 的实施目标和环境，广泛收集信息和反馈，借鉴管理者的专业决策建议，集体厘清企业使命和战略。OKR 的设计不能仅限于企业高管，尤其是中小企业，必须下沉到中层管理者，而且包括具有决策权的专家型员工，以及不在管理岗位但企业有意培养和提拔的高潜力人才。例如，对于 100 人左右的企业而言，20 人左右的 OKR 小组比较适宜。

第二步，准备会议沟通 OKR。制定 OKR 需要会议，但要防止冗长的会议，保证大家精力的聚焦。对于首次制定 OKR 的团队，准备会议应全员参加，并阐明实施目标，统一相关概念和原则，形成以后共同沟通的标尺。在时间允许的情况下，准备会议在由上至下进行宣讲和答疑之后，也可提前讨论企业面临的主要问题和瓶颈。准备会议是为了让后面流程获得尽可能多的信息，不需得出结论，时间结束，立即停止讨论。

第三步，小型会议起草 OKR。准备会议之后，企业选择少数几个人参加小型会议起草初版 OKR，以保证所有人在会议中集中精力，认真倾听，及时贡献想法。参与者名单可由成员会议来选取，但要防止由于部门人数不均等出现的不公平情况，也可由 CEO 确定，这有助于提高效率，但要注意个人意见倾向的影响。小型会议是 OKR 制定过程中最重要的会议，它保证企业中所有重大问题都能被提出和讨论，之前的决策都能被重新审视。在会议讨论之前，领导者应给予参与者足够的信心，鼓励他们畅所欲言，不应作出有关策略上的指示，影响员工。季度 OKR 的草案版是小型会议的讨论成果，它的表达要简洁流畅，一般不要超过一页纸。

第四步，成员会议确定 OKR。起草会议结束后，会议成员需要半天时间准备和完善提案。之后，企业组织 OKR 小组全体成员参与的确认会议。在会议中，起草代表要完整阐述季度 OKR 有哪些、是如何得到的、还有哪些未解决的问题。在 OKR 的确认过程中，提问至关重要。根据提问质量，起草会议成员要努力捕捉问题差别，决定坚持己见或进行变化，进而进入最后投票表决或 CEO 决定的确认决策阶段。如果 CEO 确认，他只能接纳会议的最终结果，不能放弃讨论成果，另立个人观点。

第五步，公布和答疑。OKR 确认后，企业需要进行书面固化，加入必要注解，形成文件并向全体员工公布。注解是为了让员工了解相关决策背景和逻辑。如果必要或者条件允许，企业应召开全员会议解释说明，回答员工提问。在全员沟通时，企业需说明 OKR 是为了帮助团队或个人聚焦关键事务，争取较短时间突破瓶颈，促进个人与整体的绩效提升，使 OKR 得到有效执行。

四、OKR 的评分规则

为了跟踪 OKR 的执行情况，企业需要在季度末对关键结果的完成度进行打分。通常，以 0—1 区间对季度关键结果的完成情况进行打分。全面完成任务，可以打满分 1 分；如果没有任何进展，则是 0 分。对于初次实施 OKR 的企业，由于还没有从常规运营中建立聚焦目标的习惯，缺乏对变革的准备，0 分很常见。

虽然得分的高低取决于关键结果的完成度。但是，分值未必完全代表对应指标的绝对完成值。例如，企业制定的关键结果是"提升次日留存率 10%"，如果在季度内只提高 5%，执行者得分未必是 0.5 分。所以，有说服力的打分应以关键结果的完成难度进行。

- 如果"季度提高次日留存率 5%"是一个比较容易达成的目标，可以将其定为 0.3 分的水平；
- 如果"提高次日留存率 8%"是一个常规运营难度很高且具有明显成效的目标，可以将其定为 0.6 分的水平；
- 如果"提高次日留存率 10%"是一个难以达到但有一点可能的目标，可以将其定为 1.0 分的水平。

通常，关键结果的执行评分往往在 0.3—0.6。OKR 的实施目的是让执行者聚焦关键任务，依照挑战性目标规定任务。如果员工很容易得到 1.0 分，只能说明任务难度低，企业没有合理定义高挑战目标。评分是为了合理制定关键结果的标准，确定关键结果完成的挑战度。例如，一个跳高运动员在比赛中会首先尝试训练中取得的较好成绩，然后逐步增加高度。表 11-1 是某公司 OKR 评分表的示例。

表 11-1　某公司 OKR 评分表

序号	目标(O)	关键结果(KRs)	KR 权重	KR 分值	O 分值
1	本季度销售额月增长 40%	4月15—18日，增加收入 6 000 万元	20%		
		每月增加 App 真实粉丝 1 万人	30%		
		本季度实施 OTO 销售方案，增加销售收入 2 亿元	30%		
		本季度实现智能机器狗上线，其销售收入达 800 万元	20%		
2	本季度销售费用降低 5%	3月份优化销售出差制度，确保 4 月份出差费用控制在预算以内	20%		
		4 月促销费用控制在 500 万元内	80%		
3	本季度开展 100 家购物中心市场调查，问卷覆盖 100%	4月开展 30 家购物中心市场调查，问卷覆盖 100%	30%		
		5月开展 30 家购物中心市场调查，问卷覆盖 100%	30%		
		6月开展 40 家购物中心市场调查，问卷覆盖 100%	40%		

管理者必须对所有结果负最终的责任，不能给关键结果负责人施加额外压力，尤其在评分和复盘的环节上，应聚焦在任务执行过程和失败原因上，避免过多评价，因为关键结果的负责人大多由自驱力比较强的员工负责，没有必要用个人绩效评价驱动他们。

第四节　OKR 体系的实施

一、准备工作

对于首次使用 OKR 的企业，在实施 OKR 之前要做一些必要的准备，确保后续工作顺利进行。可以从以下三点了解企业实施 OKR 的准备工作。

1. 明确企业需求

企业在实施 OKR 之前，必须明确"为什么要使用 OKR"，只有充分回答这一问题，才能获得期望的成效。企业必须发掘实施 OKR 的深层动机以及期望实现的核心目标，列出当下面临的挑战与应对策略，思考是否真的需要实施 OKR。

2. 获得高管支持

高管不一定是推行 OKR 的实际发起人，但他们的态度将直接影响 OKR 在整个组织中被接受的程度。如果高管对于 OKR 全力执行，将会提高员工的接受和参与度。英特尔和谷歌的首席执行官对 OKR 的态度都是全力支持与参与。

3. 决定实施层级

OKR 一般分为公司、团队和个人三个层级。公司层级主要面向高管团队；团队层级主要面向团队负责人或业务板块经理；个人层级面向组织中的每一个个体。随着对象数量的增多，OKR 的操作难度相应提高，这要求企业必须根据实际情况事先决定在哪一层级实施 OKR。通常情况下，初次引入 OKR 的企业选择影响范围较小的层级进行试验，有利于厘清团队发展的核心任务，为以后加入的成员提供经验，使他们了解、接纳与使用 OKR。

二、OKR 体系的实施流程

企业完成 OKR 实施的准备工作后，就可以进入以下四步的正式执行（见图 11-1）：

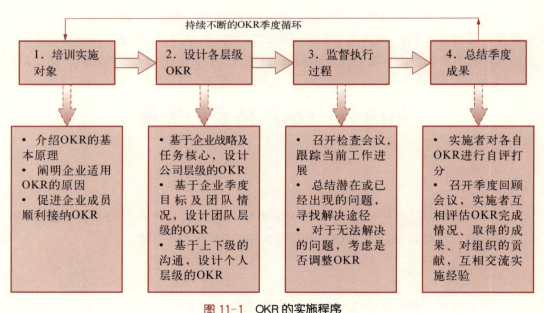

图 11-1　OKR 的实施程序

第一步，培训实施对象。培训的目的是介绍 OKR 的基本原理，阐明企业使用 OKR 的原因，它不仅适用于首次实施 OKR 的企业，而且适用于 OKR 体系相对成熟的组织。虽然相关问题已被充分讨论，但仅局限于企业高层领导者。所以，实施前，企业必须让执行者了解实施 OKR 的相关情况，正确看待 OKR 对企业的改进作用，从而顺利接纳 OKR。

第二步,设计各层级的 OKR。企业所有层级的 OKR 必须基于其战略而设定,这要求管理者在制定下一个季度要实现的目标和关键结果之前,首先梳理清楚企业的战略及核心。

(1) 公司层级的 OKR 要向全体员工展示,促使员工了解公司的季度目标和关键结果,为接下来团队和个人层级的 OKR 设计提供基础。

(2) 设计团队层级的 OKR。根据企业战略和季度目标,团队负责人评估各自团队能为达成企业目标作出什么贡献,以此设计并展示团队层级的 OKR。

(3) 设计个人层级的 OKR。员工作为 OKR 模型的基础层,必须与上级管理者进行详细沟通之后,确定个人的季度 OKR,从而保证个人目标与团队目标和企业目标相一致。

第三步,监督执行过程。当 OKR 进入实施阶段,企业应召开检查会议,跟踪当前任务进展,总结潜在或已经出现的问题,寻找解决途径,确保及时审视和调整 OKR 的实施过程。如果出现无法解决的问题,则需重新评估目标和关键结果,考虑是否调整 OKR。监督执行过程有利于管理者和员工反思前期的判断,纠正错误的行为,这一点对于初次引入 OKR 的企业最有效。监督检查的频率根据企业的实际情况而定,人数较少的中小企业在季度过半时进行检查最适宜,组织复杂的大企业进行月度和季度检查最适宜。

第四步,总结季度成果。季度末期是 OKR 总结回顾季度成果阶段,分为自评和季度回顾会议两个环节。在第一环节,根据评分规则,高管为公司 OKR 打分;团队负责人或业务单元经理为团队 OKR 打分;员工为个人 OKR 打分。进入最终的季度回顾会议环节,各层级的执行者阐释各自的 OKR 成果、自评得分、打分理由,使组织每个成员充分了解他们完成的任务、取得的成果、对于组织整体的贡献。季度总结大会为 OKR 执行者提供了一个交流与分享的平台,他们可以在这里分享成功的经验,讨论遇到的困难,提升各自的能力。

当总结会议结束后,一个标准的 OKR 流程被执行完毕,并进入下一个季度的循环。企业在实际操作中,由于具体情况的不同,不一定全部经历上述四步,而且个别环节也会产生相应调整和变化。但是,作为保证 OKR 有效运行的关键环节,监督执行过程与总结季度成果必须被重视。

三、OKR 的导入策略

首次使用 OKR 的企业应采用分层推进策略,确保各阶段实施效果得到及时反馈和调整,以此控制员工在实施 OKR 的过程中可能出现的不良情绪。为顺利实施

OKR，高层管理者、中层管理者以及基层管理者要承担不同职责，形成分层式推进策略（见表11-2）。

表 11-2　OKR 实施的分层推进策略

管理层级	主要职责	要求
高层管理者	● 理念倡导者 ● 方法传播者 ● 实施总指挥	● 向中层管理者阐述 OKR 的原理及优势，争取全员认同
中层管理者	● 理念的具体化 ● 实施的教练	● 结合部门情况，培训基层管理者和员工
基层管理者	● 讲授目标设定及"关键事件"的方法及原则	● 通过讲授促使员工转化思路，帮助员工设定目标及关键结果

1. 高层管理者是 OKR 的理念倡导者、方法传播者以及实施总指挥

高层管理者通过向中层管理者阐述 OKR 的基本思想和优点，争取得到全员认同。其具体涉及的活动为：在组织层面上阐述 OKR 的原理及优点，取得各部门、各层级的认同；根据企业所处的具体情景，明确实施 OKR 的方向和深度；分析企业内部环境，调整 OKR 的实施节奏，避免因节奏过快而导致的组织不适；预先为 OKR 的实施提供相应的资源。

2. 中层管理者是 OKR 思想转化为具体实施的教练

其具体涉及的活动为：根据部门情况，指挥首次实施 OKR 的部门，培训基层管理者和员工；在宣传 OKR 思想的过程中，采用互动式授课，积极听取基层管理者的意见；及时反馈汇总 OKR 实施过程中的信息和问题，提出改进方法；合理设计执行制度，积累组织执行力，形成保障体系，确保 OKR 的持续实施。

3. 基层管理者是落实 OKR 的最终环节

在 OKR 的初次实施中，基层管理者向员工阐明设定目标及关键结果的方法及准则，转化员工思路，激励他们追求具有挑战性的工作目标，强化员工对自我价值的认识与岗位角色的认同。其具体涉及的活动为：承担协调角色，按照上级标准，结合部门和岗位具体情况培训员工如何设定具有挑战性的目标；同员工讨论目标的可行性、对应的关键结果及对企业整体目标的贡献；辅助员工提升决策力和执行力，检查员工对 OKR 方法的掌握情况。

第五节 企业应用 OKR 应注意的问题

一、OKR 设计过程中应注意的问题

OKR 固然是一种先进的绩效管理思想,但企业在设计过程中应注意以下四大问题。

1. 保证 OKR 的一致性

无论哪个层级的 OKR,应当为公司的整体而设定,从而确保所有 OKR 在方向上的一致性。每个团队和个人必须理解公司层级的 OKR,明确各自的使命和价值,这是确保方向一致性的关键。团队和个人 OKR 不是公司 OKR 的简单复制,而是基于公司层面的 OKR,需要针对各自业务覆盖范围内的目标进行设定。

2. 坚持"少而精"的原则

OKR 的设计必须聚焦关键的领域,明确重要的工作,避免面面俱到。过多的 OKR 将会分散员工对重点工作的注意力,增加每个 OKR 的花费时间,导致工作不流畅。通常,合理的 OKR 数量要控制在每季度 2—4 个目标和对应的 3—5 个关键结果。

3. 确保 OKR 是自下而上制定的

企业应保证自下而上设计的 OKR 比例在一半以上,使得员工可以自主选择合适的工作,激发他们的工作热情。当需要上级制定 OKR 时,管理者与员工充分沟通,使双方达成一致。例如,某公司部门主管为了快速统一员工的意志,在 OKR 制定会议中以强势的上下级关系限制下级的自由发挥,尽管次数有限,但这非常不利于目标与关键结果的制定。

4. 简洁易懂的语言描述

由于企业成员都来自特定领域,无法了解组织所有模块的工作内容,因此,在设计 OKR 时应及时向全体员工公开,避免使用过多的专业术语,让所有人轻松获得 OKR 要传达的信息。

二、OKR 实施过程中应注意的问题

1. 确保战略的清晰

企业战略是决定 OKR 能否有效执行的前提。对于没有战略或者战略不清晰的

企业，实施OKR仅仅是对OKR模型的简单模仿。例如，某公司正处于战略型基础业务的转型过程中，管理团队或组织架构的调整会对公司的战略设定产生影响，这时引入OKR，企业首先要考虑的是明确组织战略。

2. 做好实施前的培训

OKR的培训可以提升执行者对于OKR的基本原理和优势的认知水平，推动OKR执行中的意见达成。并且，OKR的制定是以企业战略为基础的，做好实施前的培训将会提高各部门对于目标与关键结果的理解与接受程度，确保各部门的积极执行与相互配合。

3. 实时追踪执行进度

随着企业发展速度的加快，如果仅仅按月度或季度来检查执行者目标的完成情况，不利于及时发现在OKR执行中出现的问题。可是，一旦有些问题无法得到有效反馈以及快速解决，某一环节的实施就会停滞不前。所以，企业必须对OKR执行情况进行实时追踪和持续沟通，帮助员工始终聚焦在绩效指标上。例如，A公司在OKR开始实施的两个月中，由于员工对OKR不熟悉，经常出现临时性、突发性工作打乱原有计划，导致周例会的追踪执行不完整。之后，A公司开始提高与员工的沟通频次以及对OKR执行情况的追踪效率，以此加深员工对OKR的了解程度，推动OKR的深入开展，使得无论周例会的相互交流与探讨，还是月度、季度总结会的参与情况，都得到了明显改善。

4. 是否进行调整

在执行OKR的过程中，企业有时会遇到上季度没有完成的OKR是否在下季度继续沿用的情况。如何解决这一问题主要取决于企业在新一季度所处的环境和聚焦的重点。对于外部环境变化快、关注点容易随着外部环境和顾客需求而改变的企业，有时需要在几个月内调整公司目标，且团队和个人目标也会作出相应的调整。但是，大多数企业的整体目标通常比较稳定，如果面对无法完成季度OKR的情况，需要考察它对组织整体目标的重要性，决定是否被沿用到下季度。一旦季度间沿用相同的目标，员工为实现目标所产生的行为很可能发生变化，这时企业需要对关键结果重新定义。

有一种与上述结论相反的情况，即如果在季度周期结束前调整OKR，需要深入分析调整的原因和必要性。公司层级的OKR作为团队和个人OKR的基础，除非遇到特殊情况，一般不能在季度执行过程中修改，一旦调整，就会导致企业内OKR体系的变动，容易造成管理上的混乱。因此，公司层级的OKR设计必须经过实施者慎重的思考和深入的沟通，聚焦在企业最重要、最关键的地方。OKR 有时无法被有效执行并不是设计出现了问题，而是在实施中遇到了无法解决的问题，这要求实施者考虑是否将现阶段的 OKR 继续作为工作重点，或是适当进行调整。

5. 选择合适的实施工具

通常，企业在设定 OKR 的时候，会基于若干目标设定十几项甚至几十项关键结果。而且，如果在全公司推行 OKR，需要相当比例的管理者以及分公司的一线员工同时进行。对于规模比较大的企业，依然采用常规表格方式，无论是保管资料还是追踪实施进度都是低效的。企业可以考虑借助科技手段，选择合适的协作平台，用数据化的分析方式来管理 OKR。但选择 OKR 软件时须考虑 OKR 的使用人数、OKR 的使用层级、OKR 的跟踪周期、是否需要社交评论等。

案例分析：OKR 在西尔斯控股公司的应用

西尔斯控股公司（Sears Holdings Corporation，SHC）是一家领先的综合性零售商，专注于为会员提供无缝的在线和实体购物体验——任何时候、任何地方、以任何方式购物。该公司 2015 年的营业收入超过 250 亿美元，其附属公司包括西尔斯·罗巴克公司（Sears Roebuck）和凯马特（Kmart）公司，在全美拥有全系列专业零售店。以下是该公司的战略人才管理总监霍利·恩格勒（Holly Engler）对 OKR 使用情况的说明。

问题：为什么要引入 OKR？

解答：作为一家由 34 个业务单位、管理团队成员超过 290 人、联营基地规模近 20 万人、业务范围覆盖从支持职能到商家群体的大型、复杂组织，我们努力在全公司范围内围绕我们的关键目标形成足够的专注度和透明度。对任何一个联营单位而言，要让他们理解其个人贡献是如何同公司的整体战略举措保持一致的非常困难。此外，我们一直努力寻找一种更有效的方法，帮助实现更好的跨业务单元协作，而不是各业务部门各自为政。

当公司处于转型期时，很明显，我们需要一个能让我们变得更加敏捷和灵活的流程，具备随时适应市场和客户需求、持续驱动商业成功、快速调整战略和执行的能力。OKR 似乎再合适不过了，经过管理团队试点之后，我们认为 OKR 符合我们的诉求，没有必要再考虑其他候选工具了。

问题：谁发起的 OKR？

解答：我们的首席执行官兼董事长埃迪·兰伯特（Eddie Lampert）在 2013 年

早期把 OKR 介绍给我们的首席人力资源官（CHRO）和人才管理团队。他是在看到谷歌风投公司发布的 OKR 视频后，对其产生了浓厚兴趣，想重新审视下我们的目标管理做法中，是否可以纳入更频繁的、可衡量的、透明的目标，以帮助我们在整个组织中更有效地工作，取得更大成绩。

问题：你们在哪个层面实施 OKR？公司层面还是业务层面？为什么？

解答：我们最初在高管团队试点了 2 个季度的 OKR。在整理了我们的发现后，我们认为 OKR 不仅可行，而且还是一个很好的逻辑思维过程，于是，我们将 OKR 推广到大约 2 万名员工中。我们还将 OKR 应用范围扩大到部分小时工群体，并一直在探索进一步扩大范围的可能性。

问题：你们制定 OKR 的过程是什么？通过培训、务虚会还是研讨会？

解答：我们从一开始实施 OKR 起，就希望建立一个规则：在组织内创建完全公开透明的 OKR。于是，我们迅速地与开发团队合作，利用内部社交媒体平台进行 OKR 录入、评分和共享。几周之内，我们就创建好了最初的 OKR 平台。我们在高管领导团队内进行了试点，让他们简单地输入这个季度正在处理的几个目标，然后在季度末重新登录平台，自我评价他们的 KR 达成情况。

问题：你们使用的是谷歌的 OKR 模型吗？是否对它作适当的定制以适配你们的组织？

解答：大部分是谷歌的 OKR 模型，不过我们也作了一些修改，以确保它符合我们的业务诉求。例如，我们没有必要在团队层面让每个团队都制定 OKR。我们重点强调制定个人 OKR。我们还对这套方法作了一些修改，在其中加入了更广泛的个人优先级，并强调业务单元优先级要更加可视化，这样可以让员工在制定他们的 OKR 时能够和组织战略更好地对齐。

问题：你们使用 OKR IT 工具了吗？

解答：我们的确在使用。我们很幸运在 SHC 拥有非常棒的开发人员，他们成功地开发了一款 OKR 工具。我们使用一款内部游戏化平台来承载整个自有人才管理活动（包括目标设定、检视活动或绩效谈话、我们的及时反馈工具、人才评审等）。

问题：IT 工具是否可以带来新的效益？

解答：IT 工具可以助力 OKR 的推行，对我们非常有帮助，对像 SHC 这样庞大复杂的组织来说更是如此。它能在整个组织内，让目标和关键结果具有前所未有的透明度。由于在我们的绩效管理平台中增加了这个额外的组件，现在，员工们可以在一个固定的地方回顾他们在做什么以及他们的目标达成得怎么样了。

> **问题：OKR 给你们带来了什么具体收益？**
>
> 解答：就我个人而言，我觉得收益很多。在每个季度结束和开始时，我会强迫自己暂时停顿下来，深入思考一下自己在上一季度做得如何，是否在需要专注的领域里取得了进展，以及下一季度需要我做哪些事情，它帮助我将大块工作分解成大小正好的小块，我发现这个方法可以帮助我取得更大的成就，让我自己感觉更富有成效。它还可以帮助我养成在整个季度中间随时自检 OKR 完成情况的好习惯，从而帮助我规划好下一步需要优先处理的工作，并确保我与预期目标看齐。
>
> **问题：如果再做一次，你会有哪些不同的做法？**
>
> 解答：起初，我们几乎完全聚焦在使用率上，只是简单地让员工去"尝试一下"。我们的策略是先推动大家使用这套方法和技术，然后重新回过头来培训大家如何写出有效和高质量的目标。不能说这种方法就是错的……事实上，我认为它帮助很多人养成了一种习惯，也让那些在做之前努力思考其目标的人充分受益了。现在，我们正在花不少精力去培训我们的员工，帮助他们理解一个高质量的 OKR 是什么样的，如何更好地对齐它们，都有哪些 OKR 评分最佳实践，以及怎么知道自己制定出了一个强而有力和可衡量的 OKR。
>
> **问题：你们会推荐其他公司应用 OKR 吗？为什么？**
>
> 解答：肯定会！我无法想象自己还在依靠年度目标（或者更长时间的目标）评估自己的工作进展。毫无疑问，所有组织都会从这套框架中受益。
>
> 资料来源：[美]保罗·R.尼文，[美]本·拉莫尔特著.OKR：源于英特尔和谷歌的目标管理利器[M].况阳译.机械工业出版社，2017.

本 章 小 结

OKR（Objectives and Key Results）是沟通与设计公司、团队及个人目标，评估在目标上所取得工作成果的方法与工具，是企业在适应动态变化环境中发展出来的管理方法。它起源于目标管理，借助安迪·格鲁夫与约翰·杜尔等人的推动，被大家熟知，进而推广至全球。

为了进一步加深对 OKR 的理解，企业须把握它的深刻含义与关键特征。相对于 KPI，OKR 更加强调具有挑战性和战略意义的目标、员工的自我激励以及设计中的多向互动。虽然 OKR 是十分有效的绩效管理工具，但它并不适用于所有企业。在应用OKR之前,企业应考虑OKR的五大支持环境:① 扁平化组织;② 结果导向的企业文化;③ 利益与风险共享的激励机制;④ 精英的团队;⑤ 项目化运作的能力。

OKR由于快速调整、简单实用的优点,给企业管理者带来新的管理思路。其价值主要体现在:① 使企业更加敏捷,更有效地应对外部环境的变化;② 使企业把精力聚焦在最重要的事情上;③ 促进沟通,提高员工的敬业度;④ 促进组织前瞻性思考。

在着重明确OKR设计的四大原则后,OKR的设计应围绕五点展开:第一,确认OKR成员;第二,准备会议沟通OKR;第三,小型会议起草OKR;第四,成员会议确定OKR;第五,公布和答疑。为了跟踪OKR的执行情况,企业需要设计OKR的评分规则,以便在季度末对关键结果的完成度进行打分。

对于首次使用OKR的企业,在实施OKR之前应明确企业需求、获得高管支持以及决定实施层级。当企业完成OKR实施的准备工作之后,就可以进入以下四步的正式执行:第一步,培训实施对象;第二步,设计各层级的OKR;第三步,监督执行过程;第四步,总结季度成果。此外,为顺利实施OKR,高层管理者、中层管理者以及基层管理者要承担不同职责,形成分层式推进策略。

OKR固然是一种先进的绩效管理思想,但企业在设计过程中应注意:第一,保证OKR的一致性;第二,坚持"少而精"的原则;第三,确保OKR是自下而上制定的;第四,简洁易懂的语言描述。而且,在实施过程中应注意:① 确保战略的清晰;② 做好实施前的培训;③ 实时追踪执行进度;④ 是否进行调整;⑤ 选择合适的实施工具。

思考与讨论

1. OKR是如何产生的?
2. OKR的概念、含义与特征是什么?相对于KPI,OKR具有哪些新的特点?
3. 企业在导入OKR时需要哪些支持环境?
4. 企业构建OKR体系具有哪些价值?OKR体系设计的基本原则与步骤有哪些?
5. 企业导入OKR需要做哪些准备工作?管理者需要承担哪些职责?
6. OKR体系的实施流程是什么?
7. 在应用OKR的过程中,应该注意哪些问题?

第十二章

基于平衡计分卡的绩效考核

- 平衡计分卡是怎样产生和发展的?
- 平衡计分卡的四个角度是什么?
- 如何建立基于平衡计分卡的绩效管理系统?
- 平衡计分卡在我国推广的障碍是什么?

截至2020年年底,美国、英国和斯堪的纳维亚地区(瑞典、丹麦、挪威、冰岛的泛称)的许多公司都在使用平衡计分卡,而且还有许多公司打算使用平衡计分卡。其他一些调查,如贝恩公司(Bain)所做的"管理工具"调查,表明平衡计分卡的使用率虽有小幅下降,使用率降至36%,但是大家对平衡计分卡这一管理工具的满意度还是很高的。国内的企业如联想、美的、万科等也将平衡计分卡应用到了企业的管理实践。同时,自平衡计分卡产生至今,国内外的学术界也对其进行了大量的研究。

下面结合国内外企业界和学术界对平衡计分卡的实践和研究成果,对其产生、发展、核心思想、应用及未来等进行系统总结和回顾,以期更好地推动其在实践中的应用和发展。

第一节 平衡计分卡的产生

在工业时代,实物资产占据主导地位,引导其他类型资产的配置。像资本报酬率这样的综合性财务衡量方法,既能引导公司的内部资本物尽其用,又能监督各经营部门使用资金和实物资本为股东创造价值的效力。20世纪初期,由杜邦公司的F.唐纳德桑·布朗(F. Donaldson Brown)首创的资本报酬率指标及杜邦财务分析体系曾在西方企业界得到广泛的推崇和应用。

不过,随着电子信息技术的发展,实物资产对公司的重要性逐渐降低。同时,人力资本、知识资本等无形资产已成为现代公司成功的重要条件。激烈的竞争、客户需求的多样化、产业链上下游的新型关系等都要求组织不断进行创新。创新的源泉是组织的人力资本和知识资本等无形资产。

可是,传统的财务衡量体系却无法对无形资产进行有效评估。因而,人们迫切需要一种新的评价模式去评价公司的无形资产。平衡计分卡正是在这样的情况下应运而生的。

1990年,哈佛大学商学院的卡普兰教授和波士顿咨询公司的咨询顾问诺顿带领一个研究小组,对12家公司进行研究,以寻求一种新的绩效管理方法。这项研究的起因是,人们越来越认识到仅仅依靠财务指标监控公司的绩效体系是不够的。同时,这12家公司以及卡普兰和诺顿还认为,过分依靠财务指标会影响公司的创造力。他们讨论了多种可能的替代方法,最后决定通过评价相互之间存在逻辑关系的四种组织活动(财务、客户、内部经营过程、学习和成长)的绩效指标的组合,来全面监控组织的绩效表现。这个绩效指标的组合就是平衡计分卡。1992年,卡普兰和诺顿将他们的研究结果——《平衡计分卡:驱动绩效的评价指标体系》发表在《哈佛商业评论》上,正式提出平衡计分卡(Balanced Score Card,BSC)的概念。

1993年,卡普兰和诺顿又在《哈佛商业评论》上发表文章《让平衡计分卡工作》。在这篇文章中,两位作者通过几家公司的案例来说明如何实施平衡计分卡,作者们强调,不同的市场状况、产品战略和竞争环境需要不同的平衡计分卡。企业应该根据它的使命、战略、技术和文化设计个性化的平衡计分卡。而且,平衡计分卡的成功取决于它的简洁性:只要15—20个绩效指标就行了。

如前所述,平衡计分卡是在已有的诸如投资报酬率(ROI)等财务评价工具已经满足不了组织发展的需要,甚至阻碍企业发展的情况下提出来的。在《平衡计分卡:驱动绩效的评价指标体系》一文中,卡普兰和诺顿认为:"传统的财务业绩考核方法在工业时代备受欢迎,但是今天有些落后了。"他们指出,由于现在的公司面对的竞争环境已从工业时代过渡到信息时代,传统的财务绩效考核办法就不再像以前那样能够准确反映企业的运营状况了。

第二节 平衡计分卡的基本内容

一、BSC 的四个角度

从其产生的根源可以看到,平衡计分卡是一种绩效管理方法。它通过四个逻辑相关的角度及其相应的绩效指标,考察公司实现其远景及战略目标的程度。这四个角度分别是财务、顾客、内部流程、学习和发展。

1. 财务

虽然传统的仅偏重财务指标衡量企业业绩的体系存在种种缺陷,但不等于否定或者废除财务衡量指标。财务指标在平衡计分卡中不仅占据一席之地,而且是其他角度的出发点和落脚点。

一套平衡计分卡应该反映企业战略的全貌,从长远的财务目标开始,然后将它们同一系列行动相联系(这些行动包括财务过程、客户、内部经营过程和学习成长过程),最终实现长期经营目标。假如质量、客户满意度、生产率等方面的改善和提高最终无法转化为销售额的增加、营业费用的减少、资产报酬率的增加等财务成果,那么做得再好也无济于事。

处于生命周期不同阶段的企业,其财务衡量的重点也有所不同。在成长阶段,企业要进行数额巨大的投资,因此,其现金流量可以是负数,投资回报率也很低,财务衡量应着重于销售额总体增长百分比和特定顾客群体、特定地区的销售额增长率等;处于发展阶段的企业应着重衡量获利能力,如营业收入和毛利、投资回报率、经济增加值;在成熟阶段的财务衡量指标主要是现金流量,企业必须力争实现现金流量最大化,并减少营运资金占用。

总之,从财务角度看,一个公司的平衡计分卡可以包括利润、营业额、销售额、现金流、投资回报率以及其他指标,要视企业的具体战略而定。

2. 顾客

在顾客方面,核心的衡量指标包括市场份额、老客户回头率、新客户获得率、客户满意度和从客户处所获得的利润率。这些指标存在内在的因果关系:① 客户满意度决定新客户获得率和老客户回头率;② 后两者将决定市场份额的大小;③ 前面所提到的四个指标共同决定了从客户处获得的利润率;④ 客户满意度又源于企业对客户需求的反应时间以及产品功能、质量、价格。

3. 内部流程

在内部流程管理方面,应本着满足客户需要来制定业绩衡量指标。早期的内部流程是以产定销式的,重视的是改善已有的流程;现在的流程是以销定产式的,常常要创造全新的流程。它循着"调研、寻找市场→产品设计开发→生产制造→销售与售后服务"的轨迹进行。

(1) 生产制造过程的业绩衡量可以沿用财务指标,如标准成本和实际成本的差异、成品率、次品率、返工率等。

(2) 产品设计开发可以采用以下指标衡量:新产品销售额在总销售额中所占的比例、专利产品销售额在总销售额中所占的比例、比竞争对手率先推出新产品的比例、开发新产品所用的时间、开发费用占营业利润的比例、第一次设计出的产品中可全面满足客户要求的产品所占的比例、在投产前对设计进行修改的次数等。惠普公司还推出了时间平衡法来衡量产品开发部门的工作效率。这一方法要计算从开始研制某新产品到新产品投放市场并产生可以平衡研制投资的利润所需的时间,它的潜台词是:产品的开发投资必须在一定时间内收回。

(3) 对售后服务的衡量则可以从时间、质量和成本几方面入手,可以采用的指标包括:公司对产品故障反应的速度(从接到客户请求到最终解决问题的时间)、用于售后服务的人力和物力成本、售后服务一次成功的比例等。

4. 学习和发展

在学习和发展方面,最关键的因素是人才、信息系统和组织程序。过去企业的管理理念是:公司应使工人出色地完成具体的工作;公司的上层人员确定工人的工作任务,并制定出相应的标准和监督体制;工人的任务是干活,而不是思维。在最近几十年中,这种管理哲学发生了重大变化。人们认识到,公司若想超越现有的业绩、获得未来持续的成功,仅仅墨守公司上层制定的标准经营程序是不够的,还必须尊重、重视和尽可能采纳第一线员工对改善经营程序和业绩的建议和想法。因为他们距离企业内部的工序和客户最近。正如福特汽车的一个修理厂厂长所言,职工的任务是思考问题、确保质量,而不是看着零部件生产出来。在此,职工被看成问题的解决者,而不是可变成本。

此外,要促进企业学习和发展,还必须加强对员工的培训,改善企业内部的信息传导机制,激发员工的积极性,提高员工的满意度。这方面的衡量指标包括:培训支出、培训周期、雇员满意度、雇员换留率、信息覆盖比率、每个员工提出建议的数量、被采纳建议的比例、采纳建议后的成效、工作团队成员彼此的满意度等。不过,应该承认,在学习和成长方面的衡量手段目前还远未达到成熟的程度,尚待进一步研究、探索。表12-1是BSC中常见的评价指标体系的示例。

表12-1 BSC中常见的评价指标体系

指标类别			具体指标
财务指标	盈利指标	利润基础	税后利润、EVA、ROI、RI、NOPAT、EBIT
		现金基础	OCF、RCF、FCF、CFROI
		市价基础	股票市价、市价、托宾Q
	运营指标		资产周转率、存货周转率、应收账款周转率
	偿债指标		流动比率、速动比率、资产负债率
非财务指标	顾客角度		顾客满意度、顾客忠诚度、顾客盈利分析
	内部流程角度	产品开发	开发所用的时间、开发成本、销售额
		生产制造	成品率、次品率、返工率
		售后服务	对产品故障的反应速度、服务成本、一次成功的比例
	学习与发展角度	雇员	雇员满意度、雇员忠诚度
		相关制度	员工培训、晋升、轮岗

这四个角度之间的逻辑关系如图12-1所示:企业的目标是为股东创造价值(财务角度);财务(收入)的增长取决于顾客购买量和满意度(顾客角度);为使顾客满意,企业必须具备一定的技能和能力(内部流程角度);企业的技能和能力归根到底取决于管理制度和人力资本(学习和发展角度)。

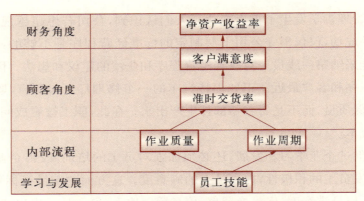

图 12-1　BSC 四个角度及相应指标之间的逻辑关系

二、BSC 中的领先指标与滞后指标

好的 BSC 绩效考核指标体系是包含领先指标与滞后指标的指标组合，这两种指标有时又被称为绩效驱动指标和结果考核指标。不过，很难对这两种绩效指标进行严格的区分。

一般来说，结果考核指标只能够反映一个过程的最终结果，最终结果往往才是利益相关者所关心的东西。他们中的大多数对于反映企业未来绩效的考核指标毫无兴趣。但是，企业却需要监控自己的运转情况，如流程效率、客户市场的变化和员工的感受等，并对绩效形成过程中出现的种种问题作出及时的处理。

企业通过 BSC 的多种角度所获得的信息，能够加深管理人员对企业近况的认识，并促使其作出适当的反应。例如，合作者满意度、次品率、市场供应及时率等绩效考核指标并不只是单纯地反映员工努力的效果和成绩，还可以反映出员工努力的态度和行为。通过对这些绩效考核指标的定期报告和讨论，管理者可以及时了解企业所发生的多种情况。一旦这些绩效驱动指标出现异常，管理者就可以有针对性地迅速采取行动。

尽管很少有企业把绩效考核指标明确地划分为这两种类型，但从 1999 年 10 月便开始实施 BSC 的理光公司①就对绩效考核的指标进行了这种分类，具体分类见表 12-2。

之所以要采用领先（驱动）指标和滞后（结果）指标这种分类形式，一个重要的原因是考虑到风险和责任。为了鼓励员工根据绩效指标尽快采取行动，企业甚至要求员工对驱动绩效指标负责。不过，如果员工实现了驱动绩效指标的要求，由于中间的联系过程没有控制好，致使最终的结果考核指标没有实现，企业还需要通过灵活的薪酬方案对实现驱动绩效指标的员工进行激励。

---

① 总部在日本东京，成立于 1936 年，是一家制造和销售摄像仪器和数码相机类信息产品的公司。

表 12-2　滞后指标与领先指标示例

角　度	战略目标	绩效管理和绩效评价指标	
		滞后(结果)指标	领先(驱动)指标
内部流程	减少存货周转天数	主要产品的质量、成本提前期	订单供应提前期
	提高 OEM 流程效率	OEM 产品存货周转天数	新产品销售能力和竞争力
	提高研发绩效	每个产品研发提前期	研发平台利用率

第三节　平衡计分卡在绩效管理中的应用

一、建立基于平衡计分卡的绩效管理体系

美国管理会计协会(Institute of Management Accountants)进行的一项调查显示,88%的 BSC 用户相信,平衡计分卡促进了企业的绩效。然而,KPMG[①] 的一个管理咨询顾问却说,有 70% 的平衡计分卡用户是彻底失败的。虽然对不少有意实施 BSC 的企业来说,失败的风险是存在的,但许多国际知名企业运用的实践已经证明了 BSC 的有效性。我们所要解决的关键问题是,如何实施才能成功地运用 BSC 以促进企业整体绩效的提高。

参考国内外已有的研究成果,我们认为,成功实施 BSC 需要以下七步。

1. 培训企业的高层管理人员,促使其承担相应的职责

对企业的高层管理人员进行 BSC 培训,主要有三个目的:① 统一高层管理人员对 BSC 的认识,避免在推行 BSC 的过程中出现重大的分歧;② 让高层管理人员了解 BSC 的重要作用和对企业管理工作的要求,促使他们重新审视企业是否真正想要实施 BSC;③ 提高高层管理人员对 BSC 的认同,促使其在实施过程中承担相应的职责。

如果高层管理人员不能认识到 BSC 在战略管理和绩效管理方面的作用,当 BSC 发展到比较艰难的环节时(如确定企业的关键绩效指标时),他们就会对其失去兴趣。高层管理人员尤其是 CEO 必须在实行平衡计分卡的过程中承担一定的责任,促使平衡计分卡延伸到整个企业中。同时,CEO 必须是平衡计分卡的核心驱动者。

---

① KPMG,指毕马威,一家成立于 1897 年总部位于荷兰阿姆斯特丹的网络遍布全球的专业服务机构,专门提供审计、税务和咨询等服务。它是国际四大会计师事务所之一。

高层管理人员通常没有充足的时间对 BSC 进行全面的监控。这就需要在 BSC 项目实施的初期,建立一个专职于 BSC 项目推广的小型团队,作为高层管理人员与 BSC 项目之间的桥梁。高层管理人员需要定期与 BSC 项目团队进行交谈,以及时了解 BSC 项目的进度,并处理相关问题。同时,高层管理人员还需要定期对 BSC 项目参与者的建议和意见进行反馈,及时浏览相关网站,以了解 BSC 的最新动态。

2. 组建一个小型 BSC 项目团队

为了更好地推行 BSC,企业需要挑选 2—4 个经验丰富的员工组成一个小型 BSC 项目团队。同时,还要在项目团队和每个部门之间设立一个联络人。联络人需要了解其所在部门的具体业务,其主要任务是向 BSC 团队提供知识支持和反馈。另外,BSC 项目团队需要建立一个 BSC 数据库,来协助 BSC 的实施和相关绩效指标的测量。

3. 重新审视、明确企业的战略目标

越来越多的组织已经认识到,一个准确、清晰、广为人知且易于理解的战略目标是多么重要。BSC 的实施始终强调要关注组织战略目标的实现。企业需要重新审视、明确自己的战略目标,并将其融入 BSC 的实施过程中。

4. 关注关键结果领域,并以企业的发展需要确定 BSC 的角度

在实施 BSC 时,企业容易犯的一个错误是:花上几个月的时间讨论平衡计分卡的角度等,却很少用心讨论企业的关键结果领域。其实,关键结果领域是平衡计分卡所采用的多个角度的主要来源。确定了企业的关键结果领域,BSC 的角度也就明朗了。

在确定 BSC 的角度时,直接采用卡普兰和诺顿提出的四个角度是比较简单的做法。但问题是,这四个角度并不能适应和满足所有企业的实际需要。这就需要企业根据自身的发展阶段、竞争环境和行业特征,确定 BSC 的角度。

这样做并不违背 BSC 的平衡思想。至今,国内外已经有很多文章讨论了其他角度。同时,也有企业在实践中根据自己的战略与竞争优势增加其他角度。前文提到的理光公司就在采用卡普兰和诺顿提出的四个角度的基础上,选择"环境安全"作为其 BSC 的第五个角度。

5. 为 BSC 的多个角度选定关键绩效指标

BSC 的每个角度上的关键绩效指标一般不超过 5 个,卡普兰和诺顿建议选择 20 个关键绩效指标。不过,挑战在于如何从几百个指标中挑选这 20 个关键绩效指标。一个好的关键绩效指标的特点是:为组织所熟知、短期内的变化能迅速产生重大影响、责任能够落实到员工个体层面、积极的变化能够给其他很多指标带来积极影响。

另外，在指标的选择上应当同时采用驱动绩效指标与结果绩效指标。很多企业只把结果绩效指标作为关键绩效指标，其实，这样做有很大的风险。因为结果绩效指标是许多已经发生的事情的综合结果，而这些结果指标只会告诉你企业是否在朝着正确的方向发展。如果内部流程等存在问题，它们也会有一定的反映，但不会告诉企业问题到底出在哪里。所以，只有将驱动绩效指标与结果绩效指标结合使用，才能够在实现企业的短期财务目标的同时保证长期的良好财务绩效。

6. 为关键绩效指标建立具体的绩效目标

为 BSC 的关键绩效指标建立具体的绩效目标，如投资回报率＝15％、销售增长＝8％、市场占有率＝35％、员工流动率≤2％等。

7. 开始行动

在实施类似 BSC 这样重大的项目时，企业通常倾向于借助外部专家的力量。不过，平衡计分卡的实施很难一蹴而就。卡普兰和诺顿的建议就是"just do it"。企业遇到的挑战是如何建立一种"just do it"的文化。在这种文化里，员工会相信：不是必须依靠专家才能实施这个项目，认真去做就好。

除了以上七个步骤，在建立和推行 BSC 体系时，企业还需要认识到以下两点：

（1）企业建立的平衡计分卡不止一个。卡普兰和诺顿认为，平衡计分卡需要向下渗透到企业的各个部门、团队和员工中。这样，就会在企业的各个层面形成各级平衡计分卡。企业管理人员和 BSC 团队要认识到，企业存在的 BSC 不止一个。

（2）即使企业停止推行平衡计分卡，也要继续关注企业的关键绩效指标。企业有时候会停止推行平衡计分卡，但这并不意味着，企业对平衡计分卡的实践是在浪费时间。即使没有 BSC，明确企业的关键绩效指标也是相当重要的。

需要注意的是，企业在引入平衡计分卡时需要明确，仅仅将其作为一种绩效管理工具，还是将其作为战略管理工具。如果企业仅仅是将平衡计分卡用于员工的绩效管理，它就类似于 KPI、目标管理系统等绩效管理工具，基于企业已有的战略计划进行实施，而不对战略产生实质性的影响；若把平衡计分卡用于企业的战略管理，就需要从它的四个维度重新审视企业的战略目标。

二、BSC 在国内外的应用

BSC 自产生以来，已经在国内外的很多企业中得到了应用。通过查阅国外关于 BSC 应用的文献资料，我们发现 BSC 已经被广泛应用于通信服务、酒店、快递公司、银行、医院、学校、政府机构等行业。仅在《使平衡计分卡发挥效用——平衡战略与控制》一书中，就介绍了 10 家欧洲公司、两家日本公司和两家美国公司实施平衡计分卡的经验。这 14 家公司分别是 AMF 养老金保险公司、英国航空公司希思罗机场、爱立信公司、赫尔辛堡市、延雪平社团、兰德心肺中心、北欧银行、奥瑞费莱姆化妆品公司、斯堪的纳维亚航空系统集团、沃尔沃汽车公司、日本航空信息技术有限责任公司、理光公司、施乐公司、惠普公司。这些公司在应用平衡计分卡时，没有局限于卡普兰和诺顿提出的四个角度，并对指标的设置等进行了一定的改进和创新。

相比之下，BSC 在国内的应用与研究就显得比较单薄。目前，有媒体报道的应用 BSC 的本土企业有万科、鲁能、联想、格兰仕、东软、用友、美的、科龙等。但是，这些公司推行平衡计分卡的经验及效果却没有详细的报道和研究。国内学术界关于平衡计分卡的文章和著作，多是基于国外的理论和实践成果展开的。不过，孙永玲博士对 BSC 本土化应用的研究还是得到了大家的认可。孙博士和贝曼（Irv Beiman）博士在 2003 年 7 月的《哈佛商业评论》上发表了一篇基于中国企业实践 BSC 的文章——《平衡计分卡战略制导》。随后，孙博士和贝曼博士又合著了第一本关于平衡计分卡在中国应用的书——《平衡计分卡中国战略实践》。

总体看来，BSC 在中国的应用并不如大家想象得那样硕果累累。究其原因，我们认为，除了对 BSC 的认识不够全面、深刻外，国内企业一些管理上的通病也妨碍了 BSC 的有效实施。下面我们就来分析一下到底是哪些因素阻碍了本土企业成功实施 BSC。

三、在本土企业实施 BSC 的障碍

1. 职能分工混乱

中国企业的组织结构多是根据传统职能分工进行设计的，很多企业的层次较为混乱，职能分工重叠。此外，许多企业内部同时运作着各种目标各异的改进项目，不仅未能很好地归属于统一的战略目标，反而由于争夺有限的组织资源给企业带来很多混乱。这就导致了组织运作较难真正以战略为导向。

这种组织结构的缺陷导致战略目标纵向不一致，即使强行将战略目标分解，也势必造成某些目标"无人背"的状态，绩效目标责任无法真正落到实处。因此，关键绩效目标往往又无法得到实现。

2. 沟通壁垒

在中国企业中，等级制度、敬畏"权力"的文化占主导地位，企业内部大都采用纵向控制式管理。管理者的授权与员工的参与较差，下级习惯于听从上级指令。绝大多数企业皆因跨部门间沟通和协调上的困难与问题造成组织壁垒严重，各部门往往

各自为政，根据部门职能设立绩效指标，缺乏应有的横向沟通。

例如，财务部只关心会计信息系统，人力资源部只关心薪酬体系设计、培训计划实施，生产部只关注设备的产量，采购部只关心供货价格和交货时限。而企业的主要业务流程却需要跨部门横向协作，通过部门间的信息沟通、资源共享以及相互间的衔接、配合，才能协同、有效地完成组织的战略目标。组织各部门横向失衡，会使得组织的战略目标很难准确分解到各个部门。

3. 信息收集与处理能力差

国内企业的信息监控系统普遍不尽如人意。要想应用平衡计分卡，首先应建立和完善企业的信息管理系统，以及提高收集、分析信息的能力。这样，才能保证平衡计分卡各维度下的绩效指标能够准确地反映企业的真实状况。这也是员工普遍接受平衡计分卡并保证其有效性的重要环节。

4. 不重视平衡计分卡的学习和成长维度

学习和成长维度是企业最容易忽视的，也是最不容易评价的。企业要根据战略评价现有的人力资本、组织资本和信息资本等无形资产的战略准备状况，找出其中的差距，并设计相应的考核指标。

此外，在实施平衡计分卡的问题上中国企业还存在其他一些疑问。比如，平衡计分卡的实施太复杂；私营企业缺乏良好的管理系统，没有实施平衡计分卡的能力；已经采用了其他的绩效管理方法，跟平衡计分卡是一样的；不知道实施平衡计分卡的投资回报率是多少等。

四、成功实施平衡计分卡的关键因素

1. 高层管理者的决心、支持和参与

这是实施平衡计分卡的必要条件，高层管理者必须参与制定战略，并推动战略在基层的贯彻。有些管理者担心平衡计分卡过于复杂，不符合中国企业的实际情况，甚至有些缺乏平衡计分卡实战经验的咨询顾问也有类似的想法。如果换一种角度考虑问题，管理者的职责就是有效处理财务、顾客、流程和人员方面的问题，平衡计分卡为他们完成这些职责提供了清晰的架构以及行之有效的方法。如果管理者们能够掌握并熟练运用平衡计分卡的方法，他们就会看到它带来的无形资产的价值，并且会坚持使用以取得更大的成功。

2. 与企业战略和绩效管理、能力发展以及浮动薪资的联系

中国企业实施平衡计分卡体系通常都与能力发展和浮动薪资相联系，而这两个因素

又对推动战略执行和改进绩效有着至关重要的作用。平衡计分卡与薪酬体系的挂钩对战略执行非常有帮助,它可以激励全体员工把重点放在平衡计分卡的目标和目标值上。若平衡计分卡仅与薪酬相联系,很可能会导致经理和员工只注重自己的绩效目标而做出违背公司价值观和文化的行为。为了避免这一现象的发生,平衡计分卡的设计者又将其与能力发展相联系,如果运用得当,使得管理者的个人计分卡中包含能力素质的发展目标,他们就会感受到这些目标的引导和激励,从而达到更好的绩效效果。

3. 有平衡计分卡实施经验的专家指导

平衡计分卡具有一定的专业性,且只具备理论知识是远远不够的,必须要有平衡计分卡的实战经验。如果只有理论基础而缺乏实战经验,很可能会导致对平衡计分卡的错误理解,认为这一方法不适合中国企业。同时,在企业真正实施平衡计分卡的方法、将理论转化为实践时,可能会遇到各种各样的问题。因此,在企业中推行平衡计分卡方法时,必须要有具备平衡计分卡实施经验的专家进行指导。

4. 有效的 IT 系统,以减少行政性事务和手工操作

平衡计分卡体系中必须有一个监控进展和调整计分卡的基础框架,计分卡的突出优点之一在于其透明度较高,可以让所有的管理者与员工完全了解企业战略、各层次的目标与目标值及其实施状况。如果没有一个有效的软件系统,企业就无法达到这样的透明度,而且会给管理人员及人力资源专员带来大量的手工操作工作。

5. 提升人力资源管理者的战略高度,使之成为企业管理者的合作伙伴

人力资源的一些工作内容(如职位分析、绩效考核、浮动薪资、人力资源政策等)既有可能支持战略的实施,也有可能阻碍战略的实施。人力资源工作必须支持企业的战略实施,运用平衡计分卡可以为人力资源管理者提供一个工作流程,帮助他们学习如何把工作与企业战略相结合,从而成为企业管理者的合作伙伴。

五、BSC 的不足之处

综合国内外对平衡计分卡的各种批评和讨论,我们认为,平衡计分卡的不足主要表现在以下三个方面:

(1) 平衡计分卡强调从四个角度关注企业的绩效,可能会将企业的资源从对实现投资报酬率真正有价值的领域分散开来。

平衡计分卡强调提高企业的绩效要从四个方面展开:财务、顾客、内部流程、学

习与发展。这意味着,企业要想实现长期卓越,不能仅仅关注其财务指标,需要从更加广阔的角度关注企业的发展。这种方法可能会由于关注得太宽泛,而将资源从对实现股东投资回报率真正有价值的领域分散开来。同时,无法确定它所选定的四个方面的相对重要性。

(2) 平衡计分卡提出的四个角度不能适用于所有企业。

实施 BSC 的企业可能分布于各个行业、面临各异的竞争环境,而卡普兰和诺顿提出的 BSC 的四个角度不能适用于所有企业。所以,企业应该更看中 BSC 体现的平衡思想,而不应该拘泥于其提出的四个角度。现在,已经有很多公司认识到了这一点。如前面提到的理光公司。

(3) 平衡计分卡仍然属于财务驱动型的绩效评价工具。

BSC 在传统的测评模型的基础上,补充了顾客、内部流程和学习与发展三个角度,并明确了这四个角度之间的逻辑关系。其基本的逻辑路线为:学习与发展→内部流程→顾客→财务,并由此形成了战略地图,如图 12-2 所示。

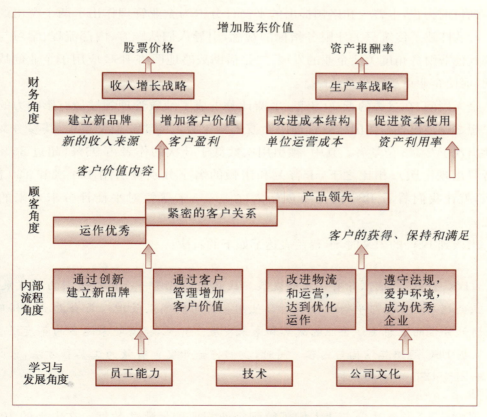

图 12-2 平衡计分卡战略地图示意图

资料来源:Kaplan and Norton. Having Trouble with Your Strategy? Then Map It. *Harvard Business Review*, September-October,2000.

很显然，平衡计分卡测评的重心和最终归属仍然是财务指标。从这一角度来说，与传统的测评模型相比，平衡计分卡只是明示了财务指标实现的路径而已。本质上，BSC 仍然属于财务驱动型的绩效评价工具。

这一不足的直接后果就是，作为一种绩效评价工具，该模型不能准确运用到政府部门、非盈利性行业。不过，作为战略管理工具，平衡计分卡可以运用到政府机构的管理中，这一点已经被国外的实践所证明。

第四节　平衡计分卡的未来及战略地图的发展

一、平衡计分卡的未来

到目前为止，卡普兰和诺顿提出的平衡计分卡为企业管理作出了两个突出的贡献：一是打破了传统只关注财务指标的观念，引导人们从顾客、内部流程、学习与发展等其他非财务角度关注企业的发展；二是借助战略地图将 BSC 应用于企业的战略管理，促使企业重新审视其战略。

毫无疑问，在过去的近 20 年里，平衡计分卡成了绩效管理领域最有影响力的创新思想之一。出现在美国绩效管理协会波士顿年会上的 115 篇文章中，其参考文献里共出现了 2 248 位学者。其中，被引用次数低于 3 次的作者占 95%（超过 80% 的作者只出现一次）；相比之下，卡普兰和诺顿的名字分别被引用 154 次和 120 次。那么，就让我们看看 BSC 的主要创始人之一——卡普兰对平衡计分卡未来的看法吧。

当谈到 BSC 的未来时，卡普兰表达了如下的看法：

> BSC 会继续流行，并有一定的发展。战略地图就是一个很有吸引力的发展，并且会越来越多地与平衡计分卡结合使用。公司的高层管理人员会更多地借助平衡计分卡的思想关注企业的战略和未来发展。并且，将有越来越多的年度报告会依据 BSC 组织其结构与内容。同时，我们将会开发更有效的工具和方法，来收集和测量 BSC 所需的数据。

诺顿认为，平衡计分卡让人们了解到企业需要测量哪些数据。在未来的 10 年里，为了能够更好地将 BSC 用于企业的战略管理和绩效管理，针对评估创新能力、雇员素质、信息系统、企业文化和顾客满意度等方面的技术将会得到很大的发展。

二、平衡计分卡的发展：战略地图

1. 战略地图的形成和发展

如前所述，卡普兰和诺顿提出平衡计分卡的初衷是为了提供一种更高效的绩效评价方法。但是，随着实践的发展和平衡计分卡的广泛推广，人们越来越发现平衡计分卡不仅仅是一种绩效评价工具，它还具备战略管理功能，可以作为描述和实施组织战略的强有力的工具。平衡计分卡构建了描述组织价值创造战略的四层面模型，为管理团队提供了一种讨论事业发展方向和优先任务的思路。他们不是将战略指标看成四个孤立层面的业绩指标，而是看成平衡计分卡四个层面目标之间的一系列因果关系。战略地图就是对这些因果关系的一种通用的、可视化的表示方法。

当今企业要想实现价值的持续创造和增长，必须发挥无形资产的杠杆作用，利用无形资产创造价值不同于通过管理有形的实物和财务资产创造价值，平衡计分卡战略地图（见图12-2）为此提供了一个框架，用以说明战略如何将无形资产与价值创造流程联系起来。财务层面以传统财务术语描述了战略的有形成果，生产率、股东价值、收入增长等衡量指标都属于滞后指标，它们直接说明企业的战略成功与否。顾客层面界定了目标顾客的价值主张，为无形资产创造价值提供了环境。比如，目标顾客看重的是产品的创新和高性能，创造功能卓越的新产品和服务的技能、系统和流程就具有高价值。行动和能力与顾客价值主张的高度协调一致，是战略执行的核心。

财务和顾客层面描述了战略期望的成果；内部流程层面确定了少数几个关键流程，对战略产生最大的影响；学习与发展层面确定了对战略最重要的无形资产，该层面的目标确定了需要利用哪些工作（人力资本）、哪些系统（信息资本）和哪种氛围（组织资本）来支持创造价值的内部流程。这些无形资产必须被捆在一起，并与关键内部流程保持协调一致。

四个层面的目标通过因果关系联系在一起，从顶部开始的假设是，只有目标顾客满意了，财务成果才能实现；顾客价值主张描述了如何创造来自目标顾客的销售额和忠诚度；内部流程创造并传送顾客价值主张；支持内部流程的无形资产为战略提供基础。这四个层面目标的协调一致是价值创造的关键，连接四个层面的因果框架就是开发战略地图所依赖的结构。建立战略地图迫使企业明确如何创造价值，以及为谁创造价值的逻辑关系。

2. 平衡计分卡：让战略地图落地实施

战略地图描述了战略的逻辑性，清楚地显示了创造价值的关键内部流程目标，以及支持关键流程所需的无形资产。平衡计分卡将战略地图目标转化为具体的指标和指标值，要想实现战略目标，企业还必须推出一套行动计划，以使所有指标的指标值得以实现，企业必须为每个行动计划提供其所需的人力、物力资源。对于平衡计分卡的每个指标，管理者必须确定实现其指标值的行动方案，每一个行动方案产生的结果都紧扣战略主题，每一个战略主题都是一个独立完整的业务集合，共同支撑起总的企业战略。

典型的战略地图包含 20—30 个相互关联的平衡计分卡指标，因此，也可以说战略地图就是对平衡计分卡四个层面的整合。它显示了结构适当的平衡计分卡中的多个指标如何为单个战略提供使用工具，使得企业管理者能够在一个有多指标的集成系统中制定并沟通他们的战略，这些指标涵盖了企业为实现目标所需的所有滞后和领先指标。每一个环节层层相扣，关键业务流程也必须达到卓越的水平，只有这样，企业的战略才能实现，才能够充分调动企业的无形资产，从而创造持续的、有竞争力的价值，进而成为行业的领导者。

案例分析：平衡计分卡在 HWK 公司的应用

HKW 公司是国内一家从事照明研发和生产制造集团的全资子公司，主要负责集团内销产品的生产制造。中国加入 WTO 后，国外的领先企业已经大举进攻中国市场，加剧了照明行业的竞争。竞争使 HKW 公司在关注内部的同时，更加关注外部的影响，绩效测评指标体系也必须顺应这种变化。为使公司的经理层能及时准确地掌握企业的各种绩效测评指标，聚焦于企业的战略，从而有效地测评公司的绩效，带动公司向纵深发展，公司引入平衡计分卡（BSC）作为绩效评估的基石。

在引入 BSC 之前，HKW 公司首先通过应用 SWOT 战略分析工具，对自身的发展进行明确的定位，形成自己的战略远景和战略规划，从而建立起 BSC 的核心和基础。具体如图 12-3 所示。

公司的远景目标	公司的战略目标
五年内成为国内最大的灯具研发和生产制造企业	1. 完成生产任务，产量稳步提升 2. 保持稳定的利润水平 3. 提高客户满意度 4. 持续改进创新 5. 提升人员素质

图 12-3　HKW 公司的远景目标和战略目标

在明确公司的远景和战略的基础上,BSC 成为高层管理者对公司远景和战略进行阐明、简化并使之实际运作的一条途径。BSC 使管理者们能从以下四个主要角度来考察公司的运行情况。

1. 财务角度

财务绩效测评指标显示了公司的战略及执行是否有助于利润的增加。虽然顾客满意度、内部运作绩效以及学习与成长的测评指标等来自公司对环境的特定看法和对关键的成功因素的认识,但如果经营绩效有所改善又未能导致财务绩效的好转,则说明管理者们应重新思考公司战略或其执行计划。因此,对财务维度的有效评估是传统的,但也是必不可少的。HKW 将公司财务目标表示为完成生产任务、保持稳定的利润增长。完成生产任务用年产值和产品订单生产达成率来衡量;保持稳定的利润增长用利润率、管理费用和生产成本来衡量。具体如表 12-3 所示。

表 12-3 HKW 公司 BSC 财务角度评估指标

战略目标	评估目标	行动方案
完成生产任务	年产值	ISO9000 系列标准的应用
保持稳定利润增长	● 产品订单达成率 ● 利润率 ● 生产成本 ● 管理费用	● 资金预算管理 ● 5S 管理

除了以上几个重要的测评指标外,反映企业财务能力的其他指标也可根据战略目标的要求进行选择。通过定期的财务报表,可以提醒管理者们在生产、质量、反应时间、提高劳动生产率等方面及时加以改进。

2. 顾客角度

HKW 公司是按订单生产型企业。顾客所关心的事情有四类:质量、性能、供货及时性和成本。为了使 BSC 发挥作用,公司明确了用以衡量上述四类内容的具体评估指标,如表 12-4 所示。

表 12-4 HKW 公司 BSC 顾客角度评估指标

战略目标	评估目标	行动方案
建立与顾客的伙伴关系	● 经销商投诉次数 ● 顾客满意度指数	● 顾客与经销商的伙伴关系 ● ISO9000 系列标准应用
供货及时性	● 断货次数 ● 按时交货(由顾客评定)	

3. 内部运作角度

优异绩效来自组织中发生的程序、决策和行为。因此，公司还需要关注能够满足公司整体战略实现的内部经营活动。BSC 的内部评估指标应来自对实现公司整体战略有最大影响的业务程序，包括影响循环周期、质量、雇员技能和生产率的各种因素。HKW 公司的管理者们断定，技术上的持续改进和创新，是公司要培养的核心能力，而良好的过程管理能力和对安全与损失的控制也是公司势在必行的努力方向。公司为这三个内部业务规定了评估指标，具体如表 12-5 所示。

表 12-5　HKW 公司 BSC 内部运作角度评估指标

战略目标	评估目标	行动方案
技术创新	技术创新效益额	JIT 管理
提升生产管理质量	● 原材料一次性合格率 ● 产品一次性合格率 ● 质量成本	● 应用 ISO9000 质量管理活动 ● 团队责任
安全/损失控制	● 人身/设备安全事故次数 ● 设备投产率、完好率	

4. 学习与成长角度

在 HKW 公司设计的 BSC 中，以顾客为基础的测评指标和内部运作过程测评指标，确定了公司在竞争中取胜的最重要的参数。在强调长期运作和未来规划发展的前提下，雇员素质的提高、公司创新能力和学习能力的加强是不容忽视的方面。因此，HKW 公司 BSC 的第四部分就是从学习和成长的角度提出提升人力资源能力和构建信息沟通平台两个战略目标，并制定了对应的评估指标。具体如表 12-6 所示。

表 12-6　HKW 公司 BSC 学习与成长角度评估指标

战略目标	评估目标	行动方案
提升人力资源能力	● 核心人员保留率 ● 紧缺人才指标完成率 ● 培训完成率	人才梯队建设
构建信息沟通平台	● 建立管理信息系统 ● 员工建议数	ISO9000 系列标准的应用

最后，HKW 公司在坚定了进行战略管理的决心之后，把 BSC 作为一个战略管理体系来执行公司的长期战略。为此，公司设计了一个两年期的工作推进计划，通过一个周而复始的行动顺序逐步建立战略管理体系，最终使 BSC 成为公司整个管理体系的一个固定组成部分。这样，可以使公司每个人都将精力集中于实现长期战略目标，这是单纯的财务框架做不到的。

案例评析：

传统的测评体系是从财务职能发展而来，这些体系偏向于控制。BSC不仅仅是控制，它用评估指标把人们导向远景规划，因此，对每一个部分的正确评估和分析是最为关键的。

在BSC的应用过程中，必须让那些最了解公司远景和首要任务的管理者们参与其中。同时，由于BSC的测评指标是关键指标，在HKW公司的BSC中总共只有20个测评指标，其目的就是使管理者们对公司绩效的评估集中到公司的战略和远景目标上来。事实上，BSC的出现并不是为了代替其他评估方法，而是将各种评估方法相结合，并使其系统化，最终有利于公司战略的贯彻和远景目标的实现。

在BSC的使用频次上，通常要求管理者们每月分组考察各部门上交的报告。当然，有些测评指标（如创新指标）是不能每月更新的，但大多数测评指标是可以每月计算一次的。BSC与公司正在推行的管理重心是一致的，即顾客与供应商之间的伙伴关系、团队责任、ISO9000系列质量标准等。BSC把财务、顾客、内部运作过程和学习与成长结合起来，使管理者们从中悟出多种相互关系，在决策和解决问题时有更好的表现。由此可见，BSC是推动公司前进的有效管理方法，它在HKW公司的应用使公司能一直向前看、向前走。

资料来源：根据HRsee.平衡计分卡在HWK股份公司的应用.HR案例网，2016-12(http://www.hrsee.com/?id=473)整理修改.

本 章 小 结

本章的主要内容是平衡计分卡（BSC）的产生、发展、基本内容及其在绩效管理中的应用。

之所以要详细介绍BSC的产生与发展，最根本的目的就是使读者对BSC的产生背景、适用环境等有更为全面的认识。多种数据显示，BSC自1992年被提出以来，经过近三十年的发展，已经成为绩效管理领域较为主流的思想和方法之一。随着BSC在国内外企业中的广泛应用，人们也逐渐认识到BSC的不足和局限性。应该说，这是事物发展的必然。任何理论和方法的应用都有一定的范围，BSC也不例外。企业要想成功地实施BSC，首先需要弄清楚企业自身的状况、BSC对组织内外环境的要求，以及建立和实施BSC过程中可能遇到的问题。

针对这些问题，我们回顾和总结了 BSC 在国内外的应用现状，以及如何建立基于 BSC 的绩效管理体系，并对 BSC 在我国企业中的应用障碍进行了分析。分析的结果表明，国内企业要想成功建立和实施 BSC，需要做到：① 使组织结构和职位分工标准化、明晰化；② 积极鼓励和帮助各级员工之间的沟通；③ 强化企业对绩效信息的收集、处理能力，提高对绩效过程的控制；④ 企业的高层管理者从意识到行动上都要体现其对 BSC 的重视。

显然，上述四点并不能总括所有问题。不过，它们至少提醒我们，在准备建立和实施 BSC 之前，企业一定要从多方面考察和发现各种问题，做好充分的准备，以尽可能地提高 BSC 项目的成功。

思考与讨论

1. 平衡计分卡是怎样产生和发展的？
2. 平衡计分卡的四个角度是什么？
3. 如何建立基于平衡计分卡的绩效管理系统？
4. 平衡计分卡在我国推广的障碍有哪些？

第十三章

基于标杆管理的绩效考核

- 什么是标杆管理？标杆管理产生的大背景是什么？
- 标杆管理是如何分类的？实施标杆管理对企业有什么样的意义？
- 如何实施标杆管理？推进标杆管理要特别注意哪些问题？
- 标杆管理现在面临的机遇与挑战有哪些？中国企业实施标杆管理的现状如何？

第一节 标杆管理的形成和演变

一、什么是标杆管理

标杆管理(benchmarking)也被译为标杆法、水平对比法、基准考核法、标杆超越法、基准化等。标杆管理是一项通过衡量比较来提升企业竞争地位的过程,它强调的就是以卓越的企业作为学习的对象,通过持续改善来强化本身的竞争优势。所谓标杆,即 benchmark,最早是指工匠或测量员在测量时作为参考点的标记,是测量学中的水准基点,在此引申为在某一方面的行事最佳者或同业之最。

弗雷德里克·泰罗(Frederick Taylor)在他的科学管理实践中采用了这个词,其含义是衡量一项工作的效率标准,后来,这个词渐渐衍生为基准或参考点。标杆管理的实质是模仿和创新,是一个有目的、有目标的学习过程。通过学习,企业重新思考和设计经营模式,借鉴先进的模式和理念,再进行本土化改造,创造出适合自己的全新最佳经营模式。这实际上就是一个模仿和创新的过程。

标杆管理方法产生于企业的管理实践,目前对于标杆管理还没有一个统一的定义。下面是一些权威学者和机构对标杆管理的诠释。

- Camp(1989)提出:"标杆管理是组织寻求导致卓越绩效的行业最佳实践的过程。"这个定义涵盖如此广泛,以至包括所有不同水平和类型的标杆管理活动,应用于跨国度、跨行业的产品、服务以及相关生产过程的可能领域。该定义的另一个好处是易于理解,可运用于任何层次以获取卓越绩效。它强调卓越的绩效,促使雇员将寻找最佳实践概念深置于脑海中,唯有最佳实践才能导致卓越绩效。该定义为国际标杆管理中心所采用。
- 美国生产力与质量中心(APQC)对标杆管理的定义如下:"标杆管理是一项系统、持续性的评估过程,通过不断将组织流程与全球企业领导者相比较,以获得协助改善营运绩效的资讯。"该定义更具体地体现了标杆管理的本质主题:向组织外部参照物学习的价值;使用结构化、正式的流程进行学习的重要性;持续地进行组织自身与一流实践的比较;保证改善绩效行为信息的有用性。该定义吸引了超过 100 家大型公司的采用。
- Vaziri 认为,一个定义应该尽可能简单、清楚,它应能让使用它的人知道该做什么以及如何达到目标。1992 年,他给出了如下的定义:"标杆管理是将公司与关键顾客要求与行业最优(直接竞争者)或一流实践(被确认在某一特定功能领域有卓越绩效的公司)持续比较的过程,以决定需要改善的项目。"该定义强调标杆管理与内部顾客和外部顾客的满意相关。

综合以上各个定义的精髓,我们可以这样来描述标杆管理:不断寻找和研究业内外一流的、有名望的企业的最佳实践,以此为标杆,将本企业的产品、服务和管理等方面的实际情况与这些标杆进行定量化考核和比较,分析这些标杆企业达到优秀水平的原因,结合自身实际加以创造性地学习、借鉴并选取改进的最优策略,从而赶超一流企业或创造高绩效的不断循环提高的过程。

二、标杆管理的产生背景

公元前4世纪的时候,中国就已经有了标杆管理的思想。中国古代著名军事家孙武在其流芳百世的伟大著作《孙子兵法》中写道:"知己知彼,百战不殆。"事实上,西方学者也把《孙子兵法》视为标杆管理的理论基础。

虽然人类一直自觉或者不自觉地衡量他人的优势与劣势,继而制定自己的决策以便趋利避害。但论及理论化、系统化的标杆管理,就必须首先提及美国施乐公司,实际上,视其为标杆管理的"鼻祖"一点都不过分。早在1979年,施乐公司最先提出了"标杆管理"的概念,一开始只在公司内的几个部门做标杆管理工作,到1980年扩展到整个公司范围。当时,以高技术产品复印机主宰市场的施乐公司发现,有些日本厂家仅以施乐公司制造成本的价格出售类似的复印设备。由于这样的大举进攻,其市场占有率在短短几年内从82%锐减到35%。为应对挑战,公司最高领导层决定制定一系列改进产品质量和提高劳动生产率的计划。公司的做法是:首先,广泛调查客户对公司的满意度,并比较客户对产品的反应,将本公司的产品质量、售后服务等与本行业领先企业作对比。公司派雇员到日本的合作伙伴——富士施乐以及其他日本公司考察,详细了解竞争对手的情况。其次,公司要确定竞争对手是否领先、为什么领先、存在的差距怎样才能消除。对比分析的结果使公司确信,从产品设计到销售、服务和雇员参与等一系列方面都需要加以改变。最后,公司为这些环节确定了改进目标,并制定了达到这些目标的计划。

实施标杆管理后的效果是明显的。通过标杆管理,施乐公司使其制造成本降低了50%,产品开发周期缩短了25%,人均创收增加了20%,并使公司的产品开箱合格率从92%上升到99.5%,公司重新赢得了原先的市场占有率。在行业内有关机构连续数年评比中,复印机六大类产品中施乐有四类在可靠性和质量方面名列第一。

标杆管理技术的出现和流行,表明企业之间的效率已经十分接近。基准管理的最大特点就是鼓励企业之间的模仿。与全面质量或精益生产等技术不同,标杆管理自身并不是一种改进生产率的技术。无论是以组织内部最佳作业为基准的内部标杆管理(internal benchmarking),以竞争对手为学习典范的竞争标杆管理(competitive benchmarking），还是以不同行业相似功能最佳典范为榜样的功能标杆管理（functional benchmarking），或是以不同行业、不同功能的类似流程为模仿对象的流程标杆管理（genetic benchmarking），实际上都是消除各个企业之间效率差异的过程，而不是某个企业建立独特的长期优势的过程。由此看来，标杆管理流行的过程就是企业之间相互学习和模仿的过程，是管理技术传播和普及的过程，也是所有企业的生产率普遍提高的过程。标杆管理技术的流行是有原因的，企业难以像保护专利技术等知识产权一样保护管理技术，同时，西方国家管理咨询服务十分发达，这给各个企业采用标杆管理创造了良好条件，管理技术因此而迅速扩散。以至于哈罗德·孔茨（1998）曾如此说："是管理技术呢还是流行风尚？"

三、标杆管理的发展与现状

通过对标杆管理活动历史的考察，便可以感觉到标杆管理概念的发展演变过程。现代标杆管理的思想可以追溯到 20 世纪初泰罗倡导的科学管理理论，泰罗提出要通过动作研究来确定工艺流程和设备操作、具体工作动作的最佳做法，并要求管理者通过制定定额、制定管理制度来将这种最佳做法标准化、制度化，以使其成为进行科学管理的依据。

1. 标杆管理的发展

相比科学管理仅仅停留在生产操作层面上而言，真正意义上的、最早的标杆管理活动是在企业层次开始的。并且，在企业层次，标杆管理基本上经历了一个循序渐进、不断深入和提高的发展过程，主要表现在以下五个阶段。

第一个阶段为与竞争产品的比较阶段。大约从 20 世纪 70 年代初开始，长期处于世界领先地位的许多美国企业的产品受到来自竞争对手的挑战，美国企业发现自己所生产的产品在功能、质量和使用方便性等方面确实不如日本企业的产品好。于是，他们便开始了以瞄准竞争对手产品、拆解竞争对手产品为基本做法，以赶超竞争对手为主要目标的比较、复制和学习过程。应该说，这一过程在日本和欧洲从 20 世纪 60 年代就已经开始了。有研究认为，丰田公司所开发的准时制生产技术，是基于分析和改进大型超市的供应链管理技术之后形成的。

第二个阶段为对工艺流程进行标杆管理阶段。大约从 20 世纪 70 年代中期起，许多美国企业发现拆解竞争对手的产品也不能解决问题，关键的问题是在生产工艺流程方面和竞争对手差距太大，而这些方法的差距是无法通过产品的拆解所能弥补的。因此，必须深入企业实际，进行深入细致的工艺流程分析和研究，才能掌握要领，追赶竞争对手。于是，他们便将分析比较范围从产品本身扩大到工艺流程，进行工艺流程的标杆管理。施乐公司的实践成为这一阶段标杆管理的典范。1976年以后,一直保持着世界复印机市场实际垄断地位的施乐遇到了来自国内外特别是日本竞争者的全方位挑战,如佳能、NEC等公司以施乐的成本价销售产品仍能够获利,而产品开发周期、开发人员则分别比施乐短或少50%,导致施乐的市场份额从82%直线下降到35%。面对着竞争威胁,施乐公司最先发起向日本企业学习的运动,开展了广泛、深入的标杆管理。通过全方位的分析与比较,施乐弄清了这些公司的运作机制,找出了与佳能等主要对手的差距,全面调整了经营战略、战术,改进了业务流程,很快收到了成效,把失去的市场份额重新夺了回来。另外,在提高交付订货的工作水平和处理低值货品浪费大的问题上,同样应用标杆管理方法,以交付速度比施乐快3倍的比恩公司为标杆,并选择14个经营同类产品的公司逐一考察,找出问题的症结并采取措施,使仓储成本下降10%,年节省低值品费用数千万美元。此后,随着施乐公司职员坎普(Camp)所撰写的《标杆管理:寻找取得产业内最优成绩的最佳做法》的出版,标杆管理方法很快传播应用到美国的各个行业,美国企业开始广泛通过实地考察、和竞争对手建立合资企业、进行合作研究与开发等多种途径、多种方式展开对竞争对手工艺流程的研究和学习,并逐渐引起了其他国家大企业的重视。因此,这一阶段被人们认为是标杆管理概念、理论和方法的真正创始阶段。

第三个阶段为标杆管理最佳企业管理实践的阶段。大约从20世纪80年代开始,经营者认识到不仅可以在同行业企业标杆管理中学习最佳做法,提高企业竞争力,而且从其他行业的标杆管理中也能学习到最佳管理实践和流程改造方面的做法。许多经营者发现,在生产工艺、技术和作业流程以及企业管理方面,越来越多的最佳做法、最佳实践来自行业之外。因此,从别的行业的最佳企业学习最佳做法成为这一阶段的主要趋势。

第四个阶段为战略性标杆管理阶段。它是在确定、了解和掌握成功者(包括竞争对手)的战略做法的基础上,重新对自家企业进行企业环境、战略和业绩评估与改造的一个系统过程。在这一阶段,竞争对手之间的差别,已从工艺流程、管理实践方面转移到企业布局、生产结构调整、外部供应链重组、核心能力塑造等战略性领域,进行战略性领域的标杆管理是企业进一步提高竞争力、赶超竞争对手的客观需要。通常在这一阶段,标杆管理的问题比较集中,但调查了解的范围却比较广泛,如对上下游关系的调查、对企业研究与开发相关机构的调查等,目的在于进行战略思路、战略决策方面的标杆管理。

第五个阶段为全球标杆管理阶段。在这一阶段,不仅寻找最佳企业、寻找最佳做法的范围已经扩展到全球范围内进行,成为发达国家企业进行标杆管理的主要趋势,而且标杆管理的应用范围也超越了企业层次,扩展到产业层次和政府(国家)层次上。进行全球范围内的标杆管理,所涉及的问题更加广泛,不仅包括企业工艺流程、生产技术方面的最佳做法,而且包括企业文化、企业所处环境、政府行政管理、教育制度和自然环境等影响企业战略定位、战略布局方面的评估和研究。

2. 标杆管理的现状

施乐公司在标杆管理方面首开先河后,美国许多大公司也纷纷开展此项研究,如 AT&T、杜邦公司、通用汽车公司、福特汽车公司、IBM 公司、米利肯公司等。这些产品质量和竞争力方面居领先地位、声名显赫的企业,都把标杆管理作为一种管理手段,作为提高产品质量和管理水平的重要途径。

最近的一项调查显示,标杆管理是最受欢迎的五大商业工具之一。世界 500 强企业中,70% 以上将标杆管理作为一项常规的管理工具,包括 AT&T、福特、IBM、波音、惠普、杜邦、宝洁等。

早在 20 世纪 80 年代初期,福特汽车公司在进行一种新产品研制时便开展了标杆管理。它列出了四百多条用户认为最重要的汽车性能,然后找出各项指标均属一流的车型,千方百计地赶上和超过强劲的竞争对手。结果,造出了畅销的金牛座(Taurus)牌汽车。1992 年,该公司为了推出更新型的汽车,又进行了新的一轮标杆管理。

IBM 公司对标杆管理同样十分重视。它专门设立了标杆管理办公室。据悉,在它所获得的 500 多项新成果中,许多是经过标杆管理获得的。

在亚洲,标杆管理也得到了相当的发展。我国香港地区早在 1993 年就成立了香港标杆管理数据交流中心。1997 年,泰国生产力学会开始和国际标杆管理交流中心合作,开发一个泰国的标杆管理平台,并努力向泰国公司介绍标杆管理。在印度,1998 年 10 月召开了第一届标杆管理全国会议,同时开始着手建立印度标杆管理数据交流中心。事实上,我国也开始了标杆管理活动,著名的公司有海尔、中国海洋石油总公司等。

在政府层次,标杆管理的内容包括教育制度、海关通关、科研制度、企业创立手续等。例如,美国政府于 1993 年组织了对欧洲、美国、日本的教育制度,对欧洲、日本和美国的职业培训制度,对企业的融资渠道等进行了标杆管理,并在标杆管理之后修改了其教育、职业培训、银行等方面的法律,对美国 20 世纪 90 年代经济的持续增长作出了贡献。这里需要着重指出,在标杆管理各个发展阶段,政府始终发挥着主要作用。例如,真正使标杆管理工作大范围开展起来的一个重要推动力是政府设立相关的奖项:美国 1984 年由里根总统设立"美国国家质量奖"(Malcolm Baldrige)、欧洲于 1992 年设立"欧洲质量奖",这两个奖项均需要对同行业企业的产品质量进行标杆管理,决定出优劣。通常,企业层次的标杆管理工作主要由企业提出要求,委托咨询公司或研究机构进行,但政府的倡导、支持和奖励政策是推动力。另外,政府要负责相关制度、法律的修改,为企业提高竞争力创造环境条件。在产业层次,通常需要政府直接出资,组成研究小组,协调、配合产业界专家和企业界人士开展标杆管理工作,并在完成之后负责制定相应的政策。在政府责任领域,如税务、海关等,需要政府相关部门人员直接介入其中,进行寻找差距、寻找最佳做法的标杆管理工作,才能真正找到最佳做法,制定出有创新性的实施方案。

一些有关标杆管理的团体也应运而生。美国生产力及质量中心(American Productivity and Quality Center)是一个总部设在休斯敦的非营利团体,它早在1992年2月就成立了国际标杆管理交流中心(International Benchmarking Clearinghouse)。该中心是集合标杆管理伙伴的网络组织、标杆管理过程的推进者、标杆管理信息的仓库,也是一个标杆管理专家中心。目前,它已经拥有来自商业、政府、医疗行业、教育机构等各个行业的五百多个成员,这些成员除了来自美国之外,还有很多是来自加拿大、澳大利亚、亚洲、南美洲和欧洲的,而且其中许多是赫赫有名的大企业。

此外,行业标杆管理协会也相继成立,如会计和财务标杆管理协会(Accounting and Finance Benchmarking Consortium),为会计和金融方面的专业人士提高实际操作能力服务;电子应用标杆管理协会(Electric Utility Benchmarking Association),其目的是通过交换标杆管理数据和标杆管理实践以及共享信息,使得电子应用行业提高商业过程;电信行业标杆管理协会(Telecommunication Industry Benchmarking Association),共享标杆管理数据以提高电信行业的商业过程。

有关标杆管理的网站也纷纷成立,如 www.best-in-class.com、www.benchnet.com、www.benchmarking-in-europe.com 等,这些都为开展标杆管理的公司提供了一定的指导和相关信息。

第二节 标杆管理的作用与分类

一、标杆管理的作用

一般来说,企业进行标杆管理的原因通常是为了解决目前营运上的问题。但也有很多企业将标杆管理当作主动出击的手法,借此来创造成长的机会。无论如何,标杆管理和其他管理工具一样,都是在追求营运绩效的改善。在众多的管理方法中,为什么要特别推荐标杆管理?我们的理由是,标杆管理除了可以与其他管理工具结合之外,还具有以下五个作用。

1. 追求卓越

标杆管理本身代表的就是一个追求卓越的过程。会被其他企业选中来进行效法的组织，就标杆管理的主题而言，绝对是卓越超群的。之所以会选择这些组织，目的便是效法这些翘楚，使自己的企业也能够达到同样的境界，成为其他企业模仿的对象。这样的学习之所以可行，是因为所谓的卓越往往具有共同性，即使在不同的产业也是如此。例如，大多数的组织都存在销售作业这类事项。因此，不论任何行业、任何组织的销售作业，都应该具有某种程度的共同性可供观察与评估。如果某些组织的销售作业已经声誉卓著，我们或许可以详加调查，并把自己的销售作业方式跟这些组织的做法进行比较，分析是否有哪些做法可以实行到自己的组织中，好让自己做得更好。这种通过广泛的观摩研究来追求卓越的方式，就是标杆管理的精神。

2. 流程再造

标杆管理的另一个重要精神，就是针对流程（process）予以再造。乍看之下，标杆管理似乎会让人联想到传统的竞争者分析。但事实上，这两者在观念上是有差异之处的。一般企业很自然地会将自身的产品或服务方式与竞争者相比，但这只能说是竞争者分析而非标杆管理。这两者间的一项重要的差别，就在于传统的竞争商情归集强调的是结果或产品的优劣评比，标杆管理则着重去分析制造产品或提供服务的流程，并针对此流程的弱项予以强化。从这个角度来看，标杆管理探讨的范畴远比竞争者分析来得深入。它强调的是追本溯源，去深度思考在作业流程中，究竟是哪一个部分的差异造成产品或服务品质会有如此的差距，并且积极地去重新设计流程以弥补这样的差距。也就是说，将比较重心放置在提供产品或服务背后的作业方式或工作流程，而非产品或服务本身，这种崭新的观念比起竞争者分析，更可以帮助企业达成突破性的改善，比起其他管理方式也更具实效价值。

3. 持续改善

所有的管理工具都是在寻求提升组织业绩的方法，标杆管理与其他管理工具最大的不同之处，就在于标杆管理特别强调持续改善的观念。在后面的论述中，我们将会提到标杆管理具有循环再生特性的流程，这个循环的特性说明标杆管理不是一个短期活动，也不是一次就能完成的活动。只有在较长期的架构之下，所得到的资讯才更具价值。任何实行标杆管理的企业，如果只将它视为一个专案或是单一的事件，那是很遗憾的。这个企业所能从标杆管理活动中得到的益处，也仅是有限的改进。追求完美的过程是永无止境的，这是任何一个想要借标杆管理来提升组织绩效、臻于卓越的企业都必须体会到的事。如果将标杆管理的对象视为一个移动的标靶，就能够体会到为何标杆管理是一个持续的过程。除此之外，持续进行最佳作业典范的调查，还有助于企业了解最先进的科技资讯、作业技术及管理方式。

4. 创造优势，塑造核心竞争力

标杆管理是企业创造竞争性优势的捷径，企业要想建立竞争优势，首先必须进行战略规划。进行战略规划的基础在于了解竞争情势，必须先收集充分的资讯才能帮助企业做好竞争分析。标杆管理本身即为一种收集资讯的过程，不论本身还是竞争者的资讯都是标杆管理关注的焦点。收集到的资讯除了自身与标杆企业的作业方式外，自然也包括目前产业内竞争形式的优劣势分析。

企业存续的关键在于为顾客创造价值的能力，这种能力可称为核心能力。标杆管理有助于企业强化自身的资源基础，形成核心能力。原因就在于，标杆管理的重点不仅在于了解标杆企业到底生产或提供了什么比我们还要好的产品或服务，更重要的是去了解这项产品或服务是如何被设计、制造或提供的。如果企业能够彻底分析这种最佳作业方式所提供的资讯，并且经过内化吸收，成功地转换应用到自己的组织内，发展出一套独特的做法与技能，就可以塑造出自身的核心能力，为企业创造竞争优势。

5. 有助于建立学习型组织

企业可以通过标杆管理方法，克服不足，增进学习，使企业成为学习型组织。学习型组织的实质是一个能熟练地创造、获取和传递知识的组织，同时也要善于修正自身的行为，以适应新的知识和变化。实施标杆管理后，企业发现在产品、服务、生产流程以及管理模式方面存在的不足，并学习标杆企业的成功之处，再结合实际将其充分运用到自己的企业当中。而且这种过程是一种持续往复的过程，主要基于以下三点考虑：① 企业所在竞争环境的持续改变；② 标杆企业的不断升级与更新；③ 企业业务范围和企业规模的不断变化。

二、标杆管理的分类

根据不同的方法，标杆管理可分为不同的类型。

1. 按标的不同分类

（1）内部标杆管理（internal benchmarking）。

这是指以企业内部操作为基准的标杆管理。它是最简单且易操作的标杆管理方式之一。辨识内部绩效标杆的标准，即确立内部标杆管理的主要目标，可以做到企业内信息共享。辨识企业内部最佳职能或流程及其实践，然后推广到组织的其他部门，不失为提高企业绩效最便捷的方法之一。除非用作外部标杆管理的基准，单独执行内部标杆管理的企业往往持有内向视野，容易产生封闭思维。因此在实践中，内部标杆管理应该与外部标杆管理结合起来使用。

(2) 竞争标杆管理(competitive benchmarking)。

这是指以竞争对象为基准的标杆管理。竞争标杆管理的目标是与有着相同市场的企业在产品、服务和工作流程等方面的绩效与实践进行比较，直接面对竞争者。这类标杆管理的实施较困难，原因在于除了公共领域的信息容易接近外，其他关于竞争企业的信息不易获得。

(3) 功能标杆管理(functional benchmarking)。

这是指以行业领先者或某些企业的优秀职能操作为基准进行的标杆管理。这类标杆管理的合作者常常能相互分享一些技术和市场信息，标杆的基准是外部企业（但非竞争者）及其职能或业务实践。由于没有直接的竞争者，合作者往往较愿意提供和分享技术与市场信息。

(4) 流程标杆管理(generic benchmarking)。

这是指以最佳工作流程为基准进行的标杆管理。标杆管理是类似的工作流程，而不是某项业务与操作职能或实践。这类标杆管理可以跨不同类组织进行，一般要求企业对整个工作流程和操作有很详细的了解。

2. 按内容不同分类

(1) 产品标杆管理。

产品标杆是一项长期存在的实践，它主要是仔细考察其他组织的产品，而不仅是竞争对手的产品。通常采用的方法是产品拆卸分析。拆卸分析法（tear-down analysis）又称反向设计（reengineering），是通过评价竞争对手产品以明确自身产品改进可能性的方法。拆卸过程一般请相关的技术专家参与，将竞争对手的产品分解为零部件，以明确产品的功能、设计，同时推断产品的生产过程，例如，丰田公司每年从世界各地购置160辆汽车一个部件一个部件地逐一分析。由于标杆管理用一种新的思维方式，因而在产品标杆管理过程中必然会超出简单的"拆卸"模仿框架，而去追求和发现更多的信息。正如一位产品标杆专家杰瑞·安格利（Gerry Angeli）所说的那样："不要把产品标杆管理理解为如同青蛙的生物学解剖一样，仅仅看看它是由什么样的'部件'组成的。实际上产品标杆管理更像考古学，在这项工作中，应该可以得到有关一个'文明'的最多信息。"例如，一位工程师通过拆卸和组装一台别人的复印机，他掌握的不仅是性能、结构、设计技巧、材料，还应该从中计算出产品成本，了解到使用的生产工艺，甚至能考察到顾客的要求以及新的设计观念。

(2) 过程标杆管理。

即通过对某一过程的比较，发现领先企业赖以取得优秀绩效的关键因素，诸如在某个领域内独特的运行过程、管理方法和诀窍等,通过学习模仿、改进融合,使企业在该领域赶上或超过竞争对手的标杆管理。营销的标杆管理、生产过程的标杆管理、人力资源的标杆管理、仓储与运输的标杆管理等均属此类。过程标杆管理比产品标杆管理更深入、更复杂。

(3) 管理标杆管理。

即通过对领先企业的管理系统、管理绩效进行对比衡量,发现它们成功的关键因素,进而学习赶超它们的标杆管理。这种标杆管理超越了过程或职能,扩大到整个管理工作,如对全公司的奖惩制度进行标杆管理,它涉及如何成功地对不同层次、各个部门的员工进行奖惩的问题。

(4) 战略标杆管理。

战略标杆主要研究和学习其他组织的战略和战略性决策,有关企业长远、整体的一些发展问题。例如,发展方向、发展目标和竞争战略的标杆管理活动,企业为什么会选择低成本而不是产品差异战略等。这种标杆管理比较的是本企业与基准企业的战略意图,分析确定成功的关键战略要素以及战略管理的成功经验,它主要为企业的总体战略决策提供指导性依据,为企业高层管理者正确制定和实施战略提供服务。这种标杆管理的优点在于开始就注意到要达到的目的,而过程标杆管理和管理标杆管理是先比较各种手段,然后再确定哪个能更好地达到某种目的。

(5) 最佳实践标杆管理。

最佳实践是指领先企业在某个领域内独特的管理方法、措施和诀窍,这些方法和措施是领先企业取得优异业绩的原因所在。最佳实践标杆管理就是通过比较分析,寻找确认标杆企业的最佳实践、引进这种最佳实践并经过改进整合,使之成为本企业经营管理过程的一部分。它主要是对一系列管理实务进行比较,其内容更能体现一个企业在经营管理中的独特性和有效性。

3. 按信息搜集方法不同分类

(1) 单向的标杆管理(unilateral benchmarking)。

它是一种很常见的标杆管理。在这种标杆管理下,公司独立地收集一个或几个公司最佳实践的相关信息。一般地,信息来源于行业协会、信息交易所(如美国生产力和质量中心的国际标杆信息交易所)或其他途径。在美国,一个比较通行的做法是研究有关"美国国家质量奖"得主的信息,因为它们通常被要求与其他公司共享。

(2) 合作的标杆管理(cooperative benchmarking)。

合作标杆是指在双方协商同意的情况下,彼此自愿共享信息。参与的公司可以借此分析,为什么从事同样功能或生产相同产品的其他公司可以成为行业的领导者,从而对自身的经营有更好的了解。合作标杆管理的最大优点在于信息可以在行业内或跨行业间达到共享,数据库信息、间接/第三方信息和集团信息是合作标杆信息搜集的主要渠道。

第三节　标杆管理的实施

一、标杆管理导入的必要条件

由于标杆管理是一个涉及很多方面的过程,因此,实施中往往出现一些偏差。比如,人们往往将注意力只集中于数据方面,而标杆管理的真正价值应该是弄明白产生优秀绩效的过程,并在本企业(产业或国家)实施,不应该只注重某几个财务数据本身。再如,由于方案设计或者其他原因,在标杆管理实施的过程中受到成员的抵触,从而增加了实施的成本、降低了活动的收益等。常见的标杆管理典型问题见表 13-1。

表 13-1　常见的标杆管理典型问题

错　　误	可 能 的 原 因	可 能 的 解 决 方 法
标杆内容错误	对本公司了解不够深入	研究以确定关键因素
瞄准企业错误	研究不适合	更详细地进行初始研究
标杆管理未能转化成具体行动	高层管理者没有足够的承诺	说服高层管理者主动参与标杆管理项目
高层管理者缺少信心	缺乏信息或理念	把标杆管理与公司商业计划联系起来,举例说明标杆管理的优势
缺乏标杆管理所需的资源	缺乏高层管理者的支持,缺乏标杆管理小组的承诺	标杆管理应被视为公司的整体管理方法
信息不相关	数据不够多,数据未挖掘	缺乏对评估的关注、检验评估方法的基础
信息错误或不精确	过分相信公开的或竞争对手的信息	检查各种信息来源的准确性
标杆管理项目不能吸引可能的合作伙伴	怀疑主义和防备性态度	阐明双方的利益,审视整个过程以选择合作伙伴
流程过分关注与合作伙伴之间的相似性	缺少明确的选择合作伙伴的标准	审视关于最佳实践的研究
标杆太多	未能定义好优先次序	把标杆管理与商业战略联系起来
合作伙伴不能提供有用的信息	合作伙伴太相近	通过流程而不是某些组成部分来审视合作伙伴研究

研究表明，成功的标杆管理活动应具备以下基本要求：
- 高层管理人员的兴趣与支持；
- 对企业（产业或国家）运作和改进要求的充分了解；
- 接受新观念和改变陈旧思维方式的坦诚态度；
- 愿意与合作者分享信息；
- 致力于持续的标杆管理；
- 有能力把企业（产业或国家）运作与战略目标紧密结合起来；
- （企业）能将财务和非财务信息集成供管理层和员工使用的信息；
- （企业）有致力于与顾客要求相关的核心职能改善的能力；
- 追求高附加价值；
- 避免讨论定价或竞争性敏感成本等方面的内容；
- 不要向竞争者索要敏感数据；
- 未经许可，不要分享所有者信息；
- 选择一个无关的第三者，在不公开企业名称的情况下集成和提供竞争性数据；
- 不要基于标杆数据向外界贬低竞争者的商务活动。

二、组织进行标杆管理的原因

组织进行标杆管理，一般出于以下五个原因。

1. 战略规划

制定短期及长期计划。企业想要进行战略规划，必须充分了解市场、竞争对手的可能活动、产品或服务的最新技术、财务需求以及顾客基础等。

2. 预测

预测相关行业领域的趋势。标杆管理的资讯，通常被用来评估市场状况或是预测市场潜力。因为在很多行业里，几家主要公司的经营动向足以主导整个市场的走向。这方面的资讯可以帮助组织对产品/服务发展的趋势、消费者的行为模式等有个基本的判断。

3. 创新

标杆管理是经营创新的绝佳来源，它让人有机会接触到新产品、新工作流程以及管理公司资源的新方式。标杆管理给员工提供一个"跳脱框框之外"思考的机会——

考虑不同的典范或假设各种不同状况而进行思考。

4. 产品/流程比较

标杆管理活动是搜集有关竞争对手或是卓越企业的产品或流程资讯。这种资讯通常是作为一种标准,用来与自己的类似产品或服务作比较,以期将卓越企业的产品或流程融入自己的工作环境中。

5. 设定目标

标杆管理也被当作选定最佳作业典范的工具。虽然很多组织实际上并不准备达到行业翘楚的水准,却利用这些资讯来设定特定的产品或流程目标,以激励组织不断努力改善,以加速提升绩效。

只要是可以观察或是可以测量的事物,几乎都能作为标杆管理的标的。过去,组织间相互比较的做法,多多少少局限在组织结构或是产品方面——一些可以现成观察到的事项。但是,标杆管理的经验已大幅扩充到可以研究调查的领域。常见的标杆管理领域如下:

(1) 产品及服务。在市场中提供给外界顾客的产品与服务,是标杆管理常见的一个主题。通常,大家是在零售的阶段观察到这些产品,而不是在生产过程之中,这些产品和服务大都随时可供分析。除了整体产品及服务外,产品或服务的特色通常也是标杆管理的主题。

(2) 工作流程。标杆管理的领域除了有形的产品与服务,也包括工作流程——如何制造或支援产品与服务。以工作流程为主题,是为了深入了解设计流程、研发作业、生产流程、工作场所设计、特定技术的运用、配销等流程。这些人源自一个信念:应用卓越的工作流程,可以在任何行业里创造卓越的产品及服务。

(3) 支援功能。支援功能通常是指与产品及服务的实际生产没有直接关联的流程与程序,支援功能通常包括财务、人力资源、营销与服务等部门的活动。这方面的调查范围,常会涵盖对员工和内部顾客的支援活动。

(4) 组织业绩。组织业绩包括一个组织的经营成果——成本(费用)与营收(收入)。除此之外,与生产流程相关的特定绩效指标(如收益、资产周转率、折旧率、资金成本)也可能是标杆管理调查的主题。竞争对手或卓越公司的绩效资料,可以带来足够的刺激力量,激励组织对产品/服务、生产流程乃至维持产品与服务优异品质所需的支援体系进行更完整的分析。

(5) 战略。有些组织会以组织性或功能性的战略为标杆管理的主题,以便了解某些公司是如何取得竞争优势的。今天,标杆管理的观念已经远远超越了竞争分析的范畴,而将焦点放在任何卓越组织的战略之上。目前,战略标杆管理的焦点,通常是一个特定的功能领域，而不是整体的企业或产业战略。除了战略本身以外，战略规划的流程通常也是标杆管理活动的主题。

三、实施标杆管理的核心：如何设计合理的标杆

1. 与战略的关系

开展标杆管理，首先要明确企业的战略定位。不同类型及规模的企业，在不同阶段都有自己的发展战略和相应的策略，这些都是标杆管理的基础和方向。

2. 以流程的思路选择标杆

对标杆对象进行以流程为基础的分析工作。对流程的主要内容进行分析，是标杆管理的前沿。

3. 时空因素

标杆选择必须考虑时间和空间的因素，即应结合企业的不同生命周期阶段的具体情况选择标杆。

4. 前瞻性

标杆的选择应结合波特的五力模型，根据前向一体化、后向一体化等企业发展模式，在关注行业内现有企业的同时，要着眼于来自生产替代品或提供服务的公司竞争以及潜在竞争者的竞争，以反映未来发展的趋势。

5. 采用多指标体系

尽管标杆对象只有几个方面表现突出，但正是其他方面的合理配置，才使其在某方面有好的表现。因此，确定单一的标杆指标往往很难达到预期的学习效果。

6. 重视环境因素

要注意资源环境的可比性。企业的发展受其内、外部资源环境的影响很大，因此，标杆的选择必须考虑到大致相同或相似的资源环境条件以及对不确定性的影响。

7. 合理的标杆对象

标杆对象的选择，应根据企业自身现有的基础灵活确定。对于中国企业来说，各行业最优秀的企业中可以将世界一流企业作为自己的标杆，中小企业又可以把行业一流企业作为自己的标杆。但是有些(失败者)类型的企业，若将行业一流甚至

世界一流的企业作为自己的标杆对象,那些先进企业的经营管理实践对这些企业而言,虽然不能说毫无用处,但用处不大。如果这些企业把绩效水平在行业中处于中等水平或中等偏上水平的企业列为自己的标杆管理对象,产生的效果将会更显著。

8. 动态的标杆目标

任何一个优秀企业,如果不进行积极的管理变革,保持企业的核心竞争优势,早晚会被市场淘汰出局,成为市场竞争的失败者。所以,企业在进行标杆管理活动的过程中,应该结合本企业发展阶段的实际情况,适时、动态地向当今具有整体优势(或优秀部门)的企业学习和进行经营管理实践,而不是仅仅将眼光瞄准在一两个领先企业上。

四、标杆管理的推进步骤——Michael J. Spendolini 的五步骤模型

如同前文所言,标杆管理是一项非常正式化的、通过一连串基本步骤来追求卓越的流程,具有完整架构且持续不断的学习过程。因此,这个流程一定有某些既定的步骤或是流程模型来引导整个计划的实行。由于标杆管理这项管理工具在国外已有许多年的历史了,自然已发展出各种不同的流程模型,如施乐的 10 步骤流程、AT&T 的 12 步骤流程、IBM 的 14 步骤流程。尽管这些流程模型都不尽相同,但它们的精神与原则都是不变的。标杆管理专家迈克尔·斯彭多利尼(Michael J. Spendolini)博士在对 57 家有标杆管理经验的组织比较研究的基础上,去芜存菁地归纳出一个五步骤的标杆管理共通模型,如图 13-1 所示。

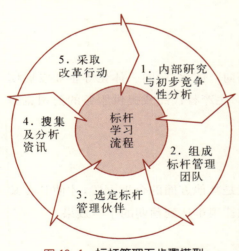

图 13-1　标杆管理五步骤模型

1. 内部研究与初步竞争性分析

要发展标杆管理计划,决定以什么为标的的第一步就是要认定谁是顾客以及顾客的需求。这个步骤很重要,因为在大多数情况下,顾客是有某种急迫需要的个人或团队。顾客受到某种因素的刺激(如市场情况、新竞争对手、新科技、作业问题/机会),开始选定作为标杆领域的产品、服务和流程。

界定标杆管理顾客,就是要明确谁使用标杆管理的资讯。几种主要的顾客是:

委托标杆管理调查的主管,也就是标杆管理活动的发起人;标杆团队本身,此时标杆管理常被定位为全面质量管理工具组的一部分,由个人或团队成员自发进行;其他顾客,组织的其他员工与标杆管理的潜在顾客,即参与这个流程的标杆伙伴。在界定顾客之后,要对顾客需求进行诊断,并制作一份顾客需要摘要:顾客需要的是何种标杆管理类型?搜集的资讯用于何种用途?应当搜集哪些资讯类型?资讯量要求有多大?对资讯的品质有何要求?是否应该进行持续的标杆管理活动?等等。这份摘要用来指引标杆管理调查的方向,它决定了标杆管理的进度、行动的范围、报告格式以及资源的分配等。

在明确标杆管理主题以后,就要对标杆管理主题形成可测量的一系列衡量指标。标杆管理通常用关键成功要素来称呼一些重要到值得使用标杆管理流程的主题。在寻找标杆管理的关键成功要素里,很重要的一点是定义及测量方法必须力求准确,测量方法越具体明确,和标杆管理伙伴之间的对话就越接近"苹果对苹果"的比较。

2. 组成标杆管理团队

在确定标杆管理的主题之后,便可以根据这个主题的特性来决定标杆管理团队的成员应该如何组成。最基本的原则是,必须要有在这个主题领域内具有专业知识的员工来参与。除此之外,由于规划、推动一个标杆管理计划需要相当的时间和精力的投入,因此还必须考虑团队成员在时间的安排上要有某种程度上的配合。另外,还必须多方考量团队成员专长、技能的多元化及互补性,以求未来在实际推动计划遇到困难时,都能通过团队成员的集思广益来解决问题。除了以上条件外,成员还必须具备其他不可或缺的人格气质,如行动力十足、乐意参与标杆管理的调查,并且有良好的沟通技巧与团队合作精神等。在标杆管理团队中,也应该有分析规划能力较强的人员来协助统筹整个专案的进行,以及运用类似管理计划评核图或甘特图等的专案企划工具来规范专案的进度。

在企业决定实施标杆管理之后,就必须安排外界的标杆管理专家来训练公司内的全体员工,使得他们能够了解基本的标杆管理流程。日后在实际施行时,才能让全体员工了解标杆管理团队在做什么,这也有助于企业在员工间塑造出积极学习的氛围。另外,在标杆管理团队正式成立后,企业必须安排标杆管理专家来对团队成员进行较深入的标杆管理课程的讲授,协助团队成员了解标杆管理的施行方法、步骤,以及成员的角色和责任等。

3. 选定标杆管理伙伴

标杆管理伙伴是指提供标杆管理调查相关资讯的组织,也就是要选定最佳作业

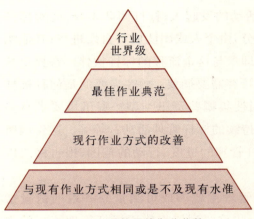

图 13-2　寻找最佳作业典范

典范来作为学习合作的伙伴。企业在决定学习对象时,应该要先思考金字塔图形,如图 13-2 所示。

从这个图形中可以看出,依照不同的标杆管理目标及改善目标,可供采用的资讯也有不同。金字塔最顶端是世界级或是行业翘楚,下方较大的区域代表最佳作业典范,再下面有更大的一片区域代表现行作业方式的改善。进行单纯的作业发送,比起向最佳作业典范或是世界级组织学习,机会要大得多,为找到特定对象及其活动所耗费的资源(如时间、资金、人力)也会随之增加。所以,企业在进行标杆管理对象的选取时,应该确定自己到底是只要对现行作业进行一些基本改善,还是要达到树立典范的程度。因为这涉及想要改善绩效的程度以及投入资源间的均衡。当然,每家企业都愿向世界上做得最好的组织学习,但是必须考虑到本身目前的实力以及可允许的资源使用量。举一简单事例:一家国内小规模的物流公司如果想要加快货运包裹的分拣速度,它当然可以向全球规模最大、强调"准时、快速、全球的顶尖服务"的联邦快递学习。但鉴于其本身的实力和拥有的资源,向国内物流业的领先者学习会更实际。有鉴于此,组织应该仔细思考标杆管理的目标。与其设定一个好高骛远的目标,结果半途而废,还不如设定一个切合实际的目标,并投入合理的资源从而达到目标。

4. 搜集及分析资讯

第四阶段的标杆管理流程包括实地搜集及分析标杆管理资讯。这里的假设是:你已经确认了标杆管理顾客、顾客需求,以及构成你调查核心的具体关键成功因素;你已经选好了标杆管理团队成员,并完成训练;而且,你也已经认定了最佳作业典范。这一点非常重要,因为很多标杆管理新手在未能谨慎完成流程的初期计划及准备阶段,过于急切地进入搜集资讯的阶段,导致获得资讯没有产生实效。

在了解另一个组织的作业流程、产品及服务之前,首先要彻底地了解自己,即所谓的知己知彼。在这个阶段中,必须搜集分析自己的内部作业资讯,了解目前的作业方式并进行检讨,找出需要改进的地方。这个步骤是向外界搜集资料前的准备工作,唯有如此,企业才能正确地评估自己能够改善的程度。况且,如果不曾进行过一次完整的内部分析,可能会错过一些重要的内部标杆管理机会,而永远不会发现组织内部的一些颇具价值的资讯来源及可获得的协助。另外,企业日后在其他组织进行资讯搜集活动时,他们可能会问到你的组织在同一领域的活动,你也无法对自己的内部作业提出有把握的答案。

一旦你决定了需要搜集的标杆管理资讯类型以及将要调查的资讯来源与组织，下一个议题就是要确定使用哪一种资料搜集方法。常用的资讯搜集方法有电话访谈、面谈/现场访谈、问卷调查、出版物/媒体、档案研究。基于时间、资源等多方面的考虑，不同的资讯搜集方法有各自的优缺点。

当资料搜集完毕，必须将所得到的资料进行整理，并做一份摘要以加强资讯的效力与意义。在资料整理、分析的基础上进行作业方式的比较，找出之间关键性的差异在哪个部分。在进行完比较后，便可根据比较结果制定出期望绩效目标，并分析讨论目前绩效与期望绩效间的差距该如何弥补。究竟要改变哪些流程？该如何进行改变？拟出一份改革行动计划书，作为实际进行改革行动时的蓝图。

5. 采取改革行动

标杆管理的主要目标就是采取行动，以达到或超越标杆。虽然标杆管理是一个调查的流程，但当初展开某项调查的首要动机，绝不是作出一份精美、华丽的报告，而是采取行动的欲望、严谨的顾客需求以及认定关键成功要素以作为研究调查的焦点。

在这个阶段，企业会根据前一阶段所提出的改革行动计划书变更实际的流程，这些改变通常会显著而剧烈，甚至能立刻看出成效。在企业进行完改革后的一段时间，必须要进行绩效指标的评估，以检验施行的成果。从开始施行到绩效评估的时间，视企业的反馈速度而定。在评估绩效时，尽量避免其他因素才评估结果的影响。只要整个标杆管理的流程都有严格的要求和监督，评估出来的绩效通常可以看出显著的改善。

第四节　标杆管理的问题及其突破方向

标杆管理在世界范围内传播开来，不仅在企业界，而且各行各业纷纷将其作为提高自身竞争力的有效工具，的确也取得了一定的效果。经过一段时间的实践后，令这些企业感到困惑的是，在生产效率大幅度提高的同时，企业的盈利能力和市场占有率并未能够随之相应增长。实际上，在效率上升的同时，利润率却在下降。以印刷业为例，美国印刷业在20世纪80年代的利润率维持在7%以上，到1995年已降至4%—6%，并且还有继续下降的趋势。这种情况在其他行业也屡见不鲜。这些企业的管理者发现，他们越跑越快却连停留在原处都很困难。学得越快，竞争优势越不容易保持。由于企业不能将短期成效转变为持续的盈利能力，就在管理者们试图进一步提高运作效率时,他们离自己追求的竞争地位越来越远了。是标杆管理失灵了、环境变化了,还是其他什么原因?

这主要有两个方面的原因:一方面是忽视创新和服务的对象,大量应用标杆管理方法所引起的后果;另一方面是不恰当的观念和操作。这两方面综合,使得标杆管理并不像人们想象的那样能取得那么好的效果。

一、忽视创新和服务的对象

单纯的标杆管理,缺乏结合自己实际情况的创新,导致企业竞争战略趋同。标杆管理的基本思想就是模仿,通过模仿、学习然后实现超越。因此,在实行标杆管理的行业中,可能所有企业都模仿领先企业,这样必然采用相同或类似的手段,如提供更广泛的产品或服务以吸引所有顾客、细分市场等类似行动来改进绩效。标杆管理使得单个企业运作效率的绝对水平大幅度提高,企业之间的相对效率差距却日益缩小。普遍采用标杆管理的结果是没有企业能够获得相对竞争优势,全行业平均利润率必然趋于下降,必然使这个行业内各个企业战略趋同,各个企业的流程、产品质量甚至运营的各个环节大同小异,市场竞争更加激烈。在这种性质的市场上,各个企业难以获得足够的成本优势,也不能够索取较高的价格,企业将发现利润越来越薄,无力进行长期投资,最终陷入恶性循环。这样,在成本和价格两方面夹击之下,企业生存空间将日渐狭窄。这就是企业做得越来越快,利润率却越来越低的根本原因。例如,IBM、通用电气和柯达等公司在复印机刚刚问世时,曾以复印机领先者施乐公司为榜样,实施标杆管理,结果 IBM 和通用电气陷入了无休止的追赶游戏之中,无法自拔,最后不得不退出复印机市场。单纯地为赶超先进而继续推行标杆管理,则会使企业陷入"落后—基准—又落后—再基准"的"标杆管理陷阱"之中。标杆管理仅仅是一项管理技术,它要为组织的整体发展战略服务,并且应结合自身的实际情况,适当进行创新,不能一味地模仿,否则,结果往往事与愿违。

二、认识与操作不当

标杆管理在提高组织效率方面的确会发挥不可忽视的作用,已经成为很多组织竞争方式的一部分。但在实施标杆管理的时候,会步入一些误区。归纳一下,主要有以下几方面。

1. 混淆标杆管理和调查

组织在相似的产业做调查,这并不是真正的标杆管理。这样的调查虽然会获得一些有价值的数据，但标杆管理却是数字背后隐藏的内在机理。换句话说，基准调查也许会获得组织排位的情况，但不会帮助改进组织在行业内的位置。

2. 认为预先存在共同的"标杆"

其他组织参照的所谓的"标杆"，可能并不适用另一个组织的市场、顾客或资源水平。坚持辨认自己的标杆对象，从它们那里发现什么是可达到的，从而确定自己的计划。

3. 忽视服务和用户满意

标杆管理实践中往往存在这样的组织，只关注它们提供的产品和服务的成本，从而不考虑顾客，因此导致顾客流失。

4. 过程太长，太过于复杂而导致管理失控

组织系统由一系列过程组成，过程由一系列任务构成。设法避免标杆一个大系统，它将是非常昂贵而且费时的，并且很难保持专注。最好选择大系统的一个或几个过程，以它作为开端，然后再逐渐向系统的下一部分推进。

5. 定位不准

选择的标杆管理主题与整体战略和目标不一致。在战略层次上，领导团队需要监督标杆管理项目，并确保它与整体战略保持一致。

6. 未了解自己

标杆管理假设，在出去进行标杆管理参观之前，应已经完整地分析了自己的过程，知道自己的绩效水平。毕竟，那些信息是必须提供给基准对象以交换信息，获得所需要的相关信息。标杆管理团队应非常清楚到达标杆管理对象之前需要学些什么。

7. 基准对象选择不当

许多组织最初都会在本行业内寻找比较目标，但关于竞争组织的信息不易获得。在大多数情况下，理想的比较目标应是完全不同产业的组织，因此，寻找产业外的组织作比较对象，通常可以得到更有价值的信息。

8. 企图一蹴而就

标杆管理不是一次性的，而是一种持续、渐进的过程，其成效也不可能在一夜间

显示出来。每次学完后,都应该重新检查和审视基准研究的假设、标杆管理的目标和实际效果,分析差距,为下轮改进打下基础。

第五节 标杆管理对我国企业的借鉴意义

一、标杆管理在我国的发展

改革开放以来,我们在学习吸收国外先进管理理论的同时,也引进了不少先进的管理方法,如全面质量管理、价值工程,对我国企业管理水平的提高起到了明显的促进作用。我国企业历来有学先进、树典型的优良传统,从选择榜样、赶超先进的意义上讲,学大庆、学鞍钢与标杆管理没有什么重大区别。因此,标杆管理作为一种有效的管理方法,完全可以拿来为我所用。

但标杆管理与传统的"典型"模式和比较方法具有根本的不同。标杆管理的概念虽是"舶来品",但形式上类似标杆管理的树典型、学先进的方法和活动,在我国特别是在企业并不陌生。我国传统的"典型""榜样"模式,如早期的农业学大寨、工业学大庆、20世纪90年代的学邯钢、学海尔等,是符合标杆管理思想的,在某种程度上可以说是标杆管理的雏形或变形。但对企业而言,两者从内容到形式存在着根本的不同。

标杆管理与传统的比较分析方法相比,具有显著特点。一是标杆管理侧重于对创造卓越业绩的过程和技能、对卓越公司的运行与管理进行深入了解、分析和比较,洞察优良业绩是如何产生的;二是标杆管理通过跨行业的分析,识别其他行业公司的业绩所引发的潜在机会,使企业不局限于所在行业的经验;三是标杆管理可以由高层进行,分析企业整体,也可以以一个片断、一个流程为单位由一线人员比较分析。标杆管理也是一种高级管理技能,这种技能确保企业总能洞察卓越之所在,从而保持一种向上的态势。

社会主义市场经济的建立和现代企业制度的完善,为我国企业推行标杆管理提供了前提条件。标杆管理的本质就是改革,只有企业具有自主权而且面对决定生存发展的竞争条件下,才会具有主动变革的愿望和动力。我国企业已经有了良好的比、学、赶、帮、超的思想基础,实际上我国有许多企业已经开始了标杆管理的尝试。例如,联想集团在合作中,注重标杆管理;给国企找榜样——原国家经贸委曾举办全国重点脱困企业经营者培训班;希望集团在扩张过程中的标杆管理等。不可否认的是,这些实践取得了良好的效果,但在实际操作过程中,仍存在许多困惑和不完善之处。

如果加以正确的标杆管理理论的指导，我国企业定会借助标杆管理这一先进的管理工具，来实现企业经营绩效、竞争力的巨大提升。

二、启示与建议

综上所述，标杆管理是组织业绩评价、业绩改善的有力工具。我国目前还处于标杆管理理论的引进与进一步消化阶段，有些企业已经尝试将标杆管理运用于组织绩效的改善之中，并取得了一定的成绩。标杆管理要成熟地运用于企业管理与业绩评价，我们觉得还应该做到如下三点。

1. 标杆管理应制度化、组织化

在国外许多企业中，标杆管理已经实现了制度化，不再是一项权宜之计，表现在有一套稳定的组织体系，有常设的负责标杆管理的机构（至少有工作小组），有专人负责并动员所有员工积极参与。标杆管理强调的是变革功能，但变革是有阶段性的，首先是从比较学习开始，然后才能持续地改进、加速，最终达到变革的目的。事实上，在国外的许多企业，标杆管理已经成为日常经营管理工作的一部分，不间断地持续进行，因而标杆管理具有动态跟踪的特性。所以，我国企业若想在国际、国内市场竞争中立于不败之地，必须将标杆管理融入具体的工作过程，坚持不断地改善、学习，才能持久地获得竞争利益。

2. 培育一种标杆企业文化

企业应逐渐形成一种标杆文化。在我国欲建立健康的标杆文化，首先应从高层做起，管理者应真正关心企业的发展前途，树立创新意识。很难想象，只重视内部人员的行政管理，只想确保自己的政治利益或者故步自封，满足于已有的成绩、不思进取的企业领导者，如何身体力行并领导企业健康成长。其次，通过教育、激励、内部沟通渠道，使全体员工树立一种标杆意识，企业应营造学习别人之长、补己之短的氛围，如定期公告学习最佳实践对公司业绩的促进作用、奖励创新意识的员工。再次，有计划、有系统地对企业员工进行在岗或离岗培训，灌输标杆企业文化的精髓。最后，要加强企业伦理文化建设，培育一种公平竞争的标杆企业文化。

3. 加快标杆管理网络和资料库建设

标杆管理理论在实践中的推广与应用，依赖于标杆管理网络与资料库的建设。在美国，标杆管理作为"美国国家质量奖"的一个组成部分而获得更大的推动力。1990年，麻省理工学院的战略计划机构（SPI）建立了有50个成员的基于标杆管理的

SPI 协会;1992 年,美国生产力及质量中心建立了成员超过 199 个的国际标杆管理信息交易所(IBC);1993 年,管理会计师协会(IMA)建立了一个持续改善中心,是为财务管理功能领域建立的标杆管理数据库,用来帮助成员公司辨认最优实践和改善业务流程;加拿大联邦行业科技部在 20 世纪 70 年代早期,建立了公司间比较计划以促进标杆管理的发展;我国香港地区也成立了标杆管理信息交易所,以加快标杆管理的发展;其他国家和地区也都将标杆管理视为质量认证的前提而大力采用,如日本(Deming 奖)、欧洲(ISO9000 系列标准)、加拿大(卓越企业奖)等。除了机构设立的资料库以外,国外很多企业自发地组建标杆管理网络,以在成员之间分享成功经验。有些标杆管理网络是由某个产业内的组织构成的,如美国电信业 18 家公司联手组织了电信标杆管理协会。这个团体的成立,是为了鼓励成员把标杆管理拓展到一些企业共通的领域(如维修、顾客满意度、新产品开发、服务等)。另外还有来自不同产业的组织,就某类功能(或流程)而组建标杆管理网络,例如,一个名叫财务品质网络的组织,其成员来自联邦快递、施乐、西屋、数字设备、杜邦等公司的财务部门,他们彼此分享成员之间卓越的财务功能。其他如工程、制造及人力资源等领域,也都建立了功能性网络。

我国在这方面的经验和努力明显不够,加快标杆管理网络和资料库建设对于我国企业顺利开展标杆管理实践已是刻不容缓了。

案例分析:DL 公司标杆管理的实践与思考

组织的发展过程,就是跨越一个又一个发展目标的累积过程。对于企业来说,持续的改进和提高已成为其生存的关键和发展的根基。近年来,随着 DL 的快速发展,组织内部管理中的一些问题和矛盾逐步显现,严重阻滞组织的进一步发展。如何继续前行,正是 DL 面临的严峻考验。标杆管理也许正是体现了组织的这一发展要求,作为绩效改进的有效管理工具而受到组织的推崇和应用。

一、DL 公司简介

DL 成立于 2000 年 3 月,承担着 CH 矿区的供电、发电和供暖任务。DL 系 CH 下属的二级单位,下辖矸石电厂、供电工区两个生产单元。矸石电厂现为三炉(2×35 t$+1\times 45$ t)两机($2\times 6\,000$ kW)配置,属于国家认证的资源综合利用煤矸石发电厂,设计发电能力为 $7\,200$ 万 kW·h/y,自 1998 年 7 月投产至今,已累计发电约 10 亿 kW·h;集中供暖项目于 2012 年 11 月建成完工并投入运行,设计供暖能力可满足 CH 矿区 80 万 m^2 建筑区域的供暖需求;供电工区现辖运行和在建变电站 7 座,其中,110 kV 变电站 2 座、35 kV 变电站 5 座,高压供电线路约 120 km,2012 年完成转供电约 1.4 亿 kW·h。

二、标杆选择

近年来,DL 整体发展较快,生产规模迅速扩张,管理职能得到拓展,安全保障能力提升,企业管理持续改善。但通过全面比较和深入分析,DL 的工作仍有诸多差距和不足:生产成本居高不下,企业的盈利水平和经济运行质量不高,经济基础薄弱;企业受外部条件和环境的影响较大,抵御市场风险的能力较弱等。这些问题的存在,需要组织通过对标管理,进行持续的调查研究和学习改造,不断提升组织的经济质量和管理水平。根据 DL 的管理现状和发展规划,标杆管理在参照集团公司下属同类企业绩效指标的基础上,主要采取组织纵向分析和管理模块分析的方式,通过与组织历史最优绩效(设计数值)和先进管理模块的对标,分析组织的优劣势,并持续加以改进。

三、对标措施

在标杆管理实践中,DL 立足管理现状,着眼发展战略,整合内部资源,突出企业特色,推动组织发展。

1. 成立管理机构

管理机构的设立是标杆管理运行的基本保障。DL 设立了标杆管理委员会、标杆管理办公室、标杆管理专业组、标杆管理作业组四级标杆管理机构。各级管理机构之间人员组成明确、职责范围清晰、目标任务具体、考评奖罚得当,确保标杆管理工作按照组织的思路、步骤和策略分阶段顺利实施,从而达成组织的对标目标。

2. 设置 KPI 体系

对标指标的设置是标杆管理运行的基本支撑。DL 按照"定性科学、定量合理、描述准确、易于实施"的要求,设置公司、部门、岗位三级 KPI(关键绩效指标)体系,其中,公司指标 6 大类 11 个、部门指标 15 个、岗位指标 26 个。明确了改进目标、改进结点、改进效果和责任主体,避免了资源分配不公、机构交叉重叠、措施矛盾抵触、部门各行其是、甚至标杆指标与组织目标相分离或者相背离的情况发生。做到了分类实施、协同推进、突出重点、科学评估、有效控制、确保达标。

3. 用好管理工具

任何管理实践都是借助一定的管理工具来实现的,标杆管理也是如此。为了处理大量纷杂的数据和信息,DL 确定并用好三种管理工具:一是看板,印制规格标准统一的"部门自主管理看板""现场区域管理看板"等,用以记载内部规章和作业标准,传递管理、技术和生产信息,反映组织的生产动态和工作绩效;二是图形,绘制"趋势图""柱状图"等，其意思表达形象、直观，能把复杂的管理信息在图形中清楚、准确、有效地表达出来，省时省力；三是表格，表格能够把不便于阅读、理解和分析的众多杂乱的数据和信息整理在一个统计表内，使用起来清晰易懂，一目了然。标杆管理的工具众多，作用不一，但论其有效性、实用性和方便性，非看板、图形和表格三种工具莫属。DL对三种管理工具的合理使用，极大地提高了工作效率，以促进实现标杆管理的信息化和规范化。

4. 剔除认识误区

推行标杆管理，不乏认识上的庞杂，也有实践中的羁绊，但首先应避免认识上的误区，以突破实践中的瓶颈。一是玩数字游戏。标杆管理是离不开数据的，但是，一味地玩数字游戏则是舍本逐末。管理的根本在于过程，无法控制过程，则不能预测结果。二是羞于谈论失败。善于从失败中学习是一种勇气和智慧；避免重蹈覆辙也是一种生产力，因为"失败是成功之母"。三是急于求成。不要期望导入标杆管理就能在短期内给组织带来显著的变化和巨大的收益，急于求成会动摇组织推行标杆管理的信心和决心，或将造成标杆管理半途而废。四是热衷模仿。模仿是一个学习的过程，又是一个重复他人行为的过程。盲目模仿显然是有害的，使组织如同一个永远的追随者而疲于奔命。标杆管理是一种创造性"移植"，是一个"重建新规则"的过程。

案例评价：

自己发展自己，自己拯救自己，这是企业的使命。标杆管理帮助企业审视自己的产品、服务和流程，科学、客观地考察其他组织类似的产品、服务和流程，洞察优秀者所为，研究卓越者实践，学习借鉴他人的先进经验为己所用，以推动组织持续发展。企业应根据自己的实际情况，合理配置和使用组织的管理资源，或寻找最佳整体进行学习，或发掘优秀部分加以比较，最终使得组织得以提高、进步。

资料来源：黄启战. DL公司标杆管理的实践与思考[J]. 企业改革与管理，2020(02)：63-64.

本 章 小 结

标杆管理是国外20世纪80年代发展起来的一种新型经营管理方法，最先应用于施乐公司，获得了巨大成功。基于标杆管理的绩效考核体系设计，就是企业将自身的关键业绩行为与最强的竞争企业或那些在行业中领先的、最有名望的企业的关键业绩行为作为基准进行考核与比较,分析这些基准企业的绩效形成原因,并在此基础上确定企业可持续发展的关键业绩标准及绩效改进的最优策略。总之,标杆管理这种考核技术,在理论上已趋于成熟,在实践中也取得了较好的成果,企业可根据自身的实际情况参考使用。

思考与讨论

1. 什么是标杆管理?标杆管理产生的大背景是什么?
2. 标杆管理是如何分类的?实施标杆管理对企业有什么样的意义?
3. 如何实施标杆管理?推进标杆管理要特别注意哪些问题?
4. 阐述标杆管理现在面临的机遇与挑战,以及中国企业实施标杆管理的现状。

第十四章

基于素质的绩效考核

- 什么是素质？素质和绩效的关系是什么？
- 如何编制素质库？如何为素质划分等级标准？
- 素质模型对企业、管理者和员工的作用和功能分别体现在哪些方面？
- 如何为某类人员或者某一具体岗位建立素质模型？
- 如何对素质进行评价？

在本章的开头,我们给大家设定一个具有启发性的场景,以引出本章的内容。具体场景是这样的:

"罗思韦尔博士,我碰到一个问题。"一家小型高科技公司的CEO开口就说,"我给你打电话是因为我的人力资源部完蛋了。"

"真的吗?"罗思韦尔说道,"请说得更具体点。"

"这种状况几年前就开始了,我从一家跨国公司聘用了一个人力资源部主任,他的前雇主跟我说他在人力资源方面可谓技艺高超。我邀请他加入我快速发展的公司,并主管我们的人力资源部。12年过去后,我们已经拥有400名员工,每年业务增长100%。现在却需要对人力资源部进行大刀阔斧的改革,以改变人力资源工作混乱的局面。"

罗思韦尔说:"好的,请告诉我更多的背景资料。"

"嗯,其实很简单。我同人力资源部主任有一份书面合同,到期该重新商谈了,我必须要做点什么。我们的人力资源流失状况很严重,公司似乎总是花很多的时间去补充职位空缺。我们没有工资系统,缺乏员工识别和奖励程序,没有新雇员引导机制。我的员工希望成立工会,我从所有部门都听到了关于人力资源部无所事事的抱怨。你能来我这帮我看一看吗?"

"当然,"罗思韦尔回答道,"但在我出发之前我希望看到一些资料。你能给我一份关于公司职务说明书、员工绩效评估系统、人事政策手册、员工手册和战略经营计划的副本吗?"

"我很愿意,"CEO回应道,"如果我们有这些资料的话。但我们没有,事实上,我们从未在职务说明书上达成一致,一旦我们试图实施一个绩效评估系统,那可真是一场灾难。"

这次讨论后,罗思韦尔拜访了这家公司并与许多经理和新员工进行了座谈。他了解到,人力资源职能的内部客户对补充职位空缺所雇用的员工素质极为不满,这家公司的多个部门正在经历一场胜任力危机。进一步的调查则显示,人力资源部并未要求新员工就胜任某职位所必需的素质特征提供足够多的信息。因此,在人员招募与选拔期间,就无法考虑那些从职务中很难获取的素质特征要求。面试问题缺乏针对性,只涉及一些关于应聘者优缺点和应聘原因等方面的内容。相应地,被选拔出来并安置在战略职位上的人就没有能力生产组织成功所需要的产出和结果。

许多经理只为核查问题而会见人力资源部,他们坚持说,为了开发员工的素质,他们曾多次请求人力资源部门的帮助。咨询顾问发现,人力资源部门在很大程度上忽视了上述请求,因为他们不知道如何设计、开发、实施、评估基于素质的培训。

资料来源:[美]戴维·D.杜波依斯,[美]威廉·J.罗思韦尔,[美]德博拉·乔·金·斯特恩,[美]琳达·K.肯普著.于广涛等译.钱振波校.基于胜任力的人力资源管理,北京:中国人民大学出版社,2006.

第一节　素质与绩效

素质一词最早见于生物学，指的是人的神经系统和感觉器官上的先天特点，其后又被人们用来泛指事物本来具有的内在特征。但在这个时候，素质也没有在企业中得到应用，并没有与工作业绩联系起来考虑。

将素质应用于工作领域，起始于 20 世纪 70 年代。1973 年，美国管理学家戴维·麦克兰德在美国《心理学杂志》上发表论文，论证了行为品质和特征较之潜能测试能够更有效地决定人们工作绩效的高低。在戴维·麦克兰德的研究中，绩效出众者具有较强的判断能力，能够更有效地发现问题，采取适当的行动加以解决，并设定富有挑战性的目标——这样的行为相对独立于知识、个人技能水平和工作经验等。

自此以后，各项类似研究通过对数以百计的各类工作的研究，都在试图回答一个基本问题：到底是什么导致了绩效出众者和绩效平平者之间的差别？这些研究都基于同样的目的：如果能够找到这些区分因素，并将它们具体量化，就可以利用它们聘用更好的员工，就可以更好地对员工进行考核，以帮助他们获得更好的绩效。这里所提到的区分因素，就是我们随后要谈到的素质。

一、如何理解素质

素质是能区分在特定的工作岗位和组织环境中工作绩效的各种个人特征的集合，包括技能、知识、社会角色与自我形象等。从概念中能够看出，以素质为基础进行绩效考核，不再将目光仅仅关注于知识、经验和技能等可以直接观察到的信息，而是更加关注那些隐藏在冰山之下、不为人们直接观察，却对绩效形成起决定作用的部分，如图 14-1 所示。

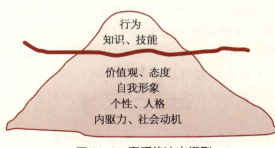

图 14-1　素质的冰山模型

在图 14-1 所示的冰山模型中，一个人的素质是分层、分级的。从最表层浮于冰山之上的技能和知识，到最底层难以用一般方法测得的品质及动机，越靠近冰山的底部，对其潜在业绩产出的影响就越大，也就越难以后天习得和提高。我们可以将素质按照层级高低划分如下。

高　　技　　能：指一个人将事情做好所掌握的东西。
　　　　知　　识：指一个人对一个特定领域的了解。
　　　　社会角色：指一个人留给大家的形象。
　　　　自我形象：是一个人对自己的看法，即内在自己认同的本我。
　　　　品　　质：指一个人持续而稳定的行为特征。
低　　动　　机：指在一个特定领域的自然而持续的想法和偏好（如成就导
　　　　　　　　向、亲和力、影响力），它们将驱动、引导和决定一个人的外在
　　　　　　　　行动。

总的来说，素质包括以下三种类型。

1. 核心素质

这些素质是作为一个整体被运用到组织中的，它们指的是一个组织要想成功，整个组织就应该具有什么样的优势。这些素质通常包括顾客承诺、创造力、革新能力以及质量导向等。

2. 通用素质

通用素质通常指多数人所共有的素质（特别是那些从事某种类型工作或任务的人）。例如，会计和财务人员可能都有分析能力或注意细节的能力。

3. 角色素质

这些素质只适用于个人要承担的一个特殊的角色或是一项特殊的任务。例如，客户联络能力或编程能力就是由角色决定的特殊素质。

二、素质是绩效考核的基础

当人们对有效的绩效对组织意味着什么有不同的理解时，绩效的考核是没有任何意义的。只有在对达成目标所需的素质有共同的理解之后，谈论绩效考核才是有用的。当素质对组织达成其目标起作用时，绩效考核的贡献才能变成完全直接化的、最新型的、战略性的。

在绩效合约和个人责任方面强调期望的结果是适当的，但是在把提高绩效作为考核结果时，只注重结果而不事先确定获得这些结果所需要的素质是武断的。

考核工作也要建立在高层次或"共同"的知识体系的基础上，这些知识是围绕企业的关键素质组织起来的。假如没有一个清晰定义的知识体系，就不可能有任何效度和信度。当缺乏效度和信度时，任何考核系统都将是非理智的或是

带有政治色彩的。这时,绩效考核不仅会变得毫无价值,而且还会具有潜在的破坏性。

为企业确定的关键素质必须是简单的、强有力的、现实的。这些素质的范围必须是足够广泛的,而且它们要能对进一步的发展作出响应,以便于能够囊括不断增加的技能——从一个新手为执行任务所需的技能到有目的、有能力完成任务时所需的灵活的、多方面的专门技能。我们的关键素质要能够使我们在开发专门技能时,可以比较轻松地处理复杂的情况。为了做到这一点,要仔细地用语言表达这些素质,以防止它们不会被武断或机械地学习或评价。从另一方面来看,假如你确定的关键素质与人们学习或工作时所发生的情况的复杂性相匹配,这些素质将有助于你得到较好的工作结果。

人们通过做那些要在某些情境中才能完成的事情进行学习,同样,他们还通过面对并战胜挑战进行学习。他们把那些早已知道的和早已做的事情作为目标——为此,他们开发了所需的技能和行为。当他们开发工作所需的素质时,他们要学习如何为顾客提供好的服务,以及如何增加他们所需的某方面的知识。他们带来了他们的思想、价值观、行动,并且把这些运用到他们所了解、重视的方面,以及运用到为完成任务、提供好的服务作出积极贡献的方面。当然,当他们学会在新的和不同的情境中达成目标时,他们拥有的就不仅仅是能力了。

第二节 实施基于素质的绩效考核

从开篇的场景中,我们可以得出两个关键的结论:第一,人力资源部主任没能理解影响高科技产业发展的一些关键趋势的重要性;第二,该组织的迅猛发展使得人力资源部主任不得不急于寻找一些人填补迅速产生的职位空缺。该场景给我们的印象是公司的经理们需要基于素质的人力资源管理,而这恰恰是人力资源部主任忽视的或者无法达成的一点。

一、实施基于素质的绩效考核的必要性

1. 仅关注职务指标是不够的

从传统意义上讲,职务分析一直都是人力资源部各种活动的基础。职务说明书中说明了任职者须履行什么职务,以及每一职务必需的最低任职资格条件。这就构成了传统的绩效管理职能的关键。传统的职务说明书存在的问题是,它只明确了那

些任职者需要完成的活动,而没有明确描述符合组织成功要求的可量化的员工产出或结果,以及实现这些产出或结果须具备的素质。

早在1998年,罗思韦尔(Rothwell)、普雷斯科特(Prescott)与泰勒(Taylor)就对影响未来商业和组织发展的趋势进行了预测。他们认为,技术变革、增长的全球化、持续的成本抑制、市场变化加速、知识资本的重要性不断增加以及变革速度与幅度不断加剧这六大趋势,将成为影响商业和组织发展的主要因素。十几年过去了,社会发展的事实验证了他们预测的准确性,这些趋势已成现实,每一个都强有力地证明了在人力资源管理的过程中,仅仅关注职务目标是远远不够的,实施基于素质的人力资源管理对组织发展才是大有裨益的。人力资源从业人员要想帮助企业应对变化,甚至预测变化,他们必须集合一批有能力应对外部环境挑战的人。因此,他们必须更善于建立并保持素质清单,从而将个体能力与有效解决组织问题和战略问题联系起来。基于素质的人力资源管理关注的是从事工作的人,传统的人力资源管理则关注人完成的工作,而绩效管理是人力资源管理的核心价值体现。所以,实施基于素质的绩效考核已成为人力资源工作的重点和必然趋势。

2. 素质指标与企业战略、经营计划和需求是一致的

企业的高层管理者制定企业战略,又根据企业战略制定相应的经营计划,为满足经营需求,组织采取培育竞争力的战略和实践。当战略用于组织目标并与组织目标保持一致时,素质特征才具有价值[①]。人力资源在制定经营计划方面起重要作用,人力资源部应该熟悉公司所有的技术支持体系,列出一份组织内部的技能清单,并应该提供关于组织文化方面优势和劣势的信息。公司高层管理者可以根据这些信息制定组织的企业战略,并在此基础上制定详细的经营计划和目标。经营目标应该是可以实现的并可量化的目标,一旦经营目标用一个可以测量的术语表述出来,就能与员工的产出联系起来,进而与员工为实现这些产出必须拥有和使用的素质特征联系起来。

组织的核心竞争力是建立在核心素质特征的基础上的。组织的核心竞争力是一个组织特有的战略优势,是组织做得最好、永远不会枯竭和过时的东西。员工的核心竞争力可以理解为员工的核心素质,它是员工具有的、有助于提升组织核心竞争力的个体特征。

阐明了上述必要性,再回到开篇讲述的场景,为满足公司经理们的需求,人力资

---

① Kevin Cook & Paul Bernthal. *Job/Role Competency Pratices Survey Report*. HR Benchmark Group, Vol.1, Iss.4, July 1998.

源部主任应该开始以下工作：
- 决定员工素质的短期和长期需求；
- 至少在那些对公司长远发展至关重要的领域，评估现有员工的素质需求；
- 确立素质模型的基本框架；
- 为关键工作领域提出基于素质的职位、角色和工作计划描述；
- 为关键工作领域实施基于素质的招募与选拔；
- 设计一个基于素质的绩效管理系统，将员工产出和管理投入结合起来；
- 根据各种素质特征之间的关系，制定基于素质的绩效考核制度，为员工提供基于素质的绩效提升的机会，并在此基础上为员工提供职业生涯规划；
- 保持薪酬、奖励、组织认可与绩效管理系统，以及组织的经营或其他目标的达成情况之间的一致。

如果人力资源主任能够很好地完成上述工作，CEO关心的问题也就随之解决了。这进一步说明了即使在当今大数据时代背景下的社会竞争，最终也是人才的竞争。

二、如何实施基于素质的绩效考核

以素质为基础进行绩效考核，首先，需要根据企业实际情况进行素质定义，也就是所谓的编制素质库；然后，根据具体需要，选择相应岗位建立能够保证产生高绩效的素质模型；最后，以此为基础对员工进行素质考核，并将考核结果运用到招聘筛选、人员配置、培训开发、绩效改进、继任计划、职业生涯开发等人力资源管理的各个功能中去，如图14-2所示。

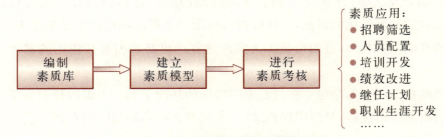

图14-2　素质模型的编制与应用

图14-2告诉我们，实施以素质为基准的绩效考核，应该按如下的基本程序进行：① 编制素质库；② 建立本组织各岗位的素质模型；③ 实施绩效考核，并把考核结果应用到人力资源管理的其他领域。

第三节　素质库的编制

企业以素质为基础进行绩效考核,首先必须清楚地知道什么是素质、对企业而言哪些素质是最重要的、这些素质的明确定义、为这些素质划分等级的标准是什么等。素质库的编制回答了这些问题。

每一个企业的实际情况都各不相同,即使是同一家咨询机构的客户,不同企业在对素质的命名和分类方面也会有所差别。但是重要的问题并不在于谁对某些素质要素的定义更准确、对哪些要素重要程度的划分更为合理,而是在于如何利用以素质为基础进行绩效考核来帮助组织实现既定的绩效目标。企业根据自身情况,独立地进行研究,编制一套度身定制的素质库,听起来是一个很大的诱惑,但在大多数情况下并不是一个明智的选择。

编制素质库不仅是一个费时费力的艰苦过程,它更是一个专业化程度非常高的过程。即使是在看到它巨大回报的条件下,由于缺乏相应的技术手段和人员支持,多数企业仍然是心有余而力不足。通常的做法是:企业与研究机构或咨询公司进行合作,借助他们既有的研究成果,结合企业的实际,构建素质的基本框架,细化具体的素质要素,最终编制适合本企业的素质库。

本节着重介绍由著名管理学家琼·华纳(Jone Warner)博士编制的 Janus 素质库。Janus 是古罗马的双面神,起初被认为是仁慈的创造者和上帝的上帝,后来他逐渐成为变化与变迁的象征,这里暗示绩效考核和绩效管理系统要关注变化和变迁,基于素质的绩效考核同样要做到持续回顾、预测以及不断地调整。为帮助管理者开发他们的员工,以便于能更好地实现长期的战略和达到较高的绩效,提供一些实用的参考性建议,华纳博士确定了 36 种素质,并且把它们作为一个参考库纳入 Janus 绩效管理系统之中。

Janus 素质库中的素质可划分为三类,即前面所提到的核心素质、通用素质和角色素质。其中,核心素质是该库的重要组成部分,Janus 素质库中的 36 种核心素质分别是:分析能力;预期/前瞻性能力;注重细节;应变能力;指导能力;商业意识;沟通;成本意识;创造力/革新;顾客导向;决策能力;授权;可依赖性;多样化导向;激励/动机;情感智力;情感互动;授权能力;领导能力;倾听;反馈;知觉/判断;持续性/坚韧;计划和组织;问题解决能力;质量导向;结果导向;安全导向;自我发展;制定战略的能力;压力管理;采取主动权/责任感;团队工作能力;技术应用;时间管理;书面沟通。

该库为每种核心素质提供了全面的解释,包括以下六个方面。

- 定义；
- 素质的关键行为；
- "高分者"表现的行为；
- "低分者"表现的行为；
- 改进"低分者"的行动步骤；
- 每种关键行为的详细解释,包括在素质内部改进绩效的一般信息。

下面以一例来进行说明,见表14-1。

表 14-1 Janus 素质库(部分)

素质名称	分 析 能 力
素质定义	以一种合乎逻辑的、系统的方式对大范围的或复杂的形势进行评价,并确定最关键的、需要被处理的问题和要素的能力
高分者特征	得分主要在 4—5 分("频繁"和"几乎总是"):设法对他们认为需要进行更详细的检查的情况或问题运用系统分析的方法,以便于找到更深入或更好的答案。这包括在作出任何最终决定之前,仔细地分析所有的资料或假定的基本效度。关注呈现在他们面前的信息,并且保证充分理解了各个关键部分(包括在事实或意见之间存在的所有形式或关系)的相关性和重要性
低分者特征	得分主要在 1—2 分("几乎不"和"偶尔"):不会花太多的时间细察那些呈现在他们面前的事实、数字或意见。他们往往会遗漏那些可获得的资料中的缺陷,所以,他们会把太多的决策都建立在猜测工作的基础上。往往采用许多仅仅具有表面价值的信息,并且他们不会在问问题或仔细评价他们所听到和看到的问题方面花时间进行深入的思考
行动建议	<ul><li>在遇到重要或复杂的信息时做笔记的习惯,这样有助于准确地作出反应</li><li>遇到的每条信息。通过考虑这些信息的来源、已有的假定以及需要作出的所有的调整,对这些信息的有效性和重要性进行估价</li><li>用更多的时间来研究呈现在你面前的资料。询问更多探索性的问题,并且考虑最根本的问题和可能的结果</li><li>在心里对别人提出的意见或要点寻找误差和错误。不要从仅仅具有"表面价值"的资料中提取重要信息</li><li>在所有看起来有助于增强对主题的理解的方面,花更多的时间来搜集背景资料和附加信息。为了分析时省力,设法把你收集到的信息进行整理或分类</li></ul>
考核项目	<ul><li>能不费事地综合复杂或多样的信息</li><li>能很容易地发现他人意见中的误差或错误</li><li>在收集资料时,把"假定"与"客观事实"区分开</li><li>找出全部相关的信息——不仅仅是出现在他们面前的那些</li><li>寻找他们搜集的信息中的缺陷</li><li>把信息分成具有相似质量或属性的组</li></ul>

素质库涵盖了在一个组织中所能出现的全部素质构成要素,它的编制使我们能够对素质的构成要素有一个全面而系统的认识,它使我们不仅知道素质是由哪些方面构成的,还使我们有了具体的考核这些要素的行为参考体系,这对我们以素质为基础进行绩效考核奠定了可操作化的基础。素质库的编制是建立素质模型的基础,只有当企业有了自己的素质库之后,才有可能在素质库中提取某一部门、某类人才或某一岗位所具备的各项素质,才有可能建立它们各自的素质模型。

第四节　素质模型的建立

以素质为基础进行绩效考核的理论依据在于，素质是区分绩效出众与绩效平平者的最好依据。要想根据素质来衡量员工的绩效水平，必须有一个统一的衡量标准，这个标准由一整套保证从事某类工作的员工能够取得高绩效的素质及其素质等级构成。这个保证员工能够取得高绩效的标准体系称为素质模型，它至少包括两个部分：一是保证获取高绩效的关键素质是什么，即员工胜任某一工作所必须具备的关键素质是什么；二是各项关键素质的素质等级是什么，即员工胜任某一工作在各项必备素质上必须达到的级别要求。

一般来说，建立素质模型是希望能够找到保证从事某类工作的员工出色地胜任工作和取得高绩效的素质，当然也可以就某一具体岗位甚至是某一企业的通用素质来建立素质模型。

素质模型可以包括两组素质：一是成功地生产了组织所期望的工作产出或结果的全部员工（这些员工整体也很突出）所运用的素质；二是一部分获得成功的员工运用的那些素质，这些员工的绩效被评价为"最好的"或"可作为模范的"。

一、素质模型的功能

1. 从企业层面来看

- 强化了共同的战略、文化、愿景；
- 建立对优秀绩效的期望，同时得到了进行职业开发、改进工作满意度；
- 拥有更好的员工保留力的系统方法；
- 通过把培训、职业开发计划与成功的标准（优秀绩效的标准）联系起来，来增加它们的有效性；
- 为开发提供资料，这些开发需要是从团体和组织的多个评估者的评价中组合得到的；
- 为讨论如何传达和贯彻关键性的战略提供共同的框架和语言；
- 为具体的任务所包括的范围和要求提供共同的理解；
- 为能使员工在业务部门轮换提供共同的、全组织范围的标准。

2. 从管理者层面来看

- 为目标进行沟通提供一种共同的语言；

- 确定绩效标准，以此来提高雇佣和甄选过程的准确性，并减轻这些过程的工作量；
- 提供更多客观的绩效标准；
- 阐明优秀的标准来指导对雇员工作进行的鉴定，以便于更容易对绩效期望进行沟通；
- 为在管理者和员工之间就对待绩效和职业生涯开发的问题进行的双向反馈提供清晰的基础。

3. 从员工层面来看

- 确定成功标准（优秀绩效的行为标准），这些标准是使他们在工作中获得成功所必需的；
- 支持更具体和客观的对他们的优点进行的评价，并且为职业开发明确规定目标；
- 为提高他们的技能提供开发工具和方法；
- 为与他们的管理者或团队就对待绩效和职业生涯开发问题进行更客观的对话提供基础。

二、素质模型的建立流程

建立素质模型是一个专业性很强的过程，它的一般流程如图 14-3 所示。

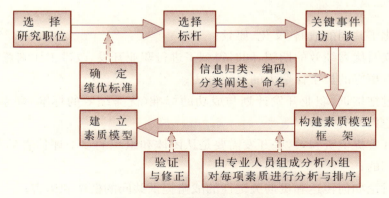

图 14-3　素质模型建立的流程

1. 选择研究职位

正如在前面所提到的，尽管建立素质模型对于保证高绩效的产生具有重要的意义，但它的建立着实是一个费时、费力的过程。由于受预算、技术及人员等条件的限制,为每一个职位建立素质模型是不可行的,也是没有必要的。以素质为基础开展人力资源管理活动的一个主要前提假设是认为选对人比培养人更为重要,而这又集中体现在核心岗位上人与工作的相互匹配。素质模型的建立,应该根据组织战略的要求,关注于关键岗位与核心人才,挑选那些战略价值最高的职位建立素质模型。这个步骤一般可以通过收集、分析组织结构图、战略计划执行记录或对企业高层进行访谈的方式进行。

2. 选择标杆

素质模型的建立是为了找到那些保证产生高绩效的素质要素,因此,首先要明确到底什么是所谓的高绩效,要清楚界定高绩效的各类目标要求和行为表现。对于选定的研究职位而言,就是明确相应的绩优标准,通过制定一些明确的标准与准则,以此来确定各职位的绩效目标,以及达到这些目标所需具备的素质要素。确定绩优标准可以通过分析职位说明书或者其他书面资料来获得,但更为常用和有效的方法是通过寻找那些出色胜任工作的员工,以他们为标杆,利用行为访谈技术来获取建立绩优素质模型的各项数据。除此之外,还要由该职位的上级、同级及其他相关人员对任职者的绩效进行评价,从而更全面地界定该职位的绩优标准。标杆的选择可以是内部标杆,也可以是外部标杆,这取决于企业在建立素质模型时所选择的参照系。即是以组织内的高绩效为目标,还是以区域、行业中的高绩效为目标。

3. 关键事件访谈

关键事件访谈是通过对绩优员工以及一般员工的深度访谈,获取与绩效相关的素质信息的一种方法。之所以利用关键事件访谈技术来提取各类素质信息,主要原因有三点:第一,传统的有关素质的测量方式无法提取保证工作绩效的有效信息,如智力测验不能预测除学习成绩之外的工作绩效,标准化的人格特征测验也被证明在工业情境下缺乏效度;第二,大多数人并不清楚自己的素质,包括自己的优势和劣势,甚至并不清楚自己对工作的真正好恶;第三,大多数人都不倾向于显露自己真正的动机与能力,而目前企业管理实践中的多数面谈都带有一定的"引导性",因此,多数人都会按照社会普遍认同的答案或他们认为访谈者期望的答案来回答,导致很多重要的关于素质的信息都无法真正得到。关键事件访谈法不仅能够提取知识、经验和技能等信息,更为重要的是,它能有效地提取冰山之下的素质内容。由于这些素质内容是从各类工作行为中获得的,因此,它们在其他工作情境下也具有良好的适用性。

4. 构建素质模型框架

除了利用关键事件访谈,还可以通过调查问卷、专家支持系统、数据库等得到大量信息,在获取所需信息后,需要对这些信息进行归类、分析,对提取的素质进行编码、阐述和命名,构建起素质模型的基本框架。

5. 建立素质模型

素质模型的基本框架建立起来后,需要由专业人员组织分析小组对框架内各项素质的重要程度、各项素质间的相互关系进行分析,还要再次经过关键事件访谈及在素质考核中的实践应用来验证素质模型的有效性,不断进行修正,最终建立某一职位的素质模型。

在这几个步骤中,关键事件访谈是建立素质模型的关键。通过关键事件访谈,利用素质库,能够获取从事某一工作保证产生高绩效的各项素质要求,进而构建素质模型的框架,并最终建立素质模型。下面重点介绍关键事件访谈,并以某连锁零售企业销售人员素质模型的建立为例,加深对建立素质模型各个步骤的认识。

三、关键事件访谈法

1. 什么是关键事件访谈

关键事件访谈是通过对绩优员工以及一般员工的深度访谈,获取与绩效相关的各类素质信息的一种方法。通过关键事件访谈所获得的各类素质信息是进行素质考核的基础,也是建立素质模型的基础。关键事件的意义在于,通过访谈者对其职业生涯中所经历的关键事件的详尽描述,显露与挖掘隐藏在冰山下的行为人的各项素质,并以此为基础对行为人所具备的各项素质及其等级进行考核。

关键事件访谈的本质是透过行为人所讲述的有效和无效工作事件,看出行为人是否具有从事特定工作取得高绩效的素质。在访谈过程中,考核者让行为人在指定的范围内报告出非常具体的工作事件,并以具体的问题逐步进行追问,从而了解行为人的真实情况,反映行为人的素质构成。一般来说,访谈者对于关键事件的描述必须包括以下内容:

- 这项工作是什么?
- 谁参与了这项工作?
- 本人在这项工作中承担什么角色?具体是如何做的?
- 为什么这样做?
- 这样做的结果是怎样的?

素质是预测绩效水平高低最为有效的标准,一旦建立起某个岗位或某类员工的素质模型,以素质为基础来判断工作绩效水平的高低就变得简单起来。利用关键事件访谈,结合个人需求量表、个人行为量表、人格测试等工具,评定员工具备的各项素质,将评定结果与先前建立的素质模型相对照,作为判断员工是否胜任某项工作以及员工绩效水平高低的依据。

2. 关键事件访谈法的实施步骤

(1) 访谈准备。

借助工作分析与职位说明书等手段与工具,了解被访者的背景情况,包括姓名、职务以及机构状况。访谈者不必了解被访者绩效水平的高低,以避免在访谈过程以及最初、最终评价时受到影响。另外,应提前准备访谈提纲,安排地点并配置相关的录音设备等。

(2) 访谈内容介绍说明。

目的旨在使访谈者与被访者之间建立相互信任及友好的感觉,从而使整个访谈过程轻松愉快,保证信息的全面真实。特别要与被访对象强调访谈的目的和形式、访谈信息的用途、使用者以及保密承诺等。该步骤的访谈内容主要集中于被访谈者的工作经历方面,重点通常放在目前的工作上,以求被访谈者个人职业生涯目标以及在进行职业选择时的具体行为方面的信息等。

(3) 梳理工作职责。

了解被访职位的实际工作内容,包括关键的工作行为及与其他职位的工作关系等,可以查阅职位说明书获取相关信息。该步骤可以引导被访谈者结合具体事例进行描述,但是在涉及某些专业术语时,要避免出现单纯罗列职责的现象。

(4) 进行关键事件访谈。

关键事件访谈的核心目的是了解被访者对关键事件的全面详尽的描述,事件的数量以 4—6 个为宜。该步骤是整个访谈最主要的一步,占据时间多,需要整合分析的内容也多。在进行该步骤时,可参考本书前文提到的绩效面谈相关技巧与原则。

(5) 提炼与描述工作所需的绩优素质特征。

实施该步骤主要有两个目的,其一是对前面提到的关键事件进行补充,获得一些与绩优素质相关的其他关键事件的信息,避免疏漏;其二是直接询问被访者本人对从事本职位所需绩优素质的理解与认识,会使其因为受到尊重而感到倍加自信。

(6) 访谈资料的整理。

访谈结束后,要尽快总结整个访谈内容,及时对模糊的问题进行求证,以最大限度地保留访谈过程中所有有价值的东西。通常,需要整理的资料包括:职位及工作职责描述、关键事件描述、任职者的绩优素质,以及综合的评价和分析。

四、建立某连锁企业销售人员的素质模型

1. 确定研究对象

根据素质模型构建的基本要求,研究小组首先界定了此次模型构建的研究对象,即确定销售业绩优秀组和销售业绩一般组的人选。选择绩优销售人员的标准为:① 业绩优秀,在全体销售人员业绩评价中排名前20%;② 在本企业从事销售工作一年以上。销售业绩一般组的人选由公司人力资源部在业绩排名后40%的人员中随机确定。根据以上选择研究小组确定了24名销售人员作为研究对象,其中,优秀组与一般组各12名。

2. 构建素质模型的过程

(1) 选择建立素质模型的方法。

研究小组首先选择4名销售人员采用行为事件访谈法进行试访谈,但结果并不理想。受限于销售人员语言组织和归纳概括能力的限制,加之人力资源部门和销售人员的直接上级对他们在访谈过程中所提供信息的准确性和真实性存有疑虑,研究小组最终选择基于销售人员对客服务时的交易实景开展研究。所有的研究对象均被要求佩带录音设备,对每个发生试机行为的交易过程全程录音。在录音资料的基础上,通过词频分析和差异显著性检验,确定素质模型的构成要素。

(2) 整理录音资料。

研究小组将回收的300多份录音资料分类进行整理,从中筛选39个能够反映销售人员对客服务过程的完整交易片段,同时保证这些交易片段的时长大致相当。其中,优秀组的录音资料为20个,包括9个交易成功的录音资料和11个交易失败的录音资料;一般组的录音资料为19个,包括10个交易成功的录音资料和9个交易失败的录音资料。整理后的录音资料被逐字逐句地翻录成文字材料,不作任何删除和归纳,以此作为素质编码和词频分析的基础资料。

(3) 编码。

研究小组根据对客服务录音整理出来的文字资料,采用先期研究整理的素质清单,由3位人力资源管理专业的研究生分别对同一份录音文稿进行分析,并对独立分析后的结果以及在分析过程中出现的问题进行充分的讨论,最终达成一致的意见。选择在以上编码过程中具有较高一致性的两人,根据素质清单独立完成对39份文字资料的编码工作。

(4) 数据分析。

使用SPSS对分析人员独立编码得到的数据进行汇总和统计分析，通过对业绩优秀组和普通组在每一个素质上的平均得分进行差异显著性检验，找出差异显著的各项素质，以此为基础构建门店销售人员的素质模型。

(5) 分析与结论。

通过对录音资料中各项素质要素出现的频次进行分析，发现业绩优秀与业绩一般的销售员在影响力、主动性、服务意识、信息搜集能力、人际理解力、责任心、口头表达能力和沟通能力上存在差异。业绩优秀的销售人员在这些素质上的表现明显要好于那些业绩平平的销售人员（见表14-2）。进一步分析表明，优秀的销售人员即便在未能成功的交易片段中，仍能在对客服务过程中保持高水准的职业操守。在积极发挥自己的影响力以影响顾客的选择、主动为顾客提供服务、向顾客传递相关的产品信息等方面，绩优销售人员在行为表现的一贯性上明显优于业绩不佳的销售人员。

表14-2 各素质要素在录音资料中出现的频次统计

素质要素	优秀组出现的频次			一般组出现的频次		
	交易成功	交易失败	总计	交易成功	交易失败	总计
影响力	67	80	147	61	31	92
主动性	37	52	89	33	14	47
顾客服务意识	40	26	66	27	10	37
信息搜集	13	14	27	8	9	17
人际理解力	6	3	9	2	1	3
坚韧性	1	0	1	0	0	0
应变能力	1	0	1	2	2	4
责任心	6	6	12	3	1	4
沟通能力	4	1	8	8	5	16

为了进一步构建销售人员的素质模型，研究小组对优秀组和普通组在各要素上的出现频次进行差异显著性检验。通过t检验进一步表明，优秀组和普通组在影响力、主动性、服务意识、信息搜集能力、人际理解力、责任心、沟通能力7个素质要素上的表现存在显著差异（见表14-3），它们是构建门店销售人员素质模型的关键要素。

表 14-3 优秀组与普通组各要素频次的差异显著性检验结果

素质要素	优秀组 M	优秀组 SD	一般组 M	一般组 SD	df	t
影响力	4.84	1.01	7.35	0.99	37.00	−7.82**
主动性	2.47	0.70	4.45	0.89	37.00	−7.71**
服务意识	1.95	0.71	3.30	0.73	37.00	−5.87**
信息搜集	0.89	0.46	1.35	0.59	37.00	−2.69**
人际理解力	0.16	0.37	0.45	0.51	34.84▼	−2.04*
坚韧性	0.00	0.00	0.05	0.22	37.00	−0.97
应变能力	0.21	0.42	0.05	0.22	27.18▼	1.48
责任心	0.21	0.42	0.60	0.50	36.40▼	−2.63*
沟通能力	0.26	0.45	0.80	0.52	37.00	−3.42**

注：* 表示 $P<0.05$，** 表示 $P<0.01$，▼表示是方差不齐性修正后的 df 值。

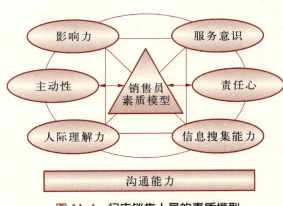

图 14-4 门店销售人员的素质模型

研究人员在进一步与资深销售人员、门店管理人员以及公司高层管理团队进行多次沟通后，结合公司实际，构建了公司门店销售人员的素质模型（见图 14-4）。同时，为了增强在导入和应用时的可操作性，尽可能避免对各项素质及其评价标准的误解，还进一步给出了各素质要素的定义、评价关键点、等级标准和期望表现的示例。

以下是该素质模型中部分要素的定义、评价关键点、等级标准和示例：

① 素质一：服务意识。

A. 定义：一切为顾客着想；愿意花时间发掘顾客的真实需要，了解他们所需的产品或服务是什么，同时尽更多的努力来满足顾客所需。

B. 评价关键点：销售员是否能设身处地为顾客着想、行事。

C. 评价等级：

等级①：了解顾客的潜在需求并为顾客的利益着想，对顾客的问题作出快速的反应。

等级②：与顾客保持沟通，了解顾客的问题、要求和不满并采取行动。

等级③：缺乏满足顾客需求的愿望和态度。

D. 示例：

顾客：这两款手机差不多啊（顾客认为两款机差不多，不知如何抉择）……

销售员：小米和华为卖得都挺好。小米的是全面屏的，华为的优点是拍照效果佳，质量过硬，充电迅速，性价比高，也就 3 000 元多一点；我给您演示一下……

② 素质二：人际理解力。

A. 定义：个人愿意了解他人，并能够准确地掌握他人的特点，正确理解他人没有明确表达出来的想法、情感或顾虑。

B. 评价关键点：在顾客没有明确语言表示的情况下，销售员是否能预知顾客在想什么和感觉如何；或者在顾客未表达完自己的意思时，销售员是否能很快地领悟顾客想说什么。

C. 评价等级：

等级①：能够准确地把握他人的态度、兴趣、需要、观点和行为方式，甚至能够理解他人思想和行为背后的原因。

等级②：准确地理解他人的感受和想法，包括他人模糊表达甚至没有表达出来的情感、感受和想法。

等级③：不能正确地理解别人的思想、情感或行为。

D. 示例：

顾客：2 000 元……

销售员：信号非常好的，这款防尘、防水、防震。先生，不是说 2 000 元的手机就质量不好，这款功能简单嘛，返修率很低，加上厂家正在做促销，超值的！

第五节　对素质进行评价

一、对素质的评价

以素质为基础进行绩效考核，关注于特定的素质要素和相应的素质等级，以对素质的具体要求作为产生高绩效的保证。这样一来我们就可以说，只要员工具备了出色地胜任某一工作的各项素质，他就可以在这个工作岗位上取得高绩效，对绩效水平高低的考核也就转而成为对员工素质水平高低的衡量。由此也可以反映出，对员工素质进行正确考核的重要性。

素质比工作业绩更为抽象，藏于冰山之下的那部分素质就更不容易把握。提及素质，总是人所共知却又难以言明，因此，对素质的判断主观性就会很大，这要求素质考核者自身要有较强的专业性，否则，就很难驾驭素质考核中所使用的各种技术和工具。而且，个人在自我总结报告或关键事件访谈中都有可能夸大自己的优点，有选择地报告或将自己的理想和希望与实际工作相混淆。除此之外，人际交往状况和利益的冲突等都有可能增加对素质进行考核的难度。

对素质进行考核，经常使用的一些技术和工具包括：个人需求量表，即根据在满足个人需求的机会或行为受到阻碍或干扰时的个人情绪反应强度，判断一个人对某种目标状态的需求或欲望的强度，来测量个人成就、影响力等几项素质；个人行为量表，即通过对一系列具体行为表现的描述，来衡量一个人的工作行为的特点，并以此来评定一个人的素质构成。

另外，还包括一些普遍使用的心理测量工具和人格测量工具，以及诸如考核中心、工作样本测验、无领导小组、文件筐等一些常见的工具或技术。利用关键事件访谈技术提取素质，并根据已建立的素质模型对员工各项素质的等级进行评定，是进行素质考核时最为常见和有效的一种方法。

二、基于素质的绩效考核方法：优势和挑战

1. 优势

基于素质的绩效考核方法有其显著的优势。该方法鼓励员工和管理者进行坦诚的良性沟通，当员工碰到一些和他们的素质优势或兴趣不一致的工作时，通常可以表达出他们的担心，而且不仅是生产率较低的员工会表达这种担心，那些业绩出色者也经常这样。同样，当员工从事与自己的素质特征相一致的工作时，他们也有机会表达自己的兴趣和工作满意度。

基于素质的绩效考核方法为确认和培养必要的绩优素质提供了一个机会，同时素质评估的结果又可作为培训需求评估的依据，使得企业能够更加针对性地为员工制定培训计划。这种方法还可以为员工的生活和职业发展提供重要的信息，让他们有机会提出满足自身发展需求的计划。对一些成就动机较高的员工而言，赋予其基于自身胜任力的工作比直接的报酬更有价值，他们愿意知道组织对他们的期望，从而使他们能够以创造性的方式超越这种绩效期望。此外，基于素质的绩效考核方法在绩效周期开始之初，就要明确组织期望的员工产出结果及其评价标准。因此，这种方法能减少来自员工方面的法律诉讼和其他抱怨，如由绩效评估带来的争议、超出他们控制的绩效障碍造成的挫折等，因为这种方法鼓励沟通，促使人们公开地讨论这些担心。

总之，基于素质的绩效考核方法能够建立一种和谐的工作环境，在这种工作环境

里，管理者和员工各自的角色、关系和职责都得以清楚地界定和明确地陈述。并且，这种直接的、相互理解的系统保证了人们各自的责任、提高了绩效，从而建立了相互之间的信任。

2. 挑战

由于素质构成的复杂性和观察上的困难，对素质的考核是一个代价相对较高的过程。正如在前面所介绍的一样，并不是所有的岗位都需要建立素质模型，在此也并不需要对所有员工进行素质考核，并以此为绩效水平高低的判断标准。就以素质来预测绩效水平的应用而言，它更适用于某些关键岗位和那些支撑企业战略发展的核心人才。以素质为基础进行绩效考核是绩效考核方法的新发展，但它的运用前提是完备的制度设计和高超的管理水平，即使在西方国家，这一方法的应用也只是在摸索阶段。而且企业总是以结果导向的，单纯地强调素质对绩效的决定性作用，而不强调控制、不关注具体目标的完成、不注重绩效的持续改进，就我国企业的实际而言是行不通的。企业应该量力而行，根据战略目标的要求和自身的实际情况，平衡众多绩效考核方法和工具的优劣，设计和选择能支撑企业战略发展的绩效考核体系。

基于素质的绩效考核体系的长期实施，必须要有企业的高层管理者对这一项目给予强有力的长期支持，并在这一过程中扮演模范角色，在这一长期实施过程中，必要的资源必须随时可用，且各种类型的人力资源记录的创立、完成和维持也要长期进行，组织必须能将这些信息保存在既安全又方便的人力资源信息系统（HRIS）中，以保证其长期可用性。

此外，经理们必须就自身的角色、职责以及执行这一考核体系的方法接受培训，基于素质的培训应该和企业文化保持一致，这就意味着外部的培训在设计和开发组织基于素质的绩效考核时并不总是恰当的，组织应该为设计、开发并实施必要的基于素质的绩效考核方法的培训做好准备。

三、由传统的向基于素质的绩效管理系统的转变

对于大多数组织而言，选择任何一种绩效考核方法作为绩效管理体系的技术支撑都是一个很重要的工作，需要得到企业所有员工的共同认可和接受。传统的绩效管理系统过分关注工作的完成情况，这就导致绩效考核只注重单纯的业绩指标，而忽视了考虑工作分配最本源的问题，即这项工作本身是否与员工的素质特征相匹配。同时，传统的绩效考核方式在反馈环节也存在很大弊端，往往在最后环节才进行绩效反馈，而在绩效管理过程中的及时反馈和控制才是最有效的。基于素质的绩效管理方式能够很好地解决上述问题，它首先了解每一职位完成其职责所须具备的素质特

征,并在此基础上进行考核,同时在考核的过程中随时进行绩效反馈,保证绩效管理的效率得以最大限度地发挥。

不管组织决定采用哪种绩效管理系统,必须明确的一点是,如果组织希望吸引和留住绩效出色者,就必须为他们的才能提供绩效支持和管理,使用基于素质的绩效管理方法,既可以吸引组织外部的求职者,也可以提升组织内部员工的留任率。一旦组织选择了基于素质的绩效管理,就需要从企业高层管理者开始认可并接受这种方式,同时对实施这一绩效管理方式提供所有需要的支持,否则,最好还是选择一个更传统的方式进行绩效管理。

案例分析:混合标准量表在某国有企业的应用

混合标准量表法又称混合标准尺度法,是由美国学者布兰兹(Blanzi)在1965年创立的。在混合标准量表中,有很多组描述句,这些描述句在概念上通常是相容的。通常把三条描述句合为一组,分别用来描述被考评者某一绩效指标所表现出来的好、中、差三种状况。在量表中,把这些描述句全部打乱,随机排列,由考评者根据被考评者的实际表现,对照这些绩效标准描述句逐条作出评判,评判出被考评者的实际行为表现状况,即被考评者的实际行为表现是优于、等于还是差于描述句中所描述的标准。如果是优于,则在此描述句后的评定符号处画一个"＋";如果是等于,就画一个"○";如果差于,则画一个"－";每一绩效指标的高、中、低三条描述句后所获得的评定符号共有7种可能的组合。其评分规则如表14-4所示。

表14-4 可能的7种组合

高	－	－	－	－	－	○	＋
中	－	－	－	○	＋	＋	＋
低	－	○	＋	＋	＋	＋	＋
得分	1	2	3	4	5	6	7

从表14-4中可以看出,当被考评者的某一绩效指标的高、中、低三条描述句都是"－"号时,表示被考评者的实际表现低于考核指标的标准,所以,评以最低分(1分);以此类推,直到高、中、低三条描述句后所获的都是"＋"号时,说明被考评者的实际表现优于"高"的标准,最终评以最高分(7分)。

混合标准量表的基本设计步骤如下:

第一步,确定考评维度。考评维度的设计一般是由组织的需要和被考评者所从事的工作性质等因素决定的。如果考评中的维度较大,难以表现出考评效果,可以考虑在每一个维度下再设计几个子维度。

第二步,表达维度。维度的表达,主要针对每一个考评维度的好、中、差三种情况拟出范例性的陈述句。对于维度中的子维度,同样需要拟出好、中、差三种情况的陈述句。

第三步,打乱维度次序。在混合标准量表的运用过程中,最大的一个亮点就是打乱每个评估指标的好、中、差行为的陈述句表述的次序,使得每一个考评维度不易被人看出。这样,既能掩盖评分等级,又能确保考评者不会因为某一点的认同而肯定或否定被考评者的全部内容。

第四步,统计求和。对于统计求和,一般选取的是有逻辑的有效组合,表14-4已经给出了从最差到最好的分数(1分到7分),把最终的分数相加得出总分数,就是被考评者的绩效分数。

一、企业的基本情况及绩效考核程序

该国有企业的机关共有11个科室,分别是党群工作办公室、高速技术科、安全调度科、技术科、计划财务科、经营开发科、劳动人事科、职工教育科、材料科、计量室、办公室。科室下设车间,共31个,分管188个班组。企业在对员工特别是对干部进行绩效考核时,首先,成立干部安全绩效考核领导小组,负责对全企业各级干部安全绩效和干部安全生产责任制落实情况进行考核;然后,领导小组下设考核办公室,由劳动人事科科长任主任、安全调度科科长任副主任;最后,日常考评工作全由劳动人事科负责,其他相关部门、人员积极配合。该企业的绩效考核周期一般为每月1日至月底,考核程序有五步:① 自我考评;② 逐级考评;③ 组织认定;④ 考核评论;⑤ 绩效奖励。

二、中层管理人员的考核内容

该企业对各个科室干部的月度评分标准如下:工作推诿扯皮、不相互协作、影响企业整体工作、履责不到位的科室,扣5—20分;本科室在考核评比中,给企业造成影响的、履责不到位的,扣5—20分;对车间班组发生的问题,负有指导、监督不到位、履责不到位的科室,扣5—10分;工作质量、服务意识差、受到批评的科室,扣1—5分;因工作失误,履责不到位,影响企业安全生产的责任科室,扣5—20分;本部门受红、黄、白牌的科室,扣3—5分;违反政策法规,受领导小组通报批评的科室,扣10—20分;有迟到、早退、旷工现象的科室,扣5—10分;文件档案管理混乱的科室,扣1—5分;政治、业务学习未按要求内容、次数完成或未做记录的科室,扣1—5分;卫生及责任区卫生不良的科室,扣1—5分;发生党风廉政问题的责任科室,扣10—20分。

三、考核问题分析

在整个考评过程中,企业主要以月度考核为主要标准,周期为每月1日到月底。这对于一些有期限的工程项目来说,太过于死板,会导致考评者在考核过程中忽略考核重点,降低考核的激励作用。在考核的数据来源上,都是由劳动人事科进行甄别汇总,然后上报绩效考核领导小组,由考核领导小组作出最终评价。从整个数据收集来源来看,采用这种方式不利于防止数据作假,影响绩效考评的客观公正性。在考核方式上,都是用相似的一张考核表格统一考核。也就是说,无论你是在哪个科室,从事的是什么工作,考核结果都是用相似的一张考核表格表现出来。这也说明,企业在考核时没有专门针对专业技术人员或中层干部的绩效考核表,考核标准普遍单一。这对于一些拥有专业技术能力和特别管理才能的工作人员来说极为不公平。在考核内容上,凸显的是整个部门或科室的表面情况,并没有把中层管理人员各个方面的素质表现出来。从激励方式上看,完全以负激励为主,不利于调动中层管理人员在工作中的主观能动性。在计算方式上,以倒扣型为主,虽然这种倒扣分的方法操作简便,但是其在操作过程中的偶然性较大,且对被考核人来说,增分的可能性极小,会严重挫伤员工的积极性。针对以上情况,使用混合标准量表,用三条简单的描述句就可以将每个绩效指标分成7个绩效等级,设计和操作简单方便。由于各个描述句在混合标准量表中的排列是随机的,在短时间内考评者很难区分描述句代表的是哪个指标或等级,因而使得考评者的主观意愿难以渗入,这样有助于提高考评的客观公正性。另外,使用混合标准量表还可以鉴别出考评者的态度,在量表中的某一绩效指标的高、中、低三条描述句中,如果考评者给出了两个"○",就说明这位考评者给出的考评结果相互矛盾,毫无逻辑性,也证明了这位考评者的态度极不端正。

四、编制混合标准量表

通过咨询相关专家,根据该企业中层管理人员的岗位职责的相关资料,并结合中层管理人员应该具备的基本素质设计了7个维度,分别为管理控制能力、决策能力、沟通能力、创新能力、文化素养、计划与组织能力、责任感。对每个维度进行了好、中、差的描述,其中的21条描述句都是随机排列的,进而得出该企业中层管理人员的混合标准量表(见表14-5)。在绩效考核中,单单用混合标准量表来进行考核是不全面的,它一般反映的是定性方式下的量化结果,对于中层管理人员定量方面的绩效,还需要根据其实际完成的工作量来决定。通过将该企业绩效考核中的直接指标法与混合标准法结合起来,达到一个定量与定性相结合的效果。其中,定量部分占60%,定性部分占40%,也就是员工的直接绩效指标得分的60%与混合标准量表得分40%,两者之和就是该员工的最后绩效得分。

五、混合标准量表的应用

根据上文的内容,该企业选取了中层管理人员 X 作为绩效研究对象,已知该被考评者的直接绩效指标考核得分为 85 分,而考评者在表 14-5 中对 X 的评定符号依次为:－、＋、－、○、－、○、－、－、○、＋、－、＋、＋、＋、＋、＋、＋、○、＋、＋。则其在 7 个绩效指标上的得分整理出来,结果见表 14-6。

表 14-5　中层管理人员 X 的混合标准量表

序号	行为表现	评定符号
1	致力于个人终身的学习和发展,拥有丰富的专业知识和技术经验	
2	交流、沟通方式混淆,缺乏中心议题,不易于合作	
3	擅长在多种观点和概念间寻找联系,工作中能引入创新方法解决问题	
4	决策恰当,一般不会引起争议	
5	善于激励、控制、协调,能对下属及同事的行为产生影响	
6	拥有符合岗位的知识和管理经验	
7	对工作极度认真,乐于为他们的决定或行动负责	
8	具有系统、准确、迅速解决问题的工作行为特征,并进行有效的工作分解,以较佳的方式达成目标	
9	当面对新挑战时一般能够利用经验进行推断	
10	很强的沟通愿望和良好的沟通方式,使合作成为主要的工作方式和方法	
11	善于综合利用决策信息,经常作出超出一般的决策,并且大多数情况是正确的选择	
12	保持正常的指示、控制,获得他人的协作	
13	思考问题经常停留在表面上,不会主动地为提高工作效率而开创新方法	
14	有限的专业指示和管理经验,工作中安于现状,学习的主动性欠佳	
15	缺乏预先制定的工作计划,解决问题准备不足	
16	决策犹豫,忽略决策的影响信息	
17	工作中有些畏缩,偶尔甚至对事情回避表态	
18	沟通清楚,易于接受,表现出相互接受的合作倾向	
19	能合理地计划和组织下属工作	
20	面对困难易放弃原则,管理思想和工作风格不易为他人接受	
21	工作符合要求,一般能按时完成任务	

表 14-6　中层管理人员 X 的评定结果

	表现状况	序　号	评定符号	得　分
管理控制能力	好	5	－	5
	中	12	＋	
	差	20	＋	
决策能力	好	11	－	4
	中	4	○	
	差	16	＋	
沟通能力	好	10	＋	7
	中	18	＋	
	差	2	＋	
创新能力	好	3	－	4
	中	9	○	
	差	13	＋	
文化素养	好	1	－	4
	中	6	○	
	差	14	＋	
计划与组织能力	好	8	－	4
	中	19	○	
	差	15	＋	
责任感	好	7	－	5
	中	21	＋	
	差	17	＋	
绩效总分		33		

由此可知，中层管理人员 X 的绩效综合评分 $=85\times60\%+33\times40\%=64.2$（分）。通过运用混合标准量表法，将绩效考核中中层管理人员定性的一面反映出来，结合该企业原有的直接指标法，将定性与定量相结合，从而提高了绩效考评的信度与效度，在很大程度上保证了绩效考核结果的客观公正性。

资料来源：杨丽，马燕.混合标准量表法在绩效考核中的应用[J].太原城市职业技术学院学报，2014(03)：151-153.

本章小结

素质是能区分特定的工作岗位和组织环境中工作绩效的各种个人特征的集合,包括技能、知识、社会角色与自我形象、品质、动机等。

当人们对有效的绩效对组织意味着什么有不同的理解时,绩效考核是没有任何意义的。只有在对达到目标所需的素质有共同的理解之后,谈论绩效考核才是有用的。因此,素质是绩效考核的基础之一。

将素质与绩效联系起来,认为素质是影响员工绩效水平高低的根本因素,在对员工的绩效进行考核时,就可以以素质为基础,根据胜任某一岗位的素质要求,对员工的素质进行考核,以此作为依据考核员工在此岗位上可能取得的绩效。

以素质为基础进行绩效考核,首先,需要根据企业的实际情况进行要素定义,也就是所谓的编制素质库;然后,根据具体需要选择相应岗位建立能够保证产生高绩效的素质模型。以此为基础,对员工进行素质考核,并将考核结果应用到招聘甄选、人员配置、培训开发、绩效改进、职业生涯开发等人力资源管理的各个功能中去。

以素质为基础进行绩效考核是绩效考核的新发展。它应用的前提是完备的制度设计和高超的管理水平,即使在西方国家,此方法的应用也只是处于摸索阶段。而且企业总是结果导向的,单纯强调素质对绩效的决定作用,而不强调控制,不关注具体目标的完成,不注意绩效的持续改进,就我国企业的实际而言是行不通的。企业应该量力而行,根据战略目标的要求和自身的实际情况,平衡众多绩效考核方法和工具的优劣势,设计和选择能支撑企业战略发展的绩效考核体系。

思考与讨论

1. 什么是素质?素质和绩效的关系是什么?
2. 如何编制素质库?如何为素质划分等级标准?
3. 素质模型对企业、管理者和员工的作用和功能分别体现在哪些方面?
4. 如何为某类人员或者某一具体岗位建立素质模型?
5. 如何对素质进行评价?

主要参考文献

1. 曹仰锋.如何进行绩效面谈[J].人才资源开发,2005(6).
2. 陈芳.绩效管理[M].深圳:海天出版社,2002.
3. 陈志霞,周佳彬.信息化人力资源管理研究进展探析[J].外国经济与管理,2017,39(1).
4. 杜义国.目标与关键成果法:新时代政府提升战略执行力的方法选择[J].领导科学.2020(4).
5. 戴昌钧,李金明.标杆瞄准[M].天津:天津人民出版社,1996.
6. 丁岳枫,刘小平.绩效管理过程中的沟通及策略[J].商业研究,2003(13).
7. 段波.混合标准量表法在绩效标准体系设计中的应用[J].中国劳动,2005(7).
8. 樊宏,戴良铁.如何科学确定绩效评估指标的权重[J].中国劳动,2004(10).
9. 方振邦.绩效管理[M].北京:中国人民大学出版社,2002.
10. 冯勇成.绩效反馈中的批评技巧[J].中国劳动,2005(9).
11. 顾英伟.绩效考评[M].北京:电子工业出版社,2006.
12. 郭海霞,索志林.绩效考核失败的探析与对策[J].北方经贸,2005(2).
13. 侯坤.绩效管理制度设计[M].北京:中国工人出版社,2004.
14. 黄刚,王蓓.平衡计分卡:一个应用实例[J].企业管理,2004(9).
15. 黄宪仁.目标管理实务[M].广州:广东经济出版社,2001.
16. [美]加里·德斯勒.人力资源管理(第14版)[M].刘昕,吴雯芳等译.北京:中国人民大学出版社,2017.
17. 金序能,龚杨达,王沁.另眼看平衡计分卡[J].经济论坛,2006(1).
18. 孔杰,程寨华.标杆管理理论述评[J].东北财经大学学报,2004(2).
19. [美]雷蒙德·A.诺伊等.人力资源管理：赢得竞争优势[M].刘昕译.北京：中国人民大学出版社,2001.
20. 李立国,程森成.绩效反馈面谈的SMART原则[J].中国人力资源开发,2004(2).
21. 廖泉文.人力资源考评系统[M].济南：山东人民出版社,2000.
22. 芦慧,顾琴轩.绩效考核：你究竟惹谁了？[J].中国人力资源开发,2006(9).
23. 邱立强等.绩效突破[M].广州：广东经济出版社,2005.
24. [法]让-雅克·拉丰,[法]大卫·马赫蒂摩.激励理论：委托-代理模型[M].陈志俊等译.北京：中国人民大学出版社,2002.
25. 任俊义,丁立波.标杆管理：先进管理方法失效的思考[J].商场现代化,2006(22).
26. 尚鹏飞,李庆恒.我国企业如何成功实施平衡记分卡[J].商场现代化,2006(28).
27. 孙波.绩效管理：本源与趋势[M].上海：复旦大学出版社,2018.
28. 劭敏,张旭昆.企业激励机制中的绩效评价与反馈[J].商业经济与管理,2003(12).
29. 王世华.绩效反馈不可忽视[J].通信企业管理,2005(5).
30. 魏钧.绩效管理难点解决方法之三：绩效指标分解的工具与方法[J].中国劳动,2006(5).
31. 魏钧.绩效指标设计方法[M].北京：北京大学出版社,2006.
32. 吴志明.KPI——帮你解决绩效评估中的难题[J].中外管理导报,2001(2).
33. 肖磊,段戈宏.平衡计分卡在中国[J].集团经济研究,2006(1).
34. 谢臣.基于"能本管理"的中层管理人员绩效考评[J].企业家天地,2007(6).
35. 辛浩力.企业如何设立关键业绩指标[J].人力资源,2004(Z1).
36. 行金玲.绩效管理工作常见的误区分析[J].商场现代化,2006(31).
37. 熊英子,刘爽.KPI设计误区分析及解决思路[J].中国劳动,2004(10).
38. 许仁忠.目标管理与目标规划[M].成都：成都科技大学出版社,1990.
39. 杨杰,方俐洛,凌文辁.对绩效评价的若干基本问题的思考[J].中国管理科学,2000(4).
40. 杨臻黛.业绩衡量系统的一次革新——平衡计分卡[J].外国经济与管理,1999(9).
41. 叶畅东.关键绩效指标体系建立研究[J].现代管理科学,2005(7).
42. 易开刚.KPI考核：内涵、流程及对策探究[J].技术经济,2005(1).
43. 于静,彭然.KPI方法在量化管理中的应用研究[J].西安电子科技大学学报（社会科学版）,2003(4).

44. 张龙治等.企业目标管理[M].大连:辽宁人民出版社,1998.
45. 张茜琳.绩效管理实现双赢的对策探讨[J].经济与管理,2006(10).
46. 张仕廉,黄慨,王俊才.论绩效反馈在激励下属中的影响[J].重庆建筑大学学报,2000(2).
47. 张丽平,陈强.绩效沟通中的反馈技巧[J].商场现代化,2006(11).
48. 张玉韩.面谈反馈在提升员工绩效考核质量中的作用[J].中国卫生质量管理,2005(4).
49. 赵黎明,李振华.对企业员工工作绩效考核问题的探讨[J].科技管理研究,2001(5).
50. 邹剑晖.部门绩效考核结果与员工利益紧密挂钩的弊端[J].中国人力资源开发,2005(8).
51. 赵宜萱,赵曙明,栾佳锐.基于人工智能的人力资源管理:理论模型与研究展望[J].南京社会科学,2020(2).
52. 姚凯,桂弘诣.大数据人力资源管理:变革与挑战[J].复旦学报(社会科学版),2018,60(3).
53. [美]本·拉莫尔特,[美]保罗·R.尼文.OKR:源于英特尔和谷歌的目标管理利器[M].况阳译.北京:机械工业出版社,2017.
54. [美]约翰·杜尔.这就是OKR:让谷歌、亚马逊实现爆炸性增长的工作法[M].曹仰锋,王永贵译.北京:中信出版社,2017.
55. [美]克里斯蒂娜·沃特克.OKR工作法:谷歌、领英等公司的高绩效秘籍[M].明道团队译.北京:中信出版社,2017.
56. 赵振,马柯航.为绩效管理做减法:OKR机理与本土化方法[J].兰州财经大学学报,2016,32(1).
57. Alvero A. M., Bucklin B. R., Austin J. An objective review of the effectiveness and essential characteristics of performance feedback in organizational settings (1985—1998) [J]. *Journal of Organizational Behavior Management*, 2001, 21: 3-29.
58. Agwu, Mba Okechukwu, Ogiriki, Tonye. Human Resource Development and Organizational Performance in the Nigeria Liquefied Natural Gas Company Limited, Bonny[J]. *Journal of Management & Sustainability*, 2014: 4(4).
59. Balm, Gerald J. *Benchmarking: a Practitioner's Guide for Becoming and Staying Best of the Best* [M]. QPMA Press,1998.
60. Bogan, Christopher E. and English, Michael J. *Benchmarking for Best Practices: Winning through Innovative Adaptation* [M]. McGraw-Hill, New

York, 1994.
61. Camp, Robert C. *Benchmarking: The Search for Industry Best Practices That Lead to Superior Performance*[M]. ASQC Quality Press, 1998.
62. Chase, Richard B. *Benchmarking the Best Houston*[J]. *American Productivity and Quality Center*, 1993.
63. Dan Elnathan, Thmas W., Mark Young. Benchmarking and Management Accounting: A Framework for Research [J]. *Journal of Management Accounting Research*, 1996.
64. Post, Thierry, Jap Spronk. Performance Benchmarking Using Interactive Data Envelopment Analysis[J]. *European Journal of Operational Research*, 1999.
65. Kaplan, Robert S., A. Atkinson, Anthony. *Advanced Management Accounting*[M]. Prentice Hall, 1998.
66. Torp A., Albulescu S., Purcarea A. A. Human Resource Management & Company Performance: What Do We Actually Know? [J]. *SEA-Practical Application of Science*, 2015.

图书在版编目(CIP)数据

绩效管理/付亚和,许玉林主编.—4版.—上海:复旦大学出版社,2021.12(2024.7重印)
(复旦博学.21世纪人力资源管理丛书)
ISBN 978-7-309-15974-5

Ⅰ.①绩… Ⅱ.①付… ②许… Ⅲ.①企业绩效-企业管理-高等学校-教材 Ⅳ.①F272.5

中国版本图书馆 CIP 数据核字(2021)第 213320 号

绩效管理(第四版)
JIXIAO GUANLI (DI SI BAN)
付亚和 许玉林 主编
责任编辑/宋朝阳

复旦大学出版社有限公司出版发行
上海市国权路 579 号 邮编:200433
网址:fupnet@fudanpress.com http://www.fudanpress.com
门市零售:86-21-65102580 团体订购:86-21-65104505
出版部电话:86-21-65642845
上海丽佳制版印刷有限公司

开本 787 毫米×1092 毫米 1/16 印张 20 字数 392 千字
2024 年 7 月第 4 版第 4 次印刷

ISBN 978-7-309-15974-5/F·2838
定价:49.00 元

如有印装质量问题,请向复旦大学出版社有限公司出版部调换。
版权所有 侵权必究